组织设计与管理丛书

WILEY

集团层面的组织设计

HOW TO
CREATE STRUCTURED
NETWORKS

〔美〕
迈克尔·古尔德（Michael Goold）
安德鲁·坎贝尔（Andrew Campbell） 著

徐汉群 范新 邢珏珏 译
周忠科 孙文 审校

DESIGNING
EFFECTIVE
ORGANIZATIONS

机械工业出版社
CHINA MACHINE PRESS

本书为解决复杂的组织设计问题提供了严谨的路径。作者根据大量的企业实践和丰富的个人经验，为评估组织设计方案提供了一个创新框架。两位作者使用九项测试以及新的、更精确的术语来描述组织角色，为管理人员创建精心设计的组织提供了所需的工具。使用本书勾勒的组织设计流程的管理者，更有可能做出明智的决策，并提升公司整体的竞争成功率。

Copyright©2002 by John Wiley & Sons Ltd. All Rights Reserved. This translation published under license. Authorized translation from the English language edition, entitled *Designing Effective Organizations: How to Create Structured Networks*, ISBN 978-0-7879-6064-3, by Michael Goold, Andrew Campbell, Published by John Wiley & Sons. No part of this book may be reproduced in any form without the written permission of the original copyrights holder.

This edition is authorized for sale in the Chinese mainland (excluding Hong Kong SAR, Macao SAR and Taiwan).

此版本仅限在中国大陆地区（不包括香港、澳门特别行政区及台湾地区）销售。
北京市版权局著作权合同登记　图字：01-2021-1673 号。

图书在版编目（CIP）数据

集团层面的组织设计/（美）迈克尔·古尔德（Michael Goold），（美）安德鲁·坎贝尔（Andrew Campbell）著；徐汉群，范新，邢珏珏译. —北京：机械工业出版社，2022.1（2023.2 重印）

书名原文：Designing Effective Organizations: How to Create Structured Networks
ISBN 978-7-111-69949-1

Ⅰ. ①集⋯　Ⅱ. ①迈⋯ ②安⋯ ③徐⋯ ④范⋯ ⑤邢⋯　Ⅲ. ①企业集团—组织管理学　Ⅳ. ①F272.9

中国版本图书馆 CIP 数据核字（2022）第 011530 号

机械工业出版社（北京市百万庄大街 22 号　邮政编码 100037）
策划编辑：李新妞　责任编辑：李新妞
责任校对：李　伟　责任印制：任维东
北京圣夫亚美印刷有限公司印刷
2023 年 2 月第 1 版第 2 次印刷
169mm×239mm・18.5 印张・1 插页・254 千字
标准书号：ISBN 978-7-111-69949-1
定价：79.00 元

电话服务　　　　　　　　　网络服务
客服电话：010-88361066　　机　工　官　网：www.cmpbook.com
　　　　　010-88379833　　机　工　官　博：weibo.com/cmp1952
　　　　　010-68326294　　金　书　网：www.golden-book.com
封底无防伪标均为盗版　　　机工教育服务网：www.cmpedu.com

推荐语

在对竞争优势的所有来源进行探寻时，许多企业都不约而同地发现，设计和执行复杂战略的能力是一个组织重要的能力。古尔德和坎贝尔再次为我们提供了一个很好的流程，通过这个流程，领导者可以给予组织工作应有的重视。

——杰伊·加尔布雷斯（Jay Galbraith）教授

国际知名组织设计专家

古尔德和坎贝尔为组织设计语言带来了急需的清晰度和精准性，并展示了这一语言如何帮助管理者避免误解和不同的诠释，这些误解和诠释常常破坏了新的组织结构。

——保罗·库伯斯（Paul Coombes）

麦肯锡公司组织实践领域总监

组织变革是许多公司的首要议程。古尔德和坎贝尔的书为你踏上这一征程提供了思路和框架。真实世界的案例使其既实用又通俗易懂。

——史蒂夫·拉塞尔（Steve Russell）

博姿股份公司首席执行官

这是一本令人印象深刻的著作。组织单元分类法和组织结构符号对从事组织架构工作的管理人员特别有用。

——菲利普·塞德勒（Philip Sadler），阿什里奇管理学院前院长在帮助整合基于渠道、产品、客户和地域等多维度的复杂组织结构方面，意义非凡——非常清晰和宝贵。

——大卫·罗伯茨（David Roberts）
巴克莱银行个人金融服务部首席执行官

在设计更有效的公司组织结构方面，本书是一个可喜的突破。古尔德和坎贝尔的九项设计测试是对原本寥寥可用的工具箱的宝贵补充。

——吉姆·海默克尔（Jim Haymaker）
嘉吉公司战略与业务发展副总裁

古尔德和坎贝尔写了一本见解独到、信息丰富、实用性强的著作，可以帮助高层管理人员务实地解决组织设计中的内容和流程问题，以获取竞争优势。书中既有最先进的理念，也有将他们的方法用于实践的详细案例。

——迈克尔·塔什曼（Michael Tushman）
哈佛商学院教授，《高效组织设计》（*Competing by Design*）和
《创新跃迁》（*Winning Through Innovation*）作者

致中国读者

在 2000 年，我与迈克尔·古尔德合著了一本书，并于 2001 年出版，这本书就是原书的中文翻译版。原书基于迈克尔和我在 20 世纪 90 年代末所做的研究。现在虽有略微改动，但原书的理念仍然像 20 年前一样强有力且与实践密切相关。事实上，由于它们已经经受了时间的考验，在组织和咨询公司中广泛使用，并在商学院教授，这些理念如今变得更为强大。在中文版序中，我将强调随着时间推移而变得更占主导地位的理念。

由于我和迈克尔花了 20 年时间研究集团型多业务公司的战略［见我们的合著书 1995 年版《公司层面战略》（*Corporate-level Strategy*）和 1987 年版《战略与风格》（*Strategies and Styles*）］，本书的研究将聚焦于多业务公司。随后，我们在 2014 年版的《公司层面战略》中更新了对公司层面战略的思考，其中整合了本书的一些理念。当然，组织设计是比本书的重点大得多的话题，涉及如何定义业务单元、如何将业务单元归入业务部门、如何设计公司和部门层面的支持职能。我在后记中解释了本书的理念如何应用于职能设计、公共部门的组织设计和慈善机构设计。后记还列出了其他文章，解释本书中的工具如何演变，以解决更为广泛的设计挑战。

这本书最持久的理念可能是组织设计应着眼于为客户提供价值，这在《商业模式新生代》（*Business Model Generation*）《价值主张设计》（*Value Proposition Design*）和《运营模式画布》（*Operating Model Canvas*）等书籍中都得到了强调。这一理念在设计业务单元时不言而喻。业务单元有客户，其战略（产品/市场战略）是为客户提供比竞争对手更多的价值。其组织设计应满足这一点。但是，在设计公司总部或公司职能（如财务）时，这一点就不那么明显。在设计政府部门或慈善机构时，这一点也不太明显。不仅经常不清楚客户是谁，而且往往难以清晰阐明所要实现的价值。

基于在公司层面战略方面的研究，我们十分清楚，如果公司总部不为其负责的业务单元和业务部门增加价值，就失去了存在的必要性。公司总部的客户便是业务单元！明确总部打算如何为业务单元增加价值，是其组织设计的重要输入。总部无论是打算通过严格控制成本来增加价值，还是打算通过促进新领域的业务增长来增加价值，都需要相匹配的能力和流程。"组织结构遵循战略"这一理念已经存在多年，但大多数关于组织设计的文献是研究组织行为的教授所写，而非战略教授。结果，"如何以有利于组织设计的方式定义战略"的问题未能得到足够的重视。

在本书中，与母合优势测试相关的术语是"增值来源"。这出自我们在企业战略工作中所用的短语"母合主张"。在其著作《商业模式新一代》中，亚历山大·奥斯特瓦德（Alexander Osterwalder）使用了"价值主张"一词，思考了"如何以有利于组织设计的方式定义战略"的问题。事实证明，这种措辞既有用，可广泛适用于企业、政府部门、职能部门或慈善机构，而且从管理角度出发也很容易理解。后记将进一步阐述这点。

认为总部必须增加价值，以及厘清总部打算如何增加价值，是进行组织设计的重要输入。与这一理念相关的另外一个理念是，同样的道理适用于层级结构中的每一个层级。每位老板都要为向自己汇报的下属增加价值。老板的角色如何为组织增值，将定义其工作设计和所需能力，这是冗余层级测试的基础。多年来，我们已经知道，层级制度可能对组织不利。在处理这个问题上，组织一直倡导授权、去层级化甚至设置相应的限制，比如将层级限制在七个以内。但在本书出版之前，在判断组织结构中某一层级的必要性上，领导者并没有一个强有力的理性决策方法。在帮助领导者设计合适的层级上，冗余层级测试提供了逻辑和方法论。

本书中经得起时间考验的另一个理念是人员测试。许多关于组织设计的教科书和许多由顾问主导的设计流程，都鼓励领导者关注业务而非人员，鼓励领导者开发一种能够产生业务成果的组织设计方案，然后寻求合适的人选来填充设计。但我和迈克尔·古尔德都认识到，这种方法忽视了组织中人员的重要性和独特技能。我们在教学中经常指出，如果你的足球队里有罗纳尔多或梅西，你会调整球队阵型，来利用自己的好运。如果你的门将能力弱，你也会调整阵型，来照顾现实。组织也是如此。人是独一无二的，设计后的组织应帮助人们实现最佳表现。我认为，良好的组织设计是"有能力的人聚焦于最重要的事情，协同合作"，换句话说，使人的能力与所任用的岗位相匹配。这可以通过设计角色，然后找到有能力担任角色的人，或者先了解一个人的能力，再设计一个与之匹配的角色。良好的组织设计涉及这两种方法。

我和迈克尔很幸运，我们得出了这一与人的重要性相关的启示。我们在研究总部的职能时，发现总部中有影响力的人往往处于职业生涯的晚期，并具有独特的优势和弱点。显然，如果这些人要留在团队里，组织设计应该考虑到他们的作用。令人振奋的是，这一理念现在得到广泛接受，大家普遍认为，该理念不仅与组织高层的设计相关，而且与所有层级都相关，在这些层级中，个人绩效有着重要作用。

本书的最后一个理念随着时间推移越发重要，那就是单元角色分类方法。我会在后记中多谈一谈。组织结构图中的方框具有不同的角色。业务单元应为客户提供服务并获取利润。共享服务单元应向其他单位提供服务。叠加单元将说服业务单元去注意可能忽略的事情。这一理念认为，团队的不同成员、向老板汇报的不同直接下属，并非平起平坐，角色也各不相同，他们需要大小不等的权力，需要以不同的方式互动，接受领导的方式也不同。这一理念一直阻止组织走向平等，成为"一个团队"，建立一套适用于所有人的规则。我们在生活里有着不同的关系，如与父母的关系、与兄弟姐妹的关系、与岳父母的关系、与最好的朋友间的关系等，类似的，我们在工作中也有着不同的关系，要准备对应的行为。设计角色与设计关系相同。在生活里，知道某人是你的岳父母，而不是你的兄弟姐妹，会显著地改变你的行为。组织内部也需要同样的清晰度。

过去 20 年，有一个理念一直默默无闻，那便是"结构化网络"。当初写这本书时，"网络化组织"一词风靡于世。我们动心了，便用这个词来表达关系的重要性：即良好的设计是关于角色的设计，从而也是设计组织中不同部门的协同工作方式。我们曾在《哈佛商业评论》发表题为"你的组织设计完美了吗？"的文章，文中已经认识到"结构化网络"一词对我们的看法毫无裨益，因此，我们又重新使用更简单的表达"完美设计的组织"。

此时，你可能会想直接翻到后记。不过，我想你会发现，首先阅读前面的章节更好。后记将基于你所获取的知识，带你重走我过去 20 年的历程。

安德鲁·坎贝尔

2021 年 7 月

前　言

我们从 1984 年开始研究公司总部在战略决策中的作用。当时，我们进入的是一片未知的水域，因为几乎没有经验性的工作来说明多业务公司的总部是如何运作的。我们早期的工作描绘出这一领域的一幅粗略地图，并记录在《战略与风格》一书中，该书阐释了一些不同的管理风格，我们发现公司总部普遍采用这些风格。

随后，我们对公司总部的作用进行了更为充分的探讨。1994 年，《公司层面战略》一书总结了其中的很多思考，我们的研究结果说明了母公司如何为业务增加价值，以及如何制定增值的企业战略。在这本书中，我们认为公司战略的目标应该是创造"母合优势"，也就是说，为公司的业务增加更多价值，这是任何其他所有者都无法做到的。

在 20 世纪 90 年代，我们继续完善对母公司和母合优势来源的理解。我们一直在批评那些母公司没有带来明显价值的多元化公司，并坚持认为，只有当母公司有明确的增值战略时，多业务公司才有意义。这些观点现在已被广泛接受，并促成了近年来的重组、撤并和解体浪潮。

然而，在 1997 年底纪念阿什里奇（Ashridge）战略管理中心成立 10 周年的一次会议上，我们受到了质疑，质疑我们的理念是否适合于多业务的公司。在母公司和业务单元之间职责不清的公司中，是否还适用母合优势的概念？因此，我们开启了一个重大项目以了解多业务公司，他们的业务单元与公司总部之间的关系更为复杂。

在研究过程中，我们对企业为什么要采用这样的组织形态这个问题越来越感兴趣。我们发现，这个重要的问题几乎和 20 世纪 80 年代公司总部的作用一样，其答案还是一个未知数。人们普遍认为，组织设计对战略实施和竞争成功有着深远的影响，然而，当被追问组织设计的缘由时，大多数首席执行官却尴尬万分，给不出什么好的答案，大多数经理人往往把组织设计归入"太过困难"的范畴。这吸引我们改变了项目的关注点,变成了对整个组织设计课题的探讨。

因此,本书提出了我们对组织设计的看法。书中还包括我们就复杂结构中母公司的作用所得出的结论,但将这些结论置于更为广泛的背景之下,这一背景就是我们发展出来的对于组织的有关思考。

致　谢

许多人对本书提出的观点做出了贡献。我们要特别感谢英国阿什里奇战略管理中心研究委员会的管理者们。他们在本书出版前的整个研究过程中为我们提供了重要的指导和支持。在此，我们也要感谢那些作为研究基地的公司。没有他们的合作和坦诚，我们的工作就不会有什么进展。当中一些人的意见、批评和建议尤其宝贵，他们包括 David Bowerin（花旗集团）、Neil Donnan（玛氏公司）、Jim Haymaker（嘉吉集团）、John Ripley（联合利华）、David Roberts（巴克莱）和 Hein Schreuder（帝斯曼）。

我们还要感谢许多学术界的同事，他们对我们的工作进行了批评，并提出了宝贵的意见。我们尤其受益于与 David Collis、Jay Galbraith、Sumantra Ghoshal、Rob Grant 和 Costas Markides 的对话。我们在阿什里奇的合作研究人员 Marcus Alexander、Derkjan van der Leest、David Sadtler 和 David Young 也在整个项目中贡献了意见和建议。

在工作的最后阶段，我们得益于与麦肯锡公司组织设计实践团队的密切合作，与麦肯锡项目团队共同开发了组织设计工具套件。麦肯锡的顾问们向我们施压，使得我们的想法更为清晰、更实际可用，对形成最终结论起到了非常宝贵的作用。在此特别感谢负责组织设计实践领域的麦肯锡总监 Paul Coombes 和领导项目团队与我们紧密合作的 Risto Pentinnen。

我们还受益于与 Wiley 编辑团队的建设性工作关系。我们要感谢我们的编辑，Wiley（英国）的 Diane Taylor 和 Jossey-Bass 的 Susan Williams，感谢他们在准备出版手稿的过程中给予的支持和有益的建议。同时也要感谢 Simon Caulkin 为编辑手稿所做的工作。

最后，我们要赞扬英国阿什里奇战略管理中心的支持人员，他们不厌其烦地重新起草稿件，最终成功地按时完成了一份清晰易懂的排版稿。Listra Augustine Joseph、Heidi Caven、Marrion Crooks、Liz Purchase 和 Maggie Sampson 都做出了重要贡献。

目 录

致中国读者

前言

致谢

第1章 结构化网络 /1

概述和总结我们要传递的主要内容，包括如何设计"结构化网络"，即尽可能依靠分权化和自我管理的组织，但同时建立足够的结构和层级制度来有效地实现其目标。本章还包括通往其他章节的指引，这些章节对每个主要议题进行了更为深入的讨论。

第2章 契合度驱动因素和测试 /22

对组织契合的驱动因素和相关契合度测试进行了详细的解释。对于希望了解我们框架知识基础的读者，本章将是其最感兴趣的内容。

第3章 优质设计原则和测试 /37

详细解释优质设计的五项原则和相关的优质设计测试。与第2章一样，对于希望了解框架知识基础的读者，本章将是其最感兴趣的内容。

第4章 简单结构与复杂结构 /77

对于自成一体业务单元所代表的简单结构，和复杂的、相互依存的组织结构的优劣势进行了回顾，指出了它们所面临的管理挑战，以及它们与我们所引入的测试之间的关系。本章为我们的测试提供了进一步的研究基础。选择自成一体的结构还是更为紧密、相互依存的结构？对于那些面临这样抉择的读者来说，本章将特别有意义。

第5章　单元角色分类法　/ 115

用一种新的、更加精确的语言来表达不同类型单元的角色与职责。本章为我们设计组织的方法提供了一个重要组成部分。这种语言有助于管理者们明确地说明他们的设计，但又不至于因提供太多细节导致官僚主义和欠缺灵活性。

第6章　复杂结构中的母公司　/ 148

在具有多重层级和相互依存单元的组织结构中，说明母公司所扮演的角色。本章将对那些关注上级主管单位设计的读者提供帮助，包含支持性工作人员和汇报关系等内容。

第7章　设计流程概述　/ 176

对我们所提出的开发、完善和选择设计方案的流程进行总结，包括角色分类法和测试的应用方法。本章与第8章和第9章一起，为从事组织再设计项目的管理者们提供了实用的指导。

第8章　组织设计的九项测试　/ 197

详细介绍如何使用组织设计的九项测试。本章详细介绍了每项测试所涉及的分析内容，以及这些测试可能带来的改进。它提供了我们认为对优质设计至关重要的严格分析。

第9章　设计流程：以全球食品公司为例　/ 232

详细介绍一家公司如何利用我们的设计流程重新设计其组织结构。本章介绍了我们的设计流程的应用情形。

第10章　21世纪的组织　/ 259

当前组织设计的趋势与我们的结构化网络概念之间的关系和对比。本章也是对全书观点的总结。

中文版后记　/ 270

尾注　/ 275

第1章

结构化网络

未来组织最具吸引力的形象可能是自我管理的网络。它使人联想到许多积极主动的业务单元，每个单元都有自己的专长，并且以一种创造性的、去官僚主义的、有凝聚力的方式进行互动。层级制度和内部政治降至最低限度。这个组织的运作就像一个市场，但由于一系列的关系、纽带、承诺和共同意向，使它成了一个目的明确的实体，也因而比市场更有效。

这种形象很令人向往，因为它与当今许多复杂的公司组织形成了鲜明的对比。这些组织以其模棱两可阻碍了决策，以其规则和程序扼杀了创造力，并借由重重的层级削弱了能量。管理者知道必须有更好的方法，但他们不知道如何设计它。在产品单元、市场单元、地域单元、职能单元和项目单元之间有着广泛而复杂的相互依存关系的公司中，自我管理网络的简洁性似乎遥不可及。

进而，管理人员发现整个组织结构设计的过程困难重重，令人沮丧。必须考虑的变数太多，使得他们不知所措。他们困惑于顾问和学术界提供的建议，发现其中许多建议不切实际，与所关注的问题无关，或相互矛盾。因为缺乏一种精准的语言来具体说明管理人员想要建立的组织，他们不得不使用模糊含混的概念，比如"矩阵"结构或"虚线"关系等。而且，在选择设计时，他们无法抵御个性因素和公司政治的影响，因为他们没有严谨的框架对各种备选方案进行甄选。

本书旨在为面对这些困难的管理人员提供实际帮助。我们研究了一些大型复杂公司的组织结构，如 ABB、阿斯利康、英国石油（BP）、花旗集团、陶氏、通用电气（GE）、IBM、玛氏、摩托罗拉、飞利浦、壳牌和联合利华，以及专业服务、特殊化学品和电子商务领域中一些较小但同样复杂的组织。我们还为许多客户提供了组织设计方面的咨询服务，并对领先的组织设计专家和顾问所做的工作进行了研究。基于这些研究，我们开发了一种新的组织设计方法。这种方法不仅为严谨的决策提供了工具，还帮助管理者创造出他们所期望的网络化组织。这些组织在自我管理与结构化之间取得了平衡。

我们的公司组织设计方法包括三个部分：

第一，我们提出了九项优质设计的测试。这些测试可以用于任何设计方案并能突显出该方案的不足之处。它们可以用来确认能克服不足之处的改进措施，或者排除有严重缺陷的方案。

第二，我们提供了一种语言，即不同类型的单元角色和关系的分类法。这一分类法有助于管理者更清晰地描述和讨论不同的设计方案，还有助于他们制定激进的备选方案。

第三，我们提出了一个流程，供管理人员在面临设计挑战时有所依据。该流程以测试和分类法为基础，为管理人员提供了一个严谨而实用的组织设计方法。它还能帮助他们达成想要的结果——一个具有最大限度自我管理能力的组织，同时具有能够很好地运作的恰当的结构和层级。我们把这种结果称为"结构化网络"。

一个结构化网络具有网络的特征——不论在决定如何实现其目标，还是与其他单元的关系方面，各单元基本上是自我管理的——但同时具有恰当的结构、设计好的流程和层级来确保明确的职责与关系，使得管理者能够成功地合作，确保公司战略能够目的明确地得以实施。我们思考的核心都围绕着这样的理念：即除去那些受到来自组织层级影响的工作，或为优化网络的运作而设计好的流程以外，创建在其他所有事务上都能够进行自我管理的单元。我们的目标是帮助管理者设计这样的组织，使其在很多行为上都类似于一个市场，同时依循恰当的结构，创造出比市场更高的价值。过去几十年里，我们在公司总部方面的工作，使我们对层级结构在创造和毁灭价值方面的潜力特别敏感。结构化的网络是这样一种设计，在其中，价值创造的潜力得以放大，价值毁灭的可能性被降到最低。

在这一章的导言中，将总结我们的主要观点，并确定这些观点在本书的哪些章节中得到更为充分的展开。这将使读者能够将注意力聚焦在他们最感兴趣的章节。

九项设计测试

哪些因素能够指导组织设计的选择？（见下文"组织设计的要素"）在诸如控制范围和汇报关系等方面，有着许多非正式的管理规则。此外，学者和咨询师们也在组织设计方面做了大量的工作。但我们的研究表明，管理者仍然缺乏一个实用而系统的框架来引导他们进行组织选择。本书的重要目标之一是开发一个可用的框架对组织设计的选择进行引导。

组织设计的要素

一个组织的工作是由许多因素决定的。正式的结构提供了基本的骨架，其中包括管理单元的职责分配和这些单元的汇报关系。这些是典型的组织结构图中的"线条和方框"。无论是为了层级汇报的目的，还是为了平级单元之间的协作，各单元之间相互联系的流程和机制，都相当于结缔组织。正是通过这些流程，组织的各个组成部分才得以共同工作。然后是人、行为、价值观和文化，它们使基本骨架和结缔组织鲜活起来。一个完整的组织设计必须处理好所有这些因素。

在本书中，我们的重点将是骨架和结缔组织。组织设计者必须首先明确的是线条、方框，以及最为关键的各单元之间理想的关系。在设计中必须考虑到与人和企业文化有关的较为软性的问题，但组织设计者比较难于塑造和改变它们。因此，我们将主要关注：

- 在各单元间分配职责
- 汇报关系与横向关系
- 各单元的问责制
- 关键的汇报和协同流程

然而,我们对设计流程的建议将表明,在设计关键关系时,组织的设计者需要传达预期的行为模式,并在选择和最终确定可取的设计方案时仔细考虑人员、奖励和文化问题。

我们的框架主要基于一些基本概念,与其说是解决最重要问题的明智之举,不如说是实用的核查清单。其中重中之重的第一个概念即契合度,其中包含了四个契合的驱动因素——产品—市场战略、公司战略、人员和限制因素。此外,我们还将以往有关优化组织设计的理念浓缩为五条优质设计原则:专业化原则、协同原则、知识与胜任力原则、控制与承诺原则、创新与适应原则(见图1-1)。

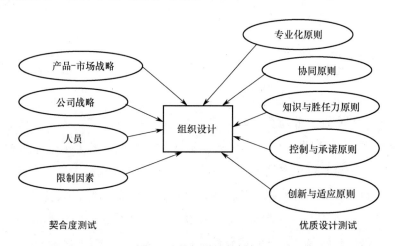

图1-1 组织设计的框架

这些原则具有广泛性,并不总是能够轻易转化为规范性指导。与解决特定的组织困境相比,这些原则在指导管理人员方面更有价值。然而,当我们使用这些原则时,发现了将它们转化为一些实用测试的方法。也许本书最重要的贡献就在于这些测试所产生的洞察力和理解力。这些测试与契合驱动因素和优质设计原则相匹配（见图1-2）。

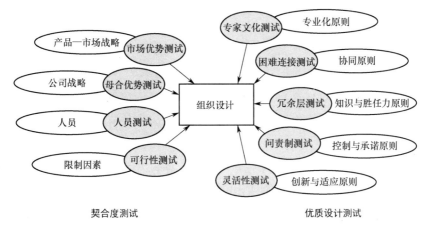

图1-2　组织设计的九大测试方法

契合度测试

一个几乎得到普遍认同的主张是组织必须契合（其存在的）目的。因此，战略应该是组织设计的主要驱动力，我们发现区分产品—市场战略与公司层面战略很有用。但战略并不是组织设计的唯一驱动力；至少人员也同样重要。许多权威人士建议不要围绕着人来设计组织，而应该围绕着战略，并且在必要时做人事变动。然而，人员并不可能总是被撤换，而且可能很难找到具有所需要态度的新人员。所以，设计应该考虑到现有的领导者和工作人员。最后，组织设计要受到各种限制因素的影响，从政府制定的法律到组织的能力或资源，都有着深远的影响力。这四种契合驱动因素将在第2章中详细介绍。

契合驱动因素导出四种契合度测试：

- **市场优势测试**："每个产品市场领域中，设计是否将管理层的注意力充分聚焦在运营的优先事项和规划的优势来源上？"
- **母合优势测试**："对于母公司预期的增值来源和战略举措，组织设计是否给予了足够的重视？"

- 人员测试："设计是否充分反映了现有人员的积极性、优势和劣势状况？"
- 可行性测试："设计是否考虑到可能使方案无法实行的限制因素？"

契合度测试可以找出最重要的输入，这些输入将指导组织设计的选择。只要在选择设计时考虑到这些输入，通过契合度测试应该没有问题。然而，组织设计的选择并不总是那么理性。很多时候，组织的发展与公司战略的关系不够紧密，或者对在关键岗位任职的经理人的局限性关注不够。在一家公司，我们被告知其组织结构一直主要是由管理主要部门的四位大佬之间的权力平衡所驱动，导致其业务单元分组与市场机会关系不大。在这种情况下，组织设计将成为成功实施战略的障碍，并损害其竞争力。契合度测试确保暴露出那些明显与目标不匹配的组织，并采用更合适的替代方案。

优质设计测试

虽然契合原则的四个驱动因素得到了大多数管理者的认可，但我们认为优质设计原则和测试更多的是代表了一种进步——它们将大量的学术研究和管理经验综合成了几个基本的测试，这些测试应能指导任何组织设计者。我们在第3章中专门对优质设计原则进行了详细解释。

专业化原则和协同原则都涉及单元之间的界限。专业化原则指出，应该存在界限以鼓励发展专业技能，而协同原则则强调，应该在同一单元内开展需要协调一致的活动。

虽然这些基本原则是明确的，但在专业化和协同之间往往会出现意想不到的取舍。通用的产品结构可能在采购和制造上带来经济效益，但不利于为特定市场开发专业产品。一个由许多本地业务单元组成的分散结构可能会支持不同地域所需的特殊技能，却妨碍了产品开发或IT基础设施的有效协调。在职责分组的不同方式之间进行权衡时，就会出现组织问题。为了帮助解决这些权衡问题，我们开发了两种测试方法，使这些原则更加精准，并使它们更加实用有效。

- 专家文化测试:"是否任何有着'专家文化'的业务单元,其文化需要不同于平级和上级单位,自身具有恰当的保护,使其免受主流文化的影响?"
- 困难连接测试:"组织设计是否要求进行任何'困难连接',难以在人际交往的基础上实现协同效益,是否包括减轻困难的解决方案?"

专家文化测试质疑只有在管理者不受组织其他部分的影响时,所需的专业技能才能得以蓬勃发展。例如,有时开发和销售一种新产品的最佳方式是将产品作为一个单独的业务单元,该单元与公司其他部门几乎没有联系。另一方面,母公司也可以通过灵活调整公司的政策和程序,而不是设立一个独立业务单元,来赋予专家文化一定的权力,以确保其得到充分的保护。

困难连接测试甄别出许多协同的益处,可以通过业务单元之间自发地建立联系来实现,但其他协同则更加困难。例如,最佳实践的分享往往可以通过各业务单元之间自行建立的联系完成,但若没有制定强制性的公司政策,建立共同的技术标准是不可能的。组织设计者应该只关注少数难以协同的效益:在这些地方,人际网络将无法带来收益。对于这些困难的连接,有必要制定适当的协同机制或干预措施来克服困难,或者重新调整设计,使协同工作落在同一业务单元的职责范围内。这项测试使管理者评估哪些协同效益将难以由人际网络实现,并思考是否需要以及如何克服困难。

专家文化测试和困难连接测试共同为管理者提供了一个有力手段,对协同和专业化所能带来的利益进行评估,以在两者间进行权衡。20 世纪 80 年代,IBM 决定将个人计算机部门独立出来,成为一个不受 IBM 企业文化和政策影响的业务单元。这促进了一种专业的 PC 文化,非常成功地将新产品迅速推向市场。根据类似的逻辑,在 20 世纪 90 年代初面临业绩问题时,许多评论家认为 IBM 应该将整个公司拆分成独立的业务单元。然而,IBM 的首席执行官郭士纳(Lou Gerstner)认为 IBM 的未来在于提供一体化的客户解决方案，因此他保持了公司的整体性；但他认识到，由于部门优先级的冲突和并不兼容的技术，各个产品部门之间的协同并不是提供一体化解决方案的有效手段。因此，他授权 IBM 的销售与分销部门和一个新的业务单元——全球服务部门，利用 IBM 的产品，专注于向客户提供解决方案和服务。这些部门有权为客户提供一体化的服务，也很好地处理了以前 IBM 各部门之间难以处理的连接。同时，郭士纳还鼓励开展新的业务活动，不受 IBM 传统政策和做事方式的约束，如 IBM 的电子商务计划（Business Innovation Services）。现在 IBM 的结构既考虑到了困难连接测试，也考虑了专家文化测试。

困难连接测试和专家文化测试有助于管理者解决 IBM 等公司面临的组织设计问题，在这些公司中，专业化和协同都有明显的优势。这些测试在协同和专业化之间找到真正要做出的权衡，并帮助管理者找到既能获得协同的益处，又不损害发展专家技能的方法。

知识和胜任力原则主要涉及授权问题。该原则指出，应将职责分配给最适合的人或团队，他们能以合理的成本聚集相关知识和胜任力。从该原则中得出的实用的测试是：

- 冗余层级测试。"层级结构中的所有级别与被上级保留的所有职责是否基于知识和胜任力优势？"

此测试基于以下前提：默认的选择应该是将权力下放给运营单元，只有在有知识和胜任力理由的情况下，才由上级单位保留相应职责。正如我们在以前的工作[1]中所论述的那样，只有当层级为组织的运作增加了某种价值时，它才是合理的。关于层级是否增加价值以及如何增加价值的问题，已经帮助许多公司对总部、集团和部门层级的设计进行了深入思考。冗余层级测试是将这些问题正规化的一种方式。

控制和承诺原则涉及任何分权组织中都会出现的两个挑战：如何保持适当的控制，以及如何确保较高的积极性。如果没能完成任务，各个业务单元应感到强大的压力去进行自我纠正，而各业务单元的上级管理者应能容易和迅速地发现问题——这就引出了进一步的测试。

- **问责制测试**："设计是否有利于为每个业务单元建立一个符合其职责的控制流程，能经济地实施，并能激励业务单元的管理者？"

问责制测试使管理者专注于自我纠正时所带来的压力。这些压力取决于该业务单元与其内外部客户之间的关系、单元的业绩衡量标准以及该单元的汇报关系。面向市场的业务单元，因为有公平的客户关系和业绩衡量标准的底线，相对容易控制和激励。由于没有外部客户、受限于内部关系以及主观业绩衡量标准，企业职能部门存在较多的问责问题。在一个复杂的结构中，很容易产生一种表面上看起来不错的设计，但这一设计却会让业务单元管理者失去动力、不清楚自己的业绩目标，也使得上级管理者无法控制向他们汇报的人。问责制测试可以帮助管理者设计业务单元和建立业绩衡量标准，从而生成有效的、低成本的控制措施，并具有很强的激励作用。

创新和适应性原则指出，当不确定状态来临和环境发生变化时，应将组织结构设计为具有创新和适应性。如果今日的组织设计不能适应明天的条件，那么它将毫无用处。这一原则产生了我们最后的测试。

- **灵活性测试**："设计是否有助于制定新的战略，并具有足够的灵活性，以适应未来的变化？"

该测试识别出有些结构允许进化和适应，而另一些结构则建立了抵御变化的刚性和权力基础。它确保设计者考虑到可能需要的变化，以及设计是否有足够的灵活性来实现这些变化。

应用测试

这些测试可以用来评估不同可能的设计的相对优点。在第 4 章中，我们讨论了英国石油公司、GE 和惠普公司采用的那种简单的、基于战略业务单元（SBU）的结构，与花旗集团、孟山都和 ABB 等公司采用的更复杂的、相互依存的结构之间的权衡。简单的、以 SBU 为基础的结构有几个优点，但其关键缺点是它们不能很好地适应多维战略。如果企业的战略要求关注多个维度以获得竞争优势,那么它们很可能需要更复杂的、相互依存的结构。我们还识别出简单和复杂结构中通常面临的管理挑战。这些挑战影响了我们制定优质设计测试的方式。因此,这些测试有助于显现出不同类型结构的优势和劣势。

测试的目的是为了提出问题,有些问题可以通过改进结构、设计流程解决方案或任命不同的管理人员来解决。使用测试的主要好处在于它们所提出的改进设计的想法。例如,一个常见的问题是建立一个管理层级,如一个地理区域或一个产品群,但没有具体说明这个层级应该保留哪些职责以及为什么保留那些职责。冗余层级测试有助于凸显这一设计弱点,提醒管理者需要去除该层级或者明确该层级的职责、技能、管理流程和领导风格等,使其对业绩产生积极影响。

测试中提出的一些问题指向了无法回避的取舍:"我们是因为对产品关注不够还是对区域关注度不够而亏损更多?"对于这类权衡问题往往并没有明确答案,但确保提出的问题有助于管理人员在相互竞争的利益之间找到合理的平衡。通过指出所选设计中的权衡和不足之处,测试有助于管理人员更深入地考虑可能出现的问题和未来可能需要的改变。这些测试还有助于管理人员权衡不同设计的利弊,并为做出设计选择提供一个严谨的分析结构。

描述组织设计的语言

我们的研究结果之一是,管理者缺乏一种描述组织设计的语言。例如,用于描述不同类型单元的词语往往含糊不清。"业务单元"这个词被普遍使用,但在不同的公司里却有不同的含义。有时,它指的是一个高度自治、基本上自成一体的利润中心。有时,它用来指那些自主性低得多的单元,它们利用与其他单元共享的资源,并在许多关键决策上需要得到上级管理单位的授权。在"产品事业群""部门""国家级运营公司"等术语中也存在类似的歧义。缺乏清晰的语言,导致管理者在谈论他们的组织设计时出现混乱和相互矛盾。当管理者谈论"矩阵"结构时,问题尤其严重，因为在不同的公司，矩阵结构的含义可能非常不同。

此外，组织设计中的一个关键挑战是找到一种方式来界定单元，能够清晰表达设计背后的意图。管理者需要清楚他们应该实现的目标，以便为分权、自我管理等具体问题的决策提供背景。但是，详细阐述职责的手册会导致官僚主义、僵化以及缺乏主动性。组织设计者需要面对过于模糊或过于详细的两难抉择。我们的解决方案是一个单元角色的分类法，它提供了一种不需要过多细节即可描述设计意图的方法。通过提供一种更为精确的语言来表达组织设计意图，该分类法帮助管理者设计网络型组织，使他们清楚了解自己应该做什么，但又不会拘泥于详细的指令、岗位职责和规则。

这一分类法尽可能地贴近通常的用法，在提出一些新术语的同时对其他术语给出了更精确的定义。它包括八个不同的单元类型：

- 业务单元：以市场为中心、对利润负责的单元，具有相对较高的决策自主权。
- 业务职能单元：运营职能，如制造或销售，向业务单元总经理汇报。
- 叠加单元：市场导向的单元，服务于跨业务单元的、由多重维度定义的细分市场。
- 子业务单元：市场导向的单元，服务于比业务单元颗粒度更细的细分市场。
- 核心资源单元：开发和培育稀缺资源的单元，如研发，对于多个业务单元而言，该单元是竞争优势的关键所在。
- 共享服务单元：提供公司中其他单元所需服务的单元。
- 项目单元：通常情况下，在有限时间内执行跨越其他单元的任务或项目的单元。
- 上级单位：执行法定的公司任务、影响其他单元并为其增值的上级单位。

这些类型中每一个单元都承担不同的角色，也影响到其广义的职责、汇报关系、横向关系和主要问责制。表 1-1 概述了各单元角色的差异，第 5 章将对其进行详细说明。

表 1-1 单元角色分类法

单元类型		职责类型	关系		主要责任
			汇报	横向	
上级单位		法定的与增值的母合作用	董事会/上级单位	互利互惠	公司底线
核心资源单元		聚焦于资源的	参与经营的上级单位/单元	资源所有者/用户	资源开发与利用
共享服务单元		聚焦于服务的	上级单位/单元	服务提供者/客户	服务成本-效益
项目单元		聚焦于项目的	上级单位/单元	利益相关者/一把手	项目交付
叠加单元		聚焦于市场的（横跨）	上级单位/单元	利益相关者/一把手	服务目标客户的有效性
业务单元		聚焦于市场的	上级单位/单元	互利互惠	业绩底线（强）
子业务单元		聚焦于（细分）市场的	总经理/单元	准团队	业绩底线
业务职能单元		运营职能的	总经理/职能	团队	运营效益与贡献

单元角色分类法提供了一个有用的简便方法，用来对所规划的单元职责的本质进行归纳。例如，花旗银行的公司银行业务群有一个复杂的、相互依存的结构，涉及客户单元、产品单元、地域单元和共享的基础设施单元。通过采用我们的分类方法，他们有可能使这一结构所规划的工作更加明确。客户单元和产品单元应作为"业务单元"，而地域单元应作为"叠加单元"，基础设施单元应作为"共享服务单元"。同样，在很多企业里，人力资源部门和 IT 部门等公司职能部门应该扮演多种角色。有的员工可能是为其他单元提供共享服务，有些则是作为核心资源，还有些则是协助上级单位。根据这些员工所要扮演的角色不同，他们在应如何履行自己的职责与处理和其他单元的关系上会有很大的差

异。以前未能明确自己的意图,或者竭力避免过度介入太多细节的组织设计者们将会发现这个分类法非常有价值。

我们还设计了一种新型的组织结构图,用不同的符号给人以直观的印象,让人感受到各单元之间的差异,摆脱了传统的层级线条和方框格式(见图1-3)。

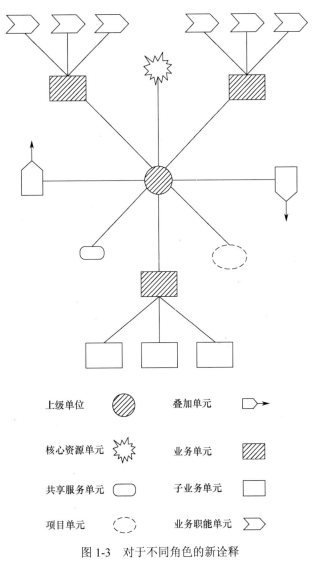

图1-3 对于不同角色的新诠释

我们相信,分类法提供了一种简单而有力的手段,可以表明组织设计者想要创造的绝大多数设计概念。对单元角色的理解为其管理者提供了必要的指导，引导他们如何根据设计意图来进行具体的决策。对于一些通过测试来查明的问题，可能需要对角色用更详细的职责定义、流程图和政策来补充。但是，这些角色提供了足够的信息，使管理者能够在分权的基础上做出大部分的决策，并通过自我管理的人际网络来处理大部分的协同工作。

我们发现分类法在很多方面都非常有帮助，例如理解现有的设计、创建新的设计方案以及与管理者沟通不同方案背后的意图等。此外它还有助于实施。例如，一旦一个管理团队被告知它的角色是一个共享服务单元，这个团队就需要有助于开展工作的信息，包括如何与客户单元互动，应该关注什么目标以及预期向老板汇报的流程。因此，分类法在我们提出的设计过程中起到了至关重要的作用。

设计流程

大多数管理者都觉得组织设计决策很困难。他们认识到这是没有正确答案的，而且在很大程度上取决于复杂的权衡，在各种可能的分组、流程和关系之间进行取舍。他们也知道人和行为与战略和逻辑同样重要。他们也意识到组织变革可能是一个高度政治化的过程，由个性和权力角力所主导。管理者能感觉到组织运作不畅，但他们对大多数组织重新设计流程的成果缺乏信心。

此外，在提供对用户友好的、务实的建议上，大多数学者和顾问乏善可陈。事实上，美国一所著名商学院的一位教授告诉我们，该校现在已经停止了教授组织设计课程，"因为我们认为讲不出什么有用的东西"。顾问们在很大程度上依赖于从当下成功组织中所汲取的常识和榜样。他们得益于组织形态流行趋势的不断变化，但他们的建议并没有基于明确而有理有据的原则。

因此，很少有公司以系统的方式处理组织问题。当我们问及公司为什么选择目前的组织结构时，他们通常能够解释组织结构是如何形成的，但很少能够提供一个强有力的逻辑来说明为何如此选择。优秀的首席执行官几乎都能为公司战略提供清晰的理由，但在证明其架构的合理性时，他们很难说清楚。他们在制定和选择组织方案时缺乏一个严谨的框架和分析过程。本书的主要目标之一就是填补这一空白。

我们建议的设计过程如图 1-4 所示。它必须处理如下三个基本步骤：

- 需要制定一个或多个拟议的设计方案或设计概念。
- 需要对选中的方案进行测试和完善。
- 需要最终敲定所选的设计方案，以帮助后期沟通和实施。

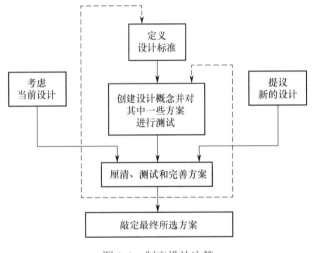

图 1-4　制定设计决策

创建和选择设计概念

设计概念不是完整的组织设计。它包括方框（单元）、线条（单元向谁汇报），以及最重要的部分——单元的角色和作用（其广义的职责和责任，以及对其横向和纵向关系的指导）。它并不包含最终设计中需要的所有流程和协同机制。在流程中，这些内容都是在后续的两个步骤中增加的。

我们认为必须提供一系列不同的设计概念选项。通常情况下，管理者在做出选择之前并没有考虑足够的备选方案，部分原因是他们没有足以表达方案之间微妙差异的语言。幸运的是，分类法是一个能够生成和精准表述不同方案的强大工具。通过改变不同单元的角色可以产生新的选项。例如，叠加单元可以转变为业务单元，共享服务单元可以成为核心资源单元。

为了进入下一步，管理者需要从已经提出的一系列备选方案中选择一两个有希望的设计概念。这并不需要太长时间。由于任何错误的判断都会在应用测试时被剔除，因此，可以在探索和实验的氛围中创建以及选择方案。管理者不需要为他们的选择而苦恼。下一步——测试——就会显示出选中方案的任何不足之处。出于这个原因，管理者通常会把现有设计或一些提议的替代方案作为他们的出发点。

厘清、测试和完善方案

在对一个方案进行测试之前，需要对其进行充分明晰的详尽说明。在这里，角色分类法是必不可少的。每个单元都需要一个角色标签。经常遇到的情况是方案建议书往往含糊不清，例如，建议书中新的面向客户单元到底是业务单元、叠加单元还是项目单元。

一旦方案清晰了，就应该对其进行测试（见图 1-2）。这些测试是我们建议的流程核心。我们建议管理者首先应用契合度测试，因为这些测试往往能识别出导致方案夭折的因素。尽早发现这些因素可以防止不必要的分析。

应该在契合度测试之后进行优质设计测试，因为它们的价值更多体现为帮助管理者完善和美化设计概念。优质设计测试可能会产出颠覆因素；但更常见的情况是，可以通过开发流程、机制或其他调整内容解决测试中暴露出的问题。例如，困难连接测试可能表明，重要的协同效益，如全国市场的统一定价，是不可能通过全国范围内各业务单元之间的人际网络来实现的。为了确保定价的一致性，需要设计一个协调机制。这可能涉及将各业务单元聚集在一起商议定价结构的流程，并允许公司级别的营销负责人在出现分歧时进行仲裁。困难的性质决定了所提议的协同解决方案的细节。

一个优质设计测试所提出的每一个问题通常都会导致调整，以完善和美化设计概念。一旦所有问题都得以完善，这一设计就应该具有适当的结构和流程，来实现自我管理和科层制之间的适当平衡。因此，测试不仅是为了判断方案是否可行。它们是为了帮助设计者进行补充、调整和完善，将设计概念变成一个可行的组织。

这里的危险是过度设计或设计不足：创造出僵化的组织或加剧冲突与混乱。需要提供的是恰到好处的结构：足以通过测试，但又不会让管理者感到局促与束缚。根据我们的经验，组织设计者在起步时通常没有什么设计。他们认为"我们会边干边解决问题"，然后回头看来，又希望当时能花更多时间来部署细节。接着他们又会走向另一个极端，设计过多。不要设计超过测试所需的结构。管理者应该避免设计那些无须自上而下的输入就能解决的流程和连接，这些流程和连接最好让参与者自己去解决。

"厘清、测试和完善方案"是我们设计过程中的关键一步（图 1-4）。在这时，设计要经受挑战和压力测试。也正是在这时，往往需要发挥创造力，为设计概念找到合适的完善方案。在这一时点上，确定了跨单元的协同流程、自上而下的政策、行为规范和有关人员决策的指引。通常测试中出现的问题，只要找到合适的机制或调整，就可以完全或部分解决。管理者应该为测试和完善步骤分配充足的时间。

对设计方案进行沟通

一旦一个方案经过测试、完善和选择，设计流程就基本完成了。然而，还有一些工作要做。需要将人员分配到主要的工作岗位上，并就设计方案是否清晰明了进行检查。这涉及检查每个单元，如尚未建立高管团队，还要决定如何进行团队组建，并且评估团队是否得到足够的指导以便开始运营。

这一步的关键问题是有关沟通的。"角色定义、政策、流程和机制的描述方式是否清晰，能让单元管理者在没有进一步指导的情况下开始工作？"此步骤倾向于提供额外的细节而不是更有力的沟通。上一步的成果应该是已完成的"刚好够用"的设计方案。这一步是帮助管理者理解这一设计的意图。角色分类法是一种有用的沟通语言，但可能需要用流程图和职责网格来对其进行补充，以便表明测试揭示出的细致的改善之处。如果有必要这样做，需要注意的是，对设计方案进行详尽沟通的过程并不意味着要强行加入比原本更多的组织结构。

在第 7 章中，我们概述了设计流程。在第 8 章中，我们对测试进行了全面的描述，这些测试是我们建立这个流程的核心，以及支持这些测试所需的分析。在第 9 章中，我们用一个详细的例子来说明这个流程。

母公司管理者的挑战

我们之前大部分的工作都集中在管理层的角色及其存在的理由，这些层级存在于业务单元的外部并在其之上。我们把这些管理层称为"母公司"。母公司管理者必须履行某些法定的或最低限度的任务，代表股东关注尽职调查，和对相关法律和法规的合规，但他们最基本的职责在于增加价值。母公司管理者需要为其活动提供明确的增值理由。

在当今复杂、相互依存的组织中，母公司管理者面临着许多挑战，他们保留或分享出更多的职责，更多地参与到指导各单元的协同工作中，并且出于控制和问责的目的，需要使用更复杂、更精密的业绩衡量标准。母公司管理者在创造和维持组织环境上也扮演至关重要的角色，自我管理网络将在其中得以蓬勃发展。这意味着要明确各单元的角色，必要时愿意行使权力以保护专家文化并促进困难连接，仲裁纠纷，以及鼓励合作和人际网络文化。

矛盾的是，为了促进人际网络的建设，他们往往需要扮演亲力亲为的角色。有了一个事必躬亲的母公司，"业务单元"和"母公司"之间的职责区别就不那么明显了。

在大公司中，母公司可以包括几个级别的管理层，如业务群或职能部门，以及公司总部。母公司"居中的"较低层级往往是亲力亲为的角色，让公司层面专注于法定的合规和尽职调查任务，以及一些公司范围的增值议题。无论是公司层面还是中间层级的母公司管理者，都会得到财务、人力资源、营销、信息技术等职能部门的支持。但是，这些部门有时也作为核心资源和共享服务单元，可以承担叠加单元和项目单元重合的那部分任务。此外，牵头的业务单元可以承担一些原本由母公司职能部门担负的职责。在这些结构中，"母公司"和"运营单元"之间的区别变得模糊不清，母公司的职责也广泛地分散于在组织之内。

尽管如此，我们认为，评估母公司是否能够增值以及如何增值仍然很重要。母合优势测试和冗余层级测试都是评估复杂设计方案的有效原则。有着事必躬亲风格的母公司，通常在组织中扮演着更加不可或缺的角色，这种情况下，上层管理者必须明确自己的职责，必须具备尽可能创造价值的技能。即使致力于分权，在为成功的自我管理网络创造条件方面，母公司的作用也是至关重要的。增值的母合作用是结构化网络不可或缺的组成部分。

在第 6 章中，我们对母公司在复杂的、相互依存结构中的角色进行了充分的讨论。

组织设计的新方法

我们的组织设计方法建立在许多关于 21 世纪组织的新观念基础上，并与这些观念相一致。在第 10 章中，我们描述了其中的一些想法，并说明网络组织的概念贯穿其中。然而，我们认为，我们的方法包含了一些独特的观点，这些观点对当前的做法和传统的智慧提出了挑战。

首先，我们反对那种愤世嫉俗的观点，认为组织设计将不可避免地成为一个临时性过程，更多地关注个人性格和权力政治，而非健全的原则和逻辑。我们相信，大多数管理者都热衷于采用更合理的方法来进行组织设计，但由于缺乏实用的框架而感到失望。我们的框架是围绕着合理的基本原则而设计的，并形成了一套非常实用的测试方法，能够充分体现出不同设计方案的优点。有了这些测试，任何管理者都不会缺少做出原则性组织决断的工具。

第二，我们认为，良好的组织设计并不是从一系列详细的流程再造、决策矩阵和岗位职责中产生的。高层管理者必须有办法回顾与检讨整个组织设计；他们必须避免落入"只见树木不见森林"的陷阱。中基层管理者必须有自由裁量权，可以填写他们认为合适的职责细节，而不是受制于过于详细的流程图和职责手册。我们利用角色分类法和关系进行企业设计，提供了一种方法，既能理清设计意图、探索不同设计方案，又不至于陷入过多细节。

第三，我们强调自我管理网络的价值，这是实现单元之间协同的正常途径。我们认为良好的组织设计不应要求广泛地使用协调机制。相反，仅在出于某种原因自我管理的网络有可能失败的情况下，才应该设计出协同机制。更重要的是，应该能针对网络失败的原因选择相应的协同机制。例如，有许多协同机制可用于分享最佳实践，如工作小组、员工专家、政策手册、电子邮件兴趣小组，甚至是老板的一句建议。然而，通常情况下，在有着商业动机、角色明确的业务单元之间，自我管理的网络应该足以用于分享最佳实践。但如果各单元在某一特定领域的专业知识不足，人际网络就不可能成功，那就可能会为公司层面的职能专家留有一席之地。这一机制的设计只能是针对已得到确认的"困难连接"问题。我们将自我管理的网络视为默认选项，并倾向于设计尽可能少的协同机制。

最后，我们认为，在复杂的网络结构中，母公司的角色至关重要。那种认为没有上层管理者的介入、网络就能蓬勃发展的想法是错误的；去中心化的公司制度是海市蜃楼，而不是一个现实的目标。我们完全赞同消除冗余的层级，但我们认为，不论是促进网络建设，或是确保仅通过自我管理网络无法达成的关联，母公司的权威和影响力是不可或缺的。

因此，我们认可公司政治，但认为组织设计可以且应该主要基于逻辑和原则。我们强调设计意图的明确性，但提出了一种实现这种意图的方法，该方法不应过于烦琐。我们意识到在设计中需要建立一些协同流程，但更愿意尽量将工作留给网络。我们热衷于分权制度，但认为母公司在促进和培育分权制度的网络方面发挥着重要作用。

正如一位经理所言，"我喜欢你说的话。但我需要时间来理解它，因为你是从一个不同的角度来看待这些问题的"。我们意识到，我们提出的是一种不同以往的组织设计思考方式，但我们相信，这种方式会产生一种比以前更有力、更严谨的方法，这种方法提供了设计结构化网络——结构上刚好够用的组织——的关键。

第 2 章 契合度驱动因素和测试

在第 2 章和第 3 章中,我们详细解释了设计框架的要素(见图 2-1)。如前章所述,该框架是基于四个契合的驱动因素和五条优质设计原则。我们在本章中讨论契合度驱动因素,它树立了指导设计的标准。我们在第 3 章中考虑优质设计原则。

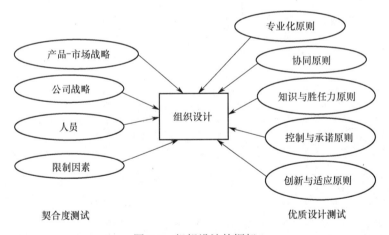

图 2-1 组织设计的框架

在制定这个框架时,我们把重点放在管理者身上,他们必须要制定出困难而实用的设计决策。我们的目的是提供一个框架,框架建立在既定和公认的观念基础之上,并创建一个明确的清单,列出需要考虑的基本项目。我们意识到,驱动因素和原则本身可能看起来很抽象和概念化。因此我们从中衍生出一系列相匹配的实用测试，可以用来评估任何组织或设计概念。我们将在本章和第 3 章中介绍这些测试，在第 7~9 章中做更全面的描述，并展示如何应用这些测试，而且将它们与做出设计决策的过程联系起来。

契合度概念

几乎所有的组织理论都包含"符合目的"[1]的概念，换句话说，考虑到所处的环境，组织的设计应能够实现其目标。有些管理者和顾问的做派就仿佛找到了一种设计正式组织的最佳方法。但是，学术上的证据分量显然不足。所有的研究都表明，组织设计需要有所不同。将设计类型与绩效挂钩起来的努力，几乎都证明了权变性因素的存在。如果设计契合权变性因素，组织会表现得更好。

这种"符合目的"的组织设计观点最早是从结构权变理论发展起来的，直到 20 世纪 80 年代初，它一直是组织理论中的主流。结构权变理论[2]认为，组织结构的设计应与某些条件性因素相符合，如技术的本质、组织规模和环境的不确定性等。在过去也出现了其他理论，部分原因是结构权变理论似乎过于机械化，或者是事实证明很难界定权变性变量和组织设计方案之间的精准联系，或是组织理论学家试图更多地了解组织的非正式层面。

其中一种方案是制度理论（institutional theory）[3]，它认为主要是制度环境造就了组织。如事业部化或共享服务等组织概念被有影响力的组织、机构或公司合法化。这些概念推动着设计决策。另一方面，资源依赖理论（resource dependency theory）[4]指出，面向重要的资源所有者，组织要被设计成"显得"具有吸引力。因此，资源提供者想要什么的观念在很大程度上左右着设计。与此同时，作为代理理论（agency theory）和交易成本理论（transaction cost theory）[5]幕后推手，组织经济学家们认为组织设计应该服务于降低代理和交易成本的目的。尽管有很多可用的理论，但从根本上说，他们都同意契合度的概念：他们都声称，如果组织的设计不契合某些条件变量,那么组织将不大可能成功。

一位有影响力的组织理论家莱克斯·唐纳森(Lex Donaldson)认识到这一共同点,提出了基于"符合目的"概念[6]的统一理论。他的观点是,分歧在于哪些变量应该推动设计决策,而不是"适合目的"的观点是否应该被诸如"一个正确的设计"这样的概念所取代。我们同意并支持他的目标,并且精确地指出四个驱动组织契合度的变量。具体到各个组织的情况,这四个驱动因素是我们认为最重要的权变性因素。因此,它们应该是用来制定设计标准的因素。

但我们是如何确定这些变量的呢?通过借鉴当前的学术思想、自己的研究结果和从事设计工作所获得的经验,我们不会说这些变量开创了新的领域。相反,它们是对权变因素进行分类的实用方法——一种有用的分类法,而不是知识上的突破。

概括地说,为组织设计者设定目标和限制因素的四个契合度驱动因素是(见图2-2):

- **产品—市场战略**:公司计划如何在其选择的每个产品—细分市场竞争中获胜。
- **公司战略**:公司计划如何从多个产品—细分市场的竞争中获得优势。
- **人员**:有可能在组织内工作的员工所具有的技能和态度。
- **限制因素**:限制设计方案的因素,如法律、制度、环境、文化和内部因素等。

我们现在逐一看一下这些问题。

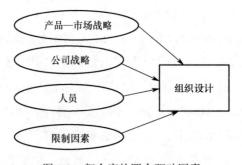

图2-2 契合度的四个驱动因素

产品—市场战略

组织的设计应使公司的产品—市场战略落地更加容易。所谓"产品—市场战略",是指管理层为每个产品—细分市场制定的制胜战略和主要运营举措。例如,像陶氏(Dow)这样的一家化工企业在聚丙烯产品市场上与同类企业展开竞争。该公司的制胜战略基于低廉的原料成本、与碳氢化合物裂解装置的紧密结合和高资产利用率,这得益于对输出流的精细平衡。主要运营举措可能包括出售非一体化资产,改善与炼油业务的联系,以及增加额外的输出流。相比之下,在聚氨酯细分市场中策略则有所不同。公司通过产品创新和为客户提供卓越的技术服务进行竞争。在这一领域的主要运营举措可能是加大对产品研究的投资,或改善对技术服务人员的信息技术支持。

我们应该强调的是,本书不是关于制定或评论战略的。相反,我们将战略视为设计过程的一种输入:目标是设计一个有助于实现战略的组织。

不同的组织结构引导管理层关注不同的问题。建立一个组织单元可以确保将注意力放在单元承担的主要职责上。因此,决定设立以产品为基础的业务单元,而不是以客户或国家为基础的单元,意味着产品将比客户群体或国家得到更多的关注。同样,设立一个单独为公司其他部门提供薪酬服务的部门,而不是将其作为一个小的支持部门内化到每个业务单元之中,结果很可能是这项服务会得到管理层更多的关注。

在上述化工实例中,管理层的注意力需要聚焦于聚丙烯工厂与裂解装置的整合上。一种方法是将这两种活动放在同一个管理单元中,或者如果它们是在不同的单元,则需要设计一个有力的整合机制。另一方面,在聚氨酯部门,产品研究可能应该作为当中的一个独立单元,聚焦在获得额外投资上。此外,它可能还需要与公司研发部门联系起来,以确保投资得到良好的管理。换句话说,战略应该推动组织设计:所选择的设计方案需要优先关注对成功实施战略最为关键的要素。

设计应该由战略驱动的理论并不新鲜。它起源于阿尔弗雷德·钱德勒(Alfred Chandler)的经典之作《战略与组织结构》(*Strategy and*

Structure）[7]，这是一篇关于战前美国多元化和事业部化的研究。他创造了"组织结构服从战略"这一短语，以强调企业组织架构并没有一个明确的最佳方式，组织应该不断发展以适应其战略。随后，其他学者也指出，结构反过来又可以为战略提供条件，若是这样，战略与结构之间的联系会是双向的吗？[8]

可以说，没有明确战略的公司可以选择任何组织形态——"如果你不知道自己想去哪里，那选择哪条路线并不重要"。然而，即使在战略不明确的情况下，组织仍然应该反映现有的优势来源和在其参与竞争的市场中的关键成功因素。此外，需要设计组织以帮助战略的制定。由于组织和战略之间的联系是双向的，设计者需要考虑一个特定的设计对未来战略选择带来的影响。

管理者承认组织结构与战略之间的联系，这在一定程度上指导了大多数组织设计的选择。然而我们认为，组织设计往往不能令人满意，因为管理者可能没有足够明确地确定其产品与市场战略中的主要优先事项，或是没有在设计标准中给予这些优先事项足够的重视。举个例子：在一家金融服务公司，我们正在讨论一种新的矩阵结构，在其中市场单元被赋予了与产品单元同等的地位。以前，产品单元在组织结构中占主导地位，很难让两个单元围绕着共同客户进行协同。部门的负责人解释说，"我们希望成为这样的公司，能整合我们的产品并提供无缝服务，从而抢先竞争对手一步"。问题是矩阵的设计并没有反映出这一战略目标。这一矩阵对市场单元和产品单元之间的平衡关系给出了建议。但公司战略却指出，为客户提供一体化服务的能力是比产品技能更为重要的优势来源。换句话说，市场单元应该比产品单元拥有更多的权力，以便它们能够提供必要的整合方案。因此，我们的建议是明晰产品—市场优势的预期来源和正在进行的组织设计两者之间的联系。设计者如果做不到这一点，将会使战略实施变得困难。这就引出了一个实用测试——市场优势测试：

"每个产品—细分市场中，组织设计是否将管理层的注意力充分聚焦在运营的优先事项和规划的优势来源上？"

鉴于现有或建议的设计，测试涉及以下分析：

- 在公司计划参与竞争的每个产品—细分市场，列出每一项主要运营措施和优势来源。
- 核查各单元的职责是否界定清楚，得以给予每项举措和优势来源足够重视。
- 如果看上去设计没有给出足够的重视，请考虑对设计进行修改或做出其他改变以弥补这一缺失。

判断一个设计是否给出足够的重视并不容易。如果设计中包含一个专门负责该问题的独立单元，那么显然是给予了足够的重视。例如，如果优先考虑的是向亚洲扩张，而设计中包含了一个专门负责亚洲的业务部门并由一位向首席执行官报告的高管来管理，那么毫无疑问，这个目标已经得到了足够的重视。然而如果在设计中把职责分配给"国际销售"这样的部门，而该部门的汇报级别较低，并且有许多其他的竞争性职责，那么关注度和权威性就可能不足。关于如何做出这些判断，将在第 8 章中作更多的介绍。

这种测试的价值在于，它迫使管理者更加明晰运营重点和优势来源。管理层的注意力是一种有限的资源。对一个问题（如产品）给予更多的关注，意味着对另一个问题（如职能或国家）给予较少的关注。这一测试暴露出这些冲突，并帮助管理者决定优先事项。

公司战略

在众多产品—细分市场中进行竞争的多业务公司，需要制定公司层面战略以及产品—市场战略。产品—市场战略侧重于产品市场和运营职能，而公司战略则侧重于整个集团的优先事项和母公司的活动。公司战略是关于在哪些产品—细分市场竞争以及如何管理业务组合。

产品市场的选择应以为母公司带来增值的能力所驱动：公司应将注意力集中在贡献最大的那些市场机会上。关于如何管理产品组合的决策也应该由为母公司带来增值的能力所驱动。如果价值来自于协同,那么其组织的设计应该不同于价值来自于引入一个标准的商业模式。因此,公司战略是建立在母公司的"母合主张"之上的:母公司期望增加的价值来源(见下文:公司战略和母合主张)。

> **公司战略与母合主张**
>
> 本篇文字的目的是让读者理解我们的企业战略方法论。它解释了有关"母公司""母合优势"和"母合主张"这些术语的含义。
>
> 公司战略要解决两个问题:要在哪些产品—细分市场进行竞争,以及如何管理所选择的业务组合。因此,企业战略是关于买卖业务的,并决定在不同产品或细分市场投入多少资源。它还涉及如何影响执掌运营单元的管理团队。
>
> 我们已经研究企业战略几十年了。在20世纪80年代,思考这些问题的主要工具是市场增长率—相对市场份额矩阵,其语言为现金牛、明星和瘦狗。它鼓励企业成为投资组合的管理者,买卖业务以建立"平衡的投资组合"。
>
> 通过我们以及其他学者和顾问的研究,人们对公司战略有了新的理解[9]。该研究认识到多业务公司是由母合组织和多个业务部门所组成。母合组织是介于资本市场和业务单元之间的中间人。因此,它必须增加价值或成为经济系统的负担(见图2-3)。
>
>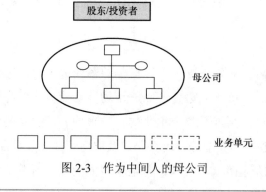
>
> 图2-3 作为中间人的母公司

> 母公司通过影响("培育")其拥有的业务进行增值。根据业务的需求和母公司管理者的技能,母公司选择培育不同的业务,使它们能够创造"母合优势"——即它们能够比竞争对手的母公司为某一特定类型的业务增加更多价值。例如,力拓公司(Rio Tinto)拥有矿业融资的技能,使该公司能够为广泛的采矿和矿产业务组合增值;联合利华公司(Unilever)拥有跨境转移产品和市场信息的技能,使其能够为地域分散的消费品业务组合增值。在母合领域中,公司层面上拥有的或渴望拥有的特殊技能被称为"母合主张"。
>
> 在业务层面上,母合主张相当于竞争优势的来源。母合主张是上级管理者为赢得优于竞争对手的优势而可以做的事情:它们是母合优势的源头。因此,制定企业层面的战略就是要找到一套母合主张,并利用这些主张决定一系列的战略举措,例如购买一家企业或开发企业内部网以促进知识的共享。我们会在第 6 章和第 8 章中更多地谈及母合主张。

不同的母公司有着不一样的母合主张。英国媒体公司格拉纳达(Granada)的首席执行官查尔斯·艾伦(Charles Allen)的主张之一就是:帮助管理者取得比为独自工作更多的成就。基于艾伦与经营格拉纳达业务的管理者之间直接且单纯的关系,这个主张需要一个简单的组织设计,其有着明确定义的部门和不多的核心人员。1998 年,格拉纳达的公司办公室只有 45 人。

相比之下,孟山都(Monsanto)的母公司在与药明康德(Pharmacia)公司合并之前,其主张是整合制药、农用化学和生物技术业务,开发"生命科学"的新机会。因此,首席执行官罗伯特·夏皮罗(Robert Shapiro)在公司最高层设计了部分重叠的职责、管理论坛和项目小组。他希望让来自不同业务的高级管理者以正式和非正式的方式混合在一起,以激发他们的创造力,并且帮助发掘新的机会。孟山都公司办公室的员工人数是格拉纳达公司的 5 倍之多。

在先前的著作中,我们已经撰写了不少关于不同公司在母合主张上差异性的内容,并说明这些差异性所导致的不同结构与流程[10]。我们还指出,最成功的母公司都有特别独到的主张,并且特别善于实施这些主张,这些公司拥有我们所说的"母合优势":它们通过选择母合主张和实施该主张的方式,在公司层面上获得了优势。

管理者能直观地认识到企业层面的战略与结构之间的这种连接,这些管理者知道,组织不是帮助就是阻碍了高层管理者的目标,因此他们接受这样的观点:组织设计应该考虑到高层管理者所要增加的价值。

然而,在关于公司战略的工作中,我们发现公司经常没有充分明确其母合主张,部分原因是并不太理解母合理论(公司战略思想背后的一系列概念),而且公司层面的管理者并没有考虑他们的母合主张是什么。"别问我们能为业务部门做些什么",这是他们隐含的立场,"而是要问业务部门为公司做了什么"。这些管理者更喜欢在有吸引力的领域中建立一套业务组合,而不是在特定的母公司将某一业务组合发展壮大,他们无法定义自上而下的目标,用以指导他们的设计工作。即使是公司层面的管理者企图增加价值,他们也往往对如何实现这一目标模糊不清。为了弥补这一点,我们提出了母合优势测试:

"对于母公司预期的增值来源和战略举措,组织设计是否给予了足够的重视?"

测试内容包括以下分析:

- 列出主要的母合主张和母公司层面的战略举措。
- 检查在设计中每项主张和战略举措是否得到充分重视。
- 如果看上去设计没有给出足够的重视,请考虑对设计进行修改或做出其他改变以弥补这一缺失。

与市场优势测试一样,判断是否得到了足够的关注并不容易。然而这一测试有助于管理者更明确地了解公司的优先事项和母合主张,并有助于确保:用与公司的优先事项相互一致而非自相矛盾的方式定义运营单元和组织的层级;公司总部和中间层级的角色与职责是适当的;以及母合流程(如规划、预算编制、协同管理等)是支持母合主张的。

母合优势测试还能帮助企业更准确地思考总部的作用和增值性。在经营包括食品和农产品等多种业务的嘉吉公司（Cargill），一项重要的企业转型计划为公司总部确定了许多母合主张，包括引领全公司向提供客户解决方案的转型，发展高绩效文化，以及促进业务部门之间共享经验和技能。利用母合优势测试，可以使这些相当笼统的主题变得更加具体，并将其转化为可付诸实践的组织举措。例如，向客户解决方案的转型是关联到定义新的、更聚集于市场的业务单元。业务单元打包在一起被归为"平台"，并设立了平台层次的管理级别，以促进合作机会。也成立了伙伴小组，鼓励业务部门之间的自愿合作。此外，公司总部强调"开发和充分利用深度的客户知识和洞察力"的行为与价值观，并在与业务单元和平台的所有互动中，强调客户解决方案的重要性。通过这种方式详尽说明母合主张的内涵，嘉吉公司的管理者能够更为切实具体地努力以创造出母合优势。相比之下，那些未能应用母合优势测试的公司往往会因母合主张过于虚无缥缈而难以创造价值，或者因没有具体实施举措而终结这些主张。

人员

人对组织设计方案的重要性毋庸置疑。管理者一再告诉我们，合适的人选可以使几乎任何设计成功，而错误的人选甚至能让最好的纸面设计变得一塌糊涂。因此，人，也就是那些遍布组织各个角落的管理者，是设计方案的根本驱动因素。

人的重要性，在一定程度上是因为个人所拥有的技能能够很好地履行职责。如果没有足以胜任的总经理来管理业务单元，那么设计大量分散的、对利润负责的单元是没有益处的。另一方面，如果存在一大批尚未充分发挥能力的总经理，那么不论这种结构名义上多么符合战略，都还大有文章可做。在建立组织时，着眼于可供使用的技能是最根本的，但围绕个人的喜好和愿望建立组织也同样重要，因为这些决定了管理者会热衷于承担以及抵制哪些责任。如果一个设计要求个体间竞争激烈的两个管理者密切合作，那么该设计注定会失败。但是，如果管理者之间是老朋友、彼此信任、相互尊重并且渴望合作，那他们就可能做些在一般情况下会引起摩擦和挫折的事情。

尽管人的重要性显而易见，但管理者经常抱怨他们采用的设计因为人的问题而受挫。在收购中最常发生这种情况。有多少公司宣布由于个性冲突，意外流失了被收购公司的关键人员，或者协同效益小于预期？除非新组织的设计考虑到能使其发挥作用的人员，否则其成功与否是令人怀疑的。

有一家公司的首席执行官想成立一个新的业务部门，将一些陷入困境的多元化项目整合在一起，他认为作为其他部门的一部分，这些项目很少得到重视。然而，当我们开始考虑在哪里可以找到一个人去管理这个新部门，而这位新管理者需要具备天然气资源、发电、电信、废物管理和工程咨询方面的经验时，我们很快就得出结论：这个设计是有问题的。在没有合适内部人选的情况下，聘请一位不知名的管理者，管理这项首席执行官也不了解的业务组合，是一个太过冒险的提议。最终，首席执行官卖掉了一些业务，保留了一些业务，并从其他业务单元转出了责任。他还建立了单独的核查流程，以便给这些业务一些额外关注。

虽然管理者本能地知道人应该是组织设计的关键输入，但人的问题却经常发生。其中一个原因是，高层管理者过度沉迷于某个设计理念，以致他们倾向于忽视同事和下属的局限性。因为设计看起来很匹配战略，所以他们忽视了人的问题。

造成人员问题的第二个原因是管理者往往高估了获得新技能和新态度的困难程度，不论通过雇用新人还是向现有管理干部灌输新的能力都相当困难。我们的观察是，虽然这两种选择都是有可能的，但有些工作很难通过招聘流程来填补，而且有些人对变化带有抵触情绪。有限的改变或许可以，但不能完全自由地按照新的形象重塑人。因此，必须对现有员工的优势和劣势以及公司有望吸引的人才做出现实的评估。

这就引出了我们的人员测试：

"设计是否充分反映了现有人员的积极性、优势和劣势状况？"

测试包括以下分析：

- 列出将成为新组织成员的高管名单，并评估这些高管人员为该组织发挥作用的承诺程度。
- 列出特别有才能的人，评估设计能否充分发挥他们的才能。
- 列出关键性的工作角色（例如，使组织运行顺畅的关键角色），并判断为这些角色匹配到称职管理者的难易程度。

人的决断从来都不容易。检验的方法是要搞清楚谁是最有才能的人，他们能给新组织带来什么技能。不仅要考虑他们当前的工作岗位，还要考虑他们在组织内获得追随者的能力，这样来确定"有影响力的"管理者。它还涉及检查所有可能难以填补的工作类别；查明目前是否存在具有适当技能的管理人员；并检查是否可以设计相应的晋升途径，以便他们在未来能继续留在企业中。

这项测试的价值在于，确保了管理者不会忽视人的层面。即使这项测试仅限于高层管理者，它也是非常宝贵的。当赋予结构、流程和角色活力的人契合设计，或者说设计契合人的时候，组织结构、流程和角色就能发挥最大的作用，这点怎么强调都不为过。

限制因素

限制因素是一个包罗万象的门类[11]。在这个分类中，包括了一系列可以制约设计选择的因素：

- 法律和政府问题，如对某些治理流程、法定的结构、所有权结构以及法律的要求，例如健康和安全等。
- 机构和利益相关者问题，如主要股东的偏好、行业协会的要求或资本市场的需求。
- 其他外部问题，如当地文化、利益相关者或工会。
- 内部问题，如信息技术能力、内部文化和整个组织的技能。

我们不会关注所有这些项目，因为根据经验，它们只在某些情况下才有意义。例如，如果有的话，与健康和安全相关的法律只与健康和安全职能的设计有关。然而，有几个问题更为普遍地显现出来。涉及法定结构和所有权结构的法律，往往限制了对组织结构设计的选择。这种限制很少具有至关重要的意义。在没有合资伙伴的情况下，它可能会限制组织在某个国家建立业务单元的能力，它可能会阻止在不同国家间整合两项业务，在某些操作中少数股权可能会限制你的选择。

第二个具有广泛影响的限制因素是历史性的组织文化和与其相伴的能力。所有的管理者都意识到，企业文化会限制他们对组织设计的选择。对比宝洁和联合利华两家公司。两家公司在全球许多市场都进行着正面的竞争。联合利华自身拥有英国和荷兰双重国籍的历史，由于本土市场小且结构分散，形成了与宝洁公司完全不同的跨国协同的文化规范和技能。在 20 世纪 90 年代中期，正当宝洁决定加强其全球产品部门的时候，这些差异使得联合利华按地理区域进行组织。两个市场战略相似的公司选择了不同的组织结构方案，是文化和技能的差异使之变得相当合理。

大多数管理者对特定环境下的工作有着很强的直觉。在说服共享服务部门能够确实响应其他单元的需求上，如果一个公司总是遇到这方面的问题，那么他们就会对将来扩展共享服务单元的角色持怀疑态度。如果产品单元和客户单元一直在产品开发和定价策略上争论不休，那么任何新的组织都有必要密切注意如何处理这些摩擦点。如果德国和法国的管理团队之间的关系一直是友好合作的，那么在不改变边界和职责的情况下可能很容易实现重要的协同效益。

克里斯·巴特利特（Chris Bartlett）和苏曼特拉·戈沙尔（Sumantra Ghoshal）在他们广为流传的《跨国管理》（*Managing Across Borders*）一书中，用"管理传承"一词来指代公司的历史、文化、内在价值观和工作方式[12]。基于研究，他们认为管理传承既决定了公司战略的选择，也决定了公司战略的实施。格里·约翰逊（Gerry Johnson）虽然在他的著作中使用了一个不同的术语——"文化网"，但也对企业文化的普遍影响提出了类似的观点[13]。

信息技术系统是经常制约设计选项的另一个因素。英国一家大型电力公司希望将工程、输电和供电分别组织成独立的业务单元。重组的逻辑是令人信服的。公用事业部分一直是作为一项整合业务来运行的，但是产业去监管化将使公司的不同部门直面竞争。然而，信息技术系统却无法按业务单元生成盈利数据。尽管存在信息技术问题，管理层认为业务单元的转型是必要的，因此还是进行了变革。结果相当不幸，新的业务管理团队无法获取管理信息。因此，他们在新的结构中开始使用与以前相同的、基于职能的决策流程。当信息技术系统最终提供了他们所需的数据时，他们已经建立了工作方式，并发现难以整合新的信息。由于在信息技术系统准备就绪之前就进行了变革，这家公司无意间使得管理层的注意力更难从职能问题转向商业问题。

管理者充分意识到可能存在限制因素。但是，他们往往没有对这个问题给予足够的重视。于是在设计流程的早期，在公司律师或信息技术专家指出问题之前，他们就制定甚至选择了方案。因此，这导出了我们的第四项测试，即可行性测试：

"设计是否考虑到可能使方案无法实行的限制因素？"

该测试包括：

- 列出所有潜藏着限制因素的重要领域，并检查设计能否满足这些限制。

可行性测试可能需要一些艰难的决断。在文化和系统等领域，至少在尝试新的设计之前，很难评估是否存在限制因素。此外，许多限制因素可能随着时间流逝而消减。文化可以改变，能力可以提高，有时甚至可以通过成功的游说改变法律。因此，可行性测试需要评估是否存在问题，以及落实新设计所需的改变是否容易实现。解决办法可能是小的调整、延迟执行、折中的解决办案或全新的设计。

与前三项测试一样，这项测试的目的是鼓励管理人员思考那些往往只受到轻微关注的问题。通过在设计流程的早期提出限制因素的问题，可行性测试可以大大减少在不可行的备选方案上花费的精力。

回顾

我们的设计框架将四个契合度驱动因素——产品—市场战略、企业战略、人员和限制因素——简要描述为：挑战是在现有人员和相关限制因素下，设计一个能够实现战略目标的组织。正如我们将在第 7 章和第 9 章中解释的那样，这四个驱动因素也可以用来生成设计标准。

它们的力量来自于简单性和完整性：虽然只需要考虑四个因素，但它们之间包含了所有特定的针对相应情形的重要变量。通过测试契合度驱动因素变得实用（见图 2-4）。通过这四个测试的设计将是"符合目的"的。

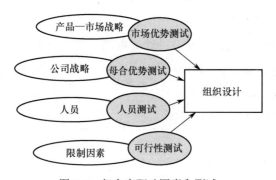

图 2-4　契合度驱动因素和测试

然而，一个符合目的的设计，可能还没得到优化。在下一章中，我们将介绍优质设计的四项原则，这些原则有助于管理人员创建尽可能高效运作的组织。

第 3 章

优质设计原则和测试

除了第 2 章讨论的契合度驱动因素外,针对优质组织设计,还提出过许多更为具体的规则、准则和定论[1]。事实上,有很多建议不仅复杂且难以应用,有些甚至是自相矛盾的(见下文:如何将职责归入单元/部门)[2]。因此,大多数管理者都依赖一些朴素的经验法则,例如,一个老板的下属不应超过六人,或"一个人不能侍奉两个主人"。

如何将职责归入单元/部门

针对单一组织的设计问题,下面列出了现有文献中的一些建议样例。

- 更丰富的任务多样性需要更为细分的部门(Aston Studies)。
- 各项活动之间的互动性越强,它们之间的联系就越紧密(Thompson)。
- 职能性结构最适合标准化、规模化和任务专业化(Galbraith)。
- 产品属性多样化且快速进行产品开发对公司很重要时,按产品界定的组织结构是最佳的(Galbraith)。
- 客户(或其他利益相关者)的权力越大,就越需要按客户细分群体来构建组织(Galbraith)。
- 当周转时间和流程再造很重要时,流程型组织架构是最好的(Galbraith)。

- 在环境快速变化、产品生命周期短、市场分散的情况下,网络型组织结构是最好的(Hatch)。
- 当成本管理很重要,并且能够在单元外做出大量、混合决策时,成本中心(型组织架构)是最好的(Jensen)。
- 当收入最大化很重要,并且能够在单元外做出大量、混合决策时,收入中心(型组织架构)是最好的(Jensen)。
- 当做出产品组合、数量和质量决策所需的知识是这一单元"特有的"时,利润中心(型组织架构)是最好的(Jensen)。
- "费用中心"是最不令人满意的单元类型(Jensen)。
- 按用户分组,以最大限度地提高对市场的反应能力;按活动分组,以利用和培养人才;按产出分组,以加强控制(Nadler和Tushman)。
- 不同的分组方式会导致不同的职业生涯发展路径,从而促进发展出不同的能力:按活动分组会导致业务活动专业化;用户分组会有助于一般管理技能(Nadler和Tushman)。

为了帮助管理者采取一种较为正式的方法,我们提炼出了优质组织设计的五项原则。这些原则为如何设计组织提供了指导,这些组织不仅需要考虑四种契合度驱动因素,在创建尽可能有效地实现其目的组织时,还要解决管理者所面临的最为艰难的挑战(见图3-1)。

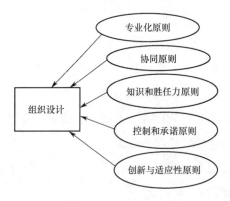

图3-1 优质设计的五大原则

- 两个原则,"专业化原则"和"协同原则",主要涉及如何将职责划分为不同单元,以及应该在这些单元间建立何种联系。
- "知识和胜任力原则"主要涉及哪些职责该下放,以及该建立什么样的层级。
- "控制和承诺原则"主要涉及如何确保管理者有效地履行分权的职责。
- "创新与适应性原则"主要涉及如何确保组织在未来能够变革和进化。

这五项优质设计原则结合契合度驱动因素,确定了优质组织设计的基本规则。它们为管理者提供了创建"结构化网络"所需的指导。

如同契合度驱动因素一般,我们将会把优质设计原则转化为可应用于设计方案的测试。这些测试不仅是应用这些原则的实际方法,它们也抓住了我们从研究中得出的一些重要见解[3]。尽管我们在契合原则方面的工作不过是将大多数管理者和学者所熟悉的变量进行了分类,但在优质设计原则方面,我们的工作则更进了一步。将当前大量的建议精简为五个首要原则,这本身便象征着迈出了重要的一步。此外,在每一个测试中,我们深信在设计思维上已经取得了一些进步。

专业化、协同和单元边界

当把职责下放给下级管理部门时,一个基本问题是如何将职责分组:建立什么样的"管理单元"。管理单元是指委派给指定经理或管理团队的职责群,也是构成组织设计的基本要件。例如,它们可以是部门管理单元、职能管理单元、分部管理单元、业务管理单元、国家管理单元、产品管理单元或项目管理单元。

产品—市场战略是设置单元组织架构的首要影响因素。它们告诉组织设计者哪里最需要得到管理层的关注。但是紧跟着创建单元,管理层关注的重点还会导致两个后果。首先,它促进了专业技能的发展。当管理者将注意力集中在一系列职责上时,他就会发展出与这些职责相关的技能。第二，它带来了一些协同方面的挑战。无论以何种方式界定单元，有些活动都需要跨越单元界限进行协调。

专业化和协同原则清楚地表明，往往需要在这里做出权衡取舍。对单元的定义越窄，可能需要的专业化程度就越高，协同的挑战也就越大。反之，如果单元的定义很宽泛，因而大部分重要的协同要求都会在单元内部发生，那么就不可能从发展专业技能的维度上对单元进行优化。为了做出与单元边界相关的复杂决策，管理者需要深入理解需要哪些专业化和协同工作，以及设计决策将如何影响结果。

专业化原则

应确定单元边界，以实现专业化所带来的最重要的收益。

管理者将围绕分配给他们的职责发展技能和资源。如果该单元关注于某一客户群，其管理者就将建立起对这些客户的深入了解，并设计一些特殊的方法来满足他们的需求。如果关注的是某种产品，管理者将成为产品开发、制造、营销和应用方面的专家。如果关注的是职能，管理者将对职能有效性所需的技能和人员类型有更深入的了解。管理者之所以发展这些技能，是因为他们会优先考虑一系列重点职责，并且从自身经验中学习。

专业化的重要性可以追溯到 1776 年苏格兰经济学家亚当·斯密（Adam Smith）的著作中。众所周知，他以大头针厂为例[4]，指出通过将职责划分为制作针轴、制作针头和将轴与头连接在一起，可以提高大头针的生产效率。斯密还指出，通过专业化，拥有 10 名员工的组织所能制造的大头针数量是 10 个人单独制造的 10 倍。弗雷德里克·温斯洛·泰勒（Frederick Winslow Taylor）在他的《科学管理原理》（*The Principles of Scientific Management*）一书中进一步强化了专业化的主题[5]。他用"科学方法"进行管理的理论表明，可以通过将每项职责分解为组成部分，来提高业绩，这也能更容易理清如何以最佳方式执行每个组成部分。波士顿咨询公司（Boston Consulting Group）首次提出了"经验曲线"[6]，证明每当生产一件物品的经验翻番，生产成本就会下降固定的百分比。

换句话说，当管理者专注于某项专业化活动时，他们会随着经验的积累而学习。

发展专业化技能是建立具有一系列明确职责单元的一个好处。但这也有两面性：每一种组织结构选择都有优势和劣势。如果将结构按产品单元划分，组织将发展出更多产品导向的技能，以及较少市场、地域或职能相关的技能。如果结构围绕着职能单元进行设置，则组织将发展出较强的职能技能，以及较弱的产品技能。任何组织都无法最大限度地开发技能的所有方面。每种组织结构都会有一种妥协。因此，重要的是对职责进行分组，分组的方式要能确保发展出那些对组织的成功最为重要的专业技能。

协同原则

应对单元进行界定，使最需要协调的活动都发生在单元边界内。

在一个单元内协同和协调活动的一致性比跨越单元边界更容易。产品单元的管理者可以很容易地协调不同市场的活动，以支持产品战略。在市场单元中，管理者可以很容易地将职能活动与市场中客户的需求协调起来。如果研究工作需要与营销工作紧密协同，那它们都在同一单元中就会相对容易地实现。

同一单元的内部协调比跨单元的协调更为容易，其原因有三。首先，单元管理者可以看到单元的总体职责和目标，并可以看到单元内的所有活动将如何共同工作以实现这些目标。掌握了整个制造系统的概况，制造这一职能部门的负责人就可以看到不同工厂如何平衡其工作，以产出最具成本效益的成果。同样，业务单元的总经理也可以将研究、制造和营销等不同的职能部门协调起来为顾客服务，在各个职能部门更为细小的局部利益之间进行取舍。由于管理者关注单元的整体目标，所以他们不太会忽视单元内部进行协同和调整的机会。

第二，即使其团队成员不情愿，负责单元的管理者通常有权力坚持进行协调。比权力更重要的是，他们有强大的手段来说服个人进行合作。管理者可以许诺晋升或工作上的支持；培养团队精神和认同感，使之高于个体成员的个人利益；利用忠诚与责任："如果你抓我的后背帮我挠挠痒，我也会投桃报李"。管理者可以对一个领域的业绩进行取舍来换取另一个领域的业绩。跨越单元界限，许多诸如此类奖励合作的举措是不存在的，或者只是以一种被削弱的形式存在。

第三个原因是，一个管理者如果全神贯注于一个单元，就会有更多的时间来监督协同问题，并劝说单元的员工按要求去做。

一个单元内部协调的好处已广为人知。关于组织设计的文献中最为热烈的主题之一是，应在"协同要求最多"的地方建立单元。这一观点可以追溯到詹姆斯·汤普森（James Thompson）[7]。

管理者也认识到组建单元的重要性，并认为这是实现协同和一致性的一种方式。如果需要协调所有销往某一特定客户群的产品，则其中一种应对措施就是成立一个专门针对该客户群的单元。例如某些消费品公司成立了面向"特易购（Tesco）"或"沃尔玛（Wal-Mart）"的小型单元，以汇聚和协同与这些有影响力的零售商进行的各种交易。同样，3M 公司有一个汽车行业单元，其作用是协调 3M 公司在汽车行业的所有销售活动。

易于协同是形成一个单元的好处。但单元是有边界的，因此创建这样的单元也有缺点：虽然某些协同领域属于单元内部，使这些领域更容易实现一致性，但对于其他领域则需要跨越单元边界进行联系，这便增加了难度。因此，重要的是对职责进行分组，以便最需要协同的活动能在同一单元范围内进行。

专业化和协同之间的权衡

专业化和协同原则意味着将职责分组成为不同的单元，以便在专业化技能的需求和协同的需求两者之间进行权衡，并能对这种权衡进行优化。这要求组织设计者要对选中战略中预期的优势来源进行回顾，尤其要考虑最为重要的专业化技能及协同收益。

遗憾的是，专业化收益以及协同收益有时指示了不同的甚至是相互冲突的架构单元的方式。例如，对专业化收益的承诺可能意味着某种职能或流程型的组织结构，因为这样可以在每个职能领域或流程中发展出卓越的运营技能。然而，协同收益可能意味着以市场为中心的组织结构，因为需要说服不同的职能部门，使他们相互协作以服务特定的客户群。此外，专业化收益可能意味着建议成立以小型市场为中心的业务单元，以确保与特定细分市场之间的紧密联系；然而协同收益则可能建议要建立更广泛的单元，以鼓励分担产品开发成本、销售人员和其他间接费用。

20 世纪 60 年代，两位著名的哈佛学者保罗·劳伦斯（Paul Lawrence）和杰伊·洛施（Jay Lorsch）对专业化和协同之间的冲突进行了研究[8]。他们在《组织与环境》（*Organization and Environment*）一书中指出，设计组织的一个核心难题是需要在将组织中的活动进行"整合"的同时，确保组织中不同部分之间能提供足够的"差异化"，以适应环境变化。差异化允许各个单元专业化，整合则确保组织的不同部分以协同的方式工作。

在组织设计上，是有可能结合专业化和协同两方面的好处的。例如，可以设立一个定义广泛的单元，以实现对若干市场部门的协同。同时，可在更大的组织架构内设立突出重点的子单元，以满足特定部门的需要。同样，可以在广义的业务中设立职能子单元，以提升每个职能所需的特殊技能。在相对更广泛定义的单元内，也可能实行专业化。

然而，某些专业化的益处可能会因此丧失。这是因为较为综合的上级单元的优先事项和技能会影响到子单元。广义业务的需要也很可能会妨碍众多子单元发展其技能或妨碍子单元做出适合自己业务活动的最优决策。

考虑两个消费产品公司（见图 3-2）。一家名为 Product Inc.，按全球产品进行组织，并在每个产品单元下再细分为各个国家的业务单元。另一家名为 Country Inc.，是按国家来组织的，在每个国家中又细分为不同的产品单元。如果我们探讨美国的组织结构，两家公司都有专注于每个主要产品领域的子单元。因此我们可能会期望两家公司都能获得同样的专业化优势。但是 Product Inc.中的单元向全球产品负责人汇报，而 Country Inc.中的单元则向美国的负责人汇报。因此，这些单元将制定不同的优先事项。Product Inc.中的单元将更多地受到全球产品负责人工作重心的影响，并受与其他产品业务竞争的资本和地位的需求所驱动。因此，他们将发展更多与产品相关的技能。Country Inc.中的单元将更多地为国家负责人的工作重心所驱动，因此将更多地发展与国家相关的技能。这些差异可能是微妙的，并且取决于相关高管人员的个人技能和他们对优先事项的考量，但在选择何种组织方式时需要将上述差异考虑在内。

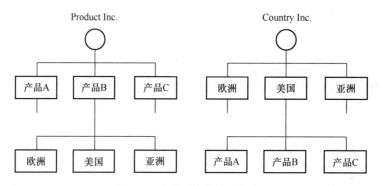

图 3-2　产品型和国家型组织

从理论上来说，管理者通过对专业化收益以及协同收益进行权衡，在各种相互竞争的组织结构之间做出选择。然而，实际上这些收益往往很难被精准衡量，在各种结构之间的选择取决于一项艰难的决断，即判断何为公司战略中最重要的事项。此外，一些技能的专业化可以在子单元内部实现，一些协同则可以跨越单元边界来实现，然而还有些类型的专业化或协同必须纳入单元内部，否则很难实现。

自治需求

一个单元要创造专业化收益，通常会形成一些特殊的管理方式。例如，营销职能部门的管理方式与研发职能部门的管理方式是不同的。这些差异不仅仅是有关评估业绩的手段，还影响到单元的整体风格、所雇人员的类型、行为规范以及领导风格。当一个单元被整合到一个更大的组织中时，可能很难发展和保持这些特殊的管理方式。

如果单元或子单元受到上级单元、平级单元或身为大型组织成员这一身份的强烈影响，该单元就会有表现出更像大型组织的倾向。当单元需要以不同于大型组织的方式进行管理时，它就会有"自治需求"：它需要受到保护并且不为大组织可能的"污染"所影响，它需要自由，使其能够相对自主地做出自己的决策（见下文：自治需求）。

自治需求

当一个单元有可能被大型组织的管理方式所"主导"或"污染"时，就会出现自治需求。这个问题主要发生在上级权力下放不够，从而对单元产生一些不适当影响的情形中。对定义宽泛的单元内所设立的子单元来说，这就变得特别危险，但在母公司管理者施加强烈影响，或者在一个单元与平级单元之间紧密联系从而干扰了该单元的独立运行时，也可能会出现这种情况。例如，如果该单元必须接受其他单元制定的标准或政策，或者必须与其他单元的决策相适应，就可能会抑制其发展自己的风格和战略的自由。在所有这些情况中，相关单元都必须调整其运作模式，以适应外界的影响。如果这些变化危害其有效性，那么显然该单元的自治需求就没有得到满足。

例如，许多公司发现，他们的互联网业务需要与主流业务不同的人事政策、绩效评估标准和文化。除非该业务从组织主体中分离出来成立一个新的业务部门，甚至与另一家公司成立合资业务，否则这通常很难保证。组织需要进行重大的结构性变革，才能使该业务有足够的自治权。

一个单元可能需要自治权的原因有三个。第一是单元的关键成功因素与组织其他部门的关键成功因素不同。在这种情况下，更大组织的目标、思维方式、政策和行为规范可能会过度影响重点单元的管理者，使其无法按照自己需要的方式发展。例如，公司层面管理者制定的人力资源政策可能不适用于某些专家单元，使得这些单元更加难以聘用或留住所需要的那类管理者。

自治需求的第二个原因来自于任务不兼容。如果你致力于一项任务，就会变得不擅长另一项任务，反之亦然。例如，电池制造商金霸王（Duracell）选择不将其长寿命电池业务与短寿命电池业务进行整合。尽管在分销渠道、销售成本、研发、管理职能甚至市场营销方面都有可能节省开支，但金霸王还是将这两项业务分开。为什么要这样做？"将长寿命业务与短寿命业务结合起来，你最终会减少对长寿命产品的关注。例如，如果你让销售人员同时销售两种产品，他们卖出的短寿命产品会比长寿命产品多很多。因为这是一个更容易销售的产品。建立长寿命电池业务要难得多，因此它需要得到管理者专门的关注。"换句话说，长寿命电池业务有自治需求；长寿命电池和短寿命电池的销售任务是不相容的。其他任务不相容的例子包括同时销售高端和低成本产品，或在生产耐用品的同时生产短期的特殊产品。

在克莱顿·克里斯坦森（Clayton Christensen）对公司所进行观察中，他发现当面临"颠覆性技术"[9]时，这些公司所遭遇困难的背后也有类似的问题。从长远来看，新技术将使现有技术过时，并蚕食当初使公司获得成功的产品。克里斯坦森认为，除非成立一个单独的、专门的部门来推广颠覆性技术，否则公司通常会压制该技术。

自治需求的第三个原因来自于顾客的喜好。顾客之所以会被某一产品或服务所吸引，往往是因为该产品或服务有别于其他产品，如果两种产品的定位发生混淆，那么在顾客眼中，一种产品就会被另一种产品所"污染"。以汽车行业的高端市场为例，多年来，特别是在欧洲，顾客对聚焦高端市场的公司（如奔驰或宝马）生产出的汽车，与专注大众市场的公司（如福特或丰田）所生产的同类汽车的看法是不同的。要想成为真正的高端车，其制造厂商需要被客户视为高端车专家。试图从大众市场进入豪华车领域的公司都发现，这个认知障碍是很难克服的。最成功的公司是那些建立或收购了独立专业单元的公司，如丰田汽车的雷克萨斯（Lexus）或大众汽车的奥迪（Audi）。

在供应商的独立性可能受到损害的情况下，客户的偏好也很重要。如果供应商为竞争者所有，客户可能会担心供应商是否能独立行事。如果供应商能表现出足够的自治性，这种担心就会大大减少。美国电话电报公司（AT&T）将其设备制造业务朗讯（Lucent）剥离出来，因为竞争对手的设备制造商正在吸引电信运营商客户，而这些运营商将美国电话电报公司视为主要竞争对手，因而不愿意从他们手中购买产品。

当一个单元有自治需求时，其他单元的影响会"污染"或"玷污"其对专家战略和管理方式的要求。解决办法是建立使单元不受消极影响的机制，同时，最好允许正向影响和协同同时发生。各单元间的边界和与上级单位分隔的自治权是结构化机制，能够提供所需要的分隔；同时也可以使用非结构性机制，例如，任命一位高级经理管理单元，通常会使单元具有相应的地位，使其能在吸收正面影响的同时拒绝负面影响。另一种选择是保证母公司管理者对该单元所需的专家文化有足够的了解，并在必要时进行干预保护。在第8章中，我们将对设计解决方案的不同方式进行更详细的讨论。

当一个单元需要高度自治权时，如一个新的电子商务单元，其结构应考虑到这一点。有必要赋予该单元在大多数领域的决策权，允许它选择不受标准政策或协同委员会的影响，并鼓励它发展自己的独立文化和运营风格。以上这些皆表明，该单元需要相对独立，不受层级和横向单元的影响。在这种情况下，既要实现单元内部的高度专业化，又要实现与其他单元的高度协同将会特别困难。但是，如果某单元的自治需求较低，而且受到主导或污染的危险很小，则不仅更容易实现专业化，而且更容易从与其他单元的协同中获得好处。

我们观察到，尽管管理者下意识地理解自治权的需要，尤其是那些在单元中为控制或"污染"所苦的人们，但在实际情况中，他们往往在设计决策中忽视这个问题。这有点令人费解。原因可能是他们过于重视组织的统一性和团结性（人类的共同特征），或者他们高估了管理者同时发展专业技能和遵守组织标准的能力。不管是什么原因，它都把我们引导到一个实用的专家文化测试：

"是否任何有着'专家文化'的单元，其文化需要不同于平级单元和上级单位，需要具有恰当的保护，使其免受主流文化的影响？"

该测试包括：

- 列出所有需要特殊文化的单元，该文化有别于公司或所属部门的主流文化。
- 评估专家文化是否有被（上级单位）主导的风险。
- 增加或改变设计方案，以便在需要时提供更多保护。
- 对"显现出的"专家文化而言，判断其所面临的任何风险是否是一项"颠覆"因素。

专家文化测试的目的是找到组织中的那些部分——现有的设计没能满足它们所需要的独立性。通常可以调整设计去适应该单元的自治性需求，同时不对其他一些方面如协同等做出太多妥协。然而，有时看起来不错的解决方案会被证明是不可能实现的，在这种情况下必须否决这个设计提议。专家文化带来的风险会导致那个设计方案出局，后续就不再考虑它：这就成为一个"颠覆"因素。

判断哪些单元需要专家文化，以及一个单元是否有可能占主导地位，需要周全的考虑。然而，这些都是必须要做的，而测试可以确保管理者对这个问题进行应有的核查。

困难连接

从表面上看，如果协同活动横跨单元边界而非在单元内部，则可能存在问题。然而并非所有跨单元边界的协同都注定要失败，贸易关系就是一个容易实现的跨界协同的例子。正常交易关系是单元之间令人满意的交易方式，前提是存在于公开市场上的备选供应商和客户，能够达成"公平"的、可比较的交换价格。还有许多其他类型的协同，可以并且确实令人满意地在不同单元之间进行着。例如,许多知识共享,特别是较大的、经验较丰富的单元与较小的单元之间的知识共享,都是自发地在跨单元之间发生。较小的单元寻找他们所需要的知识,而较大的单元则因受到关注而感到相当开心。换句话说,很多跨单元之间的协同是能轻易且自然地发生的。各单元之间自我管理的人际网络往往是有效协同所必需的。

另一方面,除非将有关协同的职责都分配给一个统一的管理团队,否则有些协同是特别困难的。假设几个不同的单元都有小规模的工厂,并且需要优化精简这些工厂。在这种情况下,除非有一个强力的权威机构,它具有充足的时间和专业知识,由它来设计解决方案、赢得支持并且克服既得利益,否则将很难实现协同。每个单元都希望自己能够避免裁员的痛苦,同时还能避免与一个新工厂建立新关系的痛苦,很可能这家新工厂还位于其他国家。每个单元也都会强烈主张其工厂应该保持开放,并为其他单元供货。工厂的精简优化需要由一个事必躬亲的老板领导,他可以综合运用权力、奖励和判断力,把相关管理者们召集起来,找到一个好的解决方案并使之落地。在统一管理的单元内部这是最容易做到的。

我们所谓的困难连接,是指相关单元之间自发建立的某些人际关系不可能顺利或根本不能进行协同。这些协同之所以困难,是因为各单元无法自觉地察觉到协同的好处,不愿意为实现协同而共同努力,抑或是这些单元将面临难以调和的利益冲突。为了获利,上级主管单位需要建立协同机制和/或直接干预。而在极端的情况下,唯一方法是重新分配职责,使得协同工作处于同一单元的控制范围内。

困难连接

在大多数组织中,各单元之间的协同十分重要。平级单元之间的交易、交换意见的同侪小组会议、对共同客户采取相同的做法、共享资源以创造规模经济,以及许多其他形式的协同都是常见的。

在许多情况下，可以通过相关单元之间的自发性互动来实现效益，我们称之为自我管理的人际网络。自我管理的人际网络与第三方之间的合作没有什么不同。平级单元的管理者可能对对方的业务有更多的了解，且彼此之间的个人信任或友谊关系更为密切，但主要动机还是商业性的。如果有能力的、受商业驱动的管理者之间的自我管理网络未能实现潜在的收益，那么首先要问的是为什么。

在许多公司，公司的环境阻碍了协同。奖励机制不当、部门老板之间的竞争、保密或相互不信任的文化都会破坏情理之中的跨单元工作。一个耳熟能详的例子是，奖励制度完全基于特定单元的盈利能力，而不考虑合作可能产生的其他效益。当公司环境包含以上的"协同效应杀手"[10]时，公司内部的协同可能比第三方之间的协同更加困难。但是，协同效应杀手的存在并非是理所应当的，具有组织意识的母公司应该能够调整环境，消灭其中的大多数杀手。

造成协同问题的另一个原因是不同单元之间的关系类型不清晰。公司研发职能部门应该如何与业务单元合作？市场单元应该如何与各产品单元合作？企业服务部门应该如何与用户合作？组织设计者需要明确规定各单元之间的预期关系，以便为自我管理的人际网络提供框架。这是我们将在第 5 章探讨的话题。

即使在支持性公司环境中，且定义了明确的关系，连接仍然会有困难。问题可能是由于不了解其他单元的业务，因而对协同的机会一无所知。它可能来自于对可能发生的成本和产生的收益看法不同，也可能归咎于管理者之间的个人摩擦。更笼统地说，管理者考虑自己单元的优先事项，必然会减少他们对其他单元的关注，不论是对其他单元事务上的关注，或者对可能获得的利益的关注。

有时，可以通过建立适当的协同机制来全部或部分解决这些困难，如转移定价制度或协同委员会等（详见第 8 章）。作为对协同机制的替代或支持，母公司可以采取一些举措来减少或消除这些困难。信息传播可以减少对其他单元的无知。公司的专家们可以提供帮助，整合大家对成本和效益的不同看法。人员调整能够平息个人的摩擦。老板的有力引导可以使盲目的、心胸狭隘的单元管理者团结起来。只要母公司有能力也有资源看到机会，并成功干预，就可以消除很多困难。

但协同机制并不总是有效的，有的是因为跨单元边界的协作"行不通"，有的是因为协同机制只能解决部分问题。特别在以下情况时会出现问题：

- 难以实现利益和成本的公平分配。
- 需要经常对合作的基础重新评估和谈判。

当各单元必须相互合作且没有可替代的第三方市场时，公平地划分收益或成本尤其困难。例如，在纵向一体化的化工公司中，下游业务可能受限于只能从上游单元采购原料。如果没有可供参考的第三方基准，则商议转让价格从而商定利益分配总是非常困难的。

在赢/输的情况下也会出现困难，因为母公司的管理者可能不愿意提供奖励措施，对亏损单元的管理者将要承担的费用进行补偿，或是没有权力或财力来提供适当的补偿。在工厂精简优化的例子中，有些单元将会明显亏损，而另一些单元将因此获益。理论上，母公司管理者可以弥补亏损方的痛苦。但事实上，母公司管理者往往缺乏足够的金钱和精深的知识来做到这一点。他们也可能因为不想干涉或做微观管理而裹足不前。确实，比起独立单元在市场上协商适当的补偿，由母公司管理者在公司内部提供适当补偿有时还要更难。

第二种使得连接难以操作的原因是各单元之间谈判协议的频率和成本。例如，在新产品开发中，研发、制造和营销之间的协同，或者在销售同类产品的几个子单元之间协同营销策略。如果需要做出许多权衡取舍，加上不确定因素所导致的频繁变化，在自治单元之间谈判协议可能成本太高、速度太慢或者效果不好。即使经常要求上级管理部门做出仲裁决定，他们也不太可能有足够翔实的知识来做出明智的干预。在这种情况下，除非这些单元是一个统一管理团队的一部分，该团队又由一位事必躬亲的总经理来领导，否则各单元之间的协同很

> 可能导致结果令人沮丧。
>
> 　　如果组织设计依赖于不同单元之间不可行的协同，那么就有必要重新考虑这种设计。如果协同足够重要，那么最好采用不同的设计，将各项活动归于一个单一单元，并由一名负责任的总经理负责。
>
> 　　事必躬亲的总经理能够以母公司管理者无法做到的方式指导业务间的连接。他们拥有翔实的知识，能对公平划分战利品做出明智的判断，并有权力实施这种判断。向他们汇报工作的下属单元和部门都希望总经理们能推动符合单元整体利益的决策，且不太可能把这种决策视为不合理的干涉。此外，总经理更有能力激励单元内部的合作。
>
> 　　单元内部协作的另一个关键优势是，总经理可以运用自己的头脑进行艰难的权衡，这比通过不同单元之间的协商要更快且更有效。此外，总经理的知识、观点和技能意味着，与多方协商的结果或母公司的某种命令相比，这些决定很可能更胜一筹，且更容易为各方所接受。
>
> 　　因此，建立困难连接的最佳方式，在某些情况下也是唯一的方式，就是把它们放在一个单元中，并且由一位负责任的总经理领导。

　　"困难连接"这个概念的好处是，它有助于评估不同类型的协同工作。举个例子，在产品组织、国家结构或混合型（部分产品单元和部分国家单元）之间进行选择。设计者应该从战略开始。哪个维度对战略最重要？比如说，在决定了产品技术或基于产品的规模经济具有最高的优先度后，设计者可以通过研究协同问题来测试产品型组织结构是否可行。产品单元和国家之间需要建立连接。有些困难连接可能难以实现。比如，困难连接之一可能是在每个国家内部分摊管理费用，另一个可能是围绕共同客户进行协作。

　　如果各个连接都没有困难，那么就不需要额外的设计输入了。只有当设计者预见到困难时，才需要协作机制和其他设计方案。此时所面临的挑战就是设计一个解决困难的方案。如果难以找到解决方案，那么这个连接很可能困难得无法实现：它需要被纳入一个单元之中。当这种情况发生时，很可能需要对各个单元都进行一些重大的结构调整。

我们认为，困难连接的概念是对组织设计思考的一个重要补充（参见本章附录：困难连接和交易成本），大多数理论并没有区分困难连接和非困难连接。他们使用诸如"协作强度"等宽泛的概念来指导设计决策。此外，许多管理者和咨询师对流程设计和"协同效应"的强调常常导致他们的设计出错。他们为一些连接制定了缜密的协同机制，但其实这些最好留给自我管理的人际网络完成，他们还期望对那些最好由单一单元处理的问题进行协调。

这就引出了我们的困难连接测试：

"组织设计是否要求进行'困难连接'，协同收益将难以在人际交往的基础上实现，以及是否包括减少困难的'解决方案'？"

测试内容包括：

- 列出各单元之间的所有重要连接。
- 评估这些连接是否可能是"困难的"。
- 在可能的情况下，为困难连接制定"协同解决方案"。
- 决定是否存在"无法实现"的连接，如果有的话，这些连接是否构成需要进行重大组织结构变革的颠覆因素。

困难连接测试的目的是确保设计中所有重要的连接都能有效地发挥作用。实际上，困难连接和非困难连接之间的区别并不总是很明确。而且，对某个公司或某些管理者群体来说是困难的连接，对另一个公司或管理者来说可能是容易的。然而，困难连接的概念有助于管理者思考哪些协同问题可以留给单元之间的人际网络，哪些可以通过协同机制处理，哪些需要组织结构层面的解决方案。

综合来看，困难连接和专家文化测试构成了识别和解决设计困境的有力方法。在复杂的设计中，必须跨越单元边界对许多重要连接进行管理，许多专业单元必须与平级单元紧密相连。这两个测试可以指导管者在独立性和相互依存性之间取得适当平衡。它们指出了保护较小的、更为专业的活动可能需要权力或上诉权；但也强调了跨单元合作的任何相关风险。它们确保在需要的地方设计协同机制和上级主管部门；并且有助于避免不必要的机制或干预，因为这些机制或干预会破坏权力下放的收益或发展限制专家文化。学会利用这两种测试，是学会设计有效的"结构化网络"的核心。

例如，在一家大型的全球专业服务公司，我们能够利用这些测试帮助其解决长期存在的问题，即应该围绕着业务领域还是地方办事处设计组织。契合度测试表明，以业务为基础的结构是实施公司整体战略的最佳选择，但也有人担心，特别是本地办事处的负责人，他们担心这种结构会对本地的应变能力造成灾难性影响。专家文化测试非常宝贵，它使人们特别关注本地办事处需要保留哪些权力，以便能够调动当地工作人员的积极性并对本地客户做出良好的回应。困难连接测试确定了在协同方面可能很重要但存在争议的那些问题，并指明了需要详细设计协同流程的地方，以及高管们在这些流程中的作用。通过使用这些测试而产生的设计方案保留了以业务领域作为首要维度，但同时也大大有助于本地办事处的管理者们，保证他们的合理诉求将会得到满足。

在"IBM的自治需求与困难连接"一文中，我们展示了IBM的组织设计是如何兼顾专家文化和困难连接测试的。

IBM的自治需求与困难连接

多年来，IBM因其以共识为基础的决策流程和无处不在的企业文化和政策而闻名。然而，到了20世纪90年代初，IBM组织的这些特点出现了严重的问题，IBM没有足够迅速和灵活地应对来自英特尔、戴尔和微软等业务更为聚焦的竞争对手的挑战。与此同时，在为客户提供一体化解决方案方面，IBM内部的不同部门也没能很好地合作，客户纷纷转向EDS等公司寻求帮助。第一个问题本质上是关于"自治需求"，而第二个问题则是关于各部门之间的"困难连接"。

当郭士纳（Lou Gerstner）在1993年被任命为首席执行官时，他意识到IBM各个部门都没有足够的自由发展自己的特色文化，并且被公司的官僚主义和与平级单元达成共识的需求所拖累。因此，他鼓励各部门更加自治，并放松了不必要的政策制约。诸如新成立的电子商务创新中心等单元，不必遵从IBM传统的运营模式，也不为标准的绩效评估标准所约束，并从IBM外部引进了许多新员工。郭士纳还推动单元职责更加明确，并且减少了需要共识的决策。另外，他在关键领域里建立了一些全球通用流程，所有IBM单元都必须遵循，这些领域包括客户关系管理、一体化产品开发和供应链管理等。IBM的一位高级主管表示，"我们现在拥有的是'法律规定下的自由'，只要遵守一些基本的政策和流程，不同单元可以各走各的路"。由于有了更多的决策自主权，在与重要竞争对手的对抗中，IBM的业务更加成功。

然而，更多的部门自治权并没有让客户一体化解决方案变得更容易，而是恰恰相反。以前，电子元件部门、PC部门、服务器部门、软件部门和销售与分销部门由于有不同的、往往是不相容的优先事项和目标，所以不能很好地合作。随着部门自主权的增加，部门间矛盾加剧的危险变大。因此，郭士纳引入了一些新的组织设计功能，用来克服与协同客户解决方案有关的困难。

首先，明确了客户关系的职责。向大客户销售硬件和软件的主要职责在于销售和分销（S&D）部门，服务职责则由新成立的全球服务（GS）部门承担。在大多数情况下，硬件和软件部门必须通过S&D或GS部门开展工作，将其视为他们产品的内部客户。此外，不再期望S&D部门只推销IBM的产品：如果其他公司的产品更适宜创造合适的客户解决方案，S&D和GS部门都可以自由地使用这些产品。因此，S&D和GS部门有权提出最佳的客户解决方案，并据此衡量其业绩。

其次，建立了一个客户规划流程，所有部门的管理者都在该流程当中为每个主要客户商定目标和战略。这一流程为不同部门提供了一个表达和论证其观点的场合。其目的是就来年的优先事项达成一致意见，从而为处理具体询问提供一个场景。

第三，各部门之间成本和收入分配的棘手问题，现在由所谓的"份额公平"转移定价流程来处理。这一流程由 IBM 的财务人员管理，为划分各部门间合作的收益和成本提供了一个合理、清晰且一致的基础。

第四，各部门对其强烈反对的决策有既定的上诉流程。例如，如果服务器部门的管理者认为某个客户对他们来说特别重要，但全球服务部门没有对该客户给予足够的重视，那么他们可以向更高级别的管理者提出这个问题。每个部门的高管们都接受这样的现实，他们需要不时地进行仲裁。

最后，郭士纳强调，IBM 各部门必须摆脱狭隘、孤立的心态。他们应该拥有自由的权利，但前提是只能在一个最重要的目标范围内，即做最有益于客户和整个 IBM 的事情。

因此，对于提供一体化客户解决方案所涉及的困难连接，IBM 使其变得更加容易管理，同时给予各单元更多的自治权。其组织结构允许每个单元发展更丰富的专家文化，但现在也能为客户解决方案提出更明确的职责，并以适当的组织结构、流程和层级权力作为支撑。

知识和胜任力原则

应将职责分配给最适合的人或团队，他们能以合理的成本聚集相关知识和胜任力。

履行职责需要信息和能力。遗憾的是，信息和胜任力都可能"难以流动"：在组织的部门之间转移，往往很困难或者成本很高。因此，组织设计需要将职责分配给能将其执行得最好的人。

这似乎指向了集权化决策，理由是高管们最有能力做出艰难的判断。实际上,通常情况恰恰相反。离市场和技术最近的管理者最适合做出大多数决策。这是因为关于市场和技术的全面知识迁移相当困难或成本很高。同时也是因为级别较低的管理者可以做到专业化,在特有的市场和技术方面发展出关键决策技能。

然而,有些决策应该是上层管理者的职责。传统上,上层管理者侧重于战略和政策,下层管理者侧重于执行和运营。从这种层级制管理的观点切入,知识和胜任力原则指出,上层应侧重于在知识和胜任力方面具有优势的职责。默认的立场是应下放职责,只保留那些在高阶层面能执行得更好的职责。

知识和胜任力原则与自我管理网络之间有着密切的联系。通过对大多数职责进行分权,组织设计者为组织中的单元提供了自我管理的权力。只有出于尽职调查控制的原因(见下一原则),或者因为上级管理者可以增加价值,各单元才会受其约束。

下放决策权和权力

围绕知识和胜任力设计组织结构的重要性,这一说法最早出现于20世纪70年代,在对市场经济为什么优于计划经济的学术探讨中,由迈克尔·詹森(Michael Jensen)等人提出。在一篇题为"企业理论"[11]的论文中,他和合作者威廉·梅克林(William Meckling)解释说,市场经济是实现"决策权"与知识之间一致性的较好机制。詹森的"决策权"一词与我们的"职责"一词含义相似。

詹森认为,在市场管理中,拥有知识和胜任力的团队竞争购买决策权。当一个团队购买了一项技术或业务时,该团队也购买了决定这一技术或业务用途的权力:新的所有者获得了对该技术或业务的"职责"。决策权的交易意味着其最终应该落到那些最适合的人手中,由他们加以利用:能汇聚适当知识和胜任力的管理者将从拥有的决策权中创造最大的价值,因此将为其竞价。

在公司内部,这种市场机制并不发挥作用。一个经理如果认为自己没有充分了解情况或没有能力做出决策,不会拿出这个决策来拍卖。他可以向老板建议由别人来做决策,但更通常的情况是,即便有其他人更适合做决策,在被分配了职责后,管理者也会自己做出这一决策。因此,至关重要的是,组织设计者必须将职责分配到组织中能以最佳方式执行这一职责的确切岗位。

当詹森在研究市场经济之所以成功的原因时,其他学者则专注于以资源为本的公司观[12]。这种观点的支持者认为,公司的资源——技能、知识、关系、资产、品牌、市场地位等——是造成业绩差异的主要原因。拥有与其所面对的市场相适应资源的企业,其业绩将优于那些资源较少或较不适合的企业。

知识和胜任力是两种最重要的资源。随着学者们开始研究这些特质,并试图创建知识管理以及知识创造的模型,他们开始了解有多少知识和胜任力是内在、直观且融入人们或日常工作中的[13]。事实上,最有价值的是隐性知识,因为其难以复制。但如果知识难以复制或转移到其他组织,那么在组织内部也会难以转移。而且不仅难以转移,还会分配不均。从设计上来看,应该遵循这样的原则:职责的分配要以"难以流动"的知识和胜任力为根本,而不是反过来。此外,组织应该有意识地构建、培育和发展这种"难以流动"的资源。基于这两个原因,选择哪些职责下放和职责下放至何处是至关重要的。知识和胜任力原则为我们提供了相应的指导。

如果我们做一个简单的决定,比如为一个新产品设定价格,就可以很清楚地看到这个问题。了解产品的生产成本是很重要的,因为这将影响到可以获取的最低价格。知道哪些成本是固定的、哪些是可变的是很有用的。通过较低的定价,可以刺激需求从而降低制造成本。了解产品之于顾客的价值也很重要:了解顾客在别无选择的情况下准备支付的价格,可以提供一个价格上限。对需求弹性的估计也很有用:随着价格的上升,顾客会减少多少购买量?最后,了解相似产品和可替代产品的价格,以及竞争者对任何价格决策可能产生的反应也很重要。换句话说,需要收集大量的信息。

汇总信息不仅仅是收集摆在纸上的事实。有些信息以积累的经验和理解的形式存在于个人的心智中。例如，可以将需求弹性煞费苦心地组合成一张图表并且提供过往的信息。但是，一个有经验的营销或销售主管对市场氛围和趋势的判断往往更有用。此外，决定将价格定在 299 美元而不是 315 美元需要胜任力：是以成本效益的方式汇聚信息、权衡和平衡事实、意见和偏见，以及管理需要为决策做出贡献的各种人员的胜任力。

在组织结构中，这一定价决策应由何处做出呢？由公司总部了解全盘情况的管理者，充分考虑竞争后果、现金流因素和对整个组织的声誉影响后做出决策？还是应该由组织基层的产品经理做出，由他负责将产品推向市场？

层级不是唯一的问题。在同一层级中可能还有一个问题，即哪位经理或职能部门应起主导作用。这一决定同样可以由操控产品制造设备的工厂经理、设计产品的研究人员或在路上介绍产品的销售人员做出。

当然，这一问题的答案是，这一切都取决于该决策所涉及的相关人员和问题。定价决策通常由营销部门而不是其他职能部门牵头，并授权到业务单元一级，但可能不会授权给某个产品经理。为什么这么说呢？因为营销经理将培养出这种决策的胜任力，还因为最难传递的信息是关于竞争对手和客户可能会如何反应的知识。换句话说，业务单元一级的营销职能部门，通常是汇总输入的信息并对这一决策做出所需判断的最佳岗位。

层级

实际上，一个业务单元市场职能部门最初做出的一个决定，可能会被其他层级核查和讨论，甚至最终改变。这与知识和胜任力原则相冲突吗？如果上级正在核查决策而非控制决策，则不会。例如，核查的目的可能是为了检验营销经理的逻辑，它可能让营销经理注意到更多的信息、意见或能力。换句话说,这可以设计为帮助营销经理而没有免除他的职责。在这种情况下,职责仍然在最有能力汇总知识和胜任力的人身上。因此,核查为决策流程增加了价值。

另外,如果上级将决策权从营销经理手中夺走,也许是以他的决策不受欢迎为理由,那么决策就被转移到"次优的地方"。上级不是在汇集信息和胜任力方面会付出更多成本,就是在决策时少了这两样东西。无论是哪种情况,结果都可能是一个不那么出色的决策。

上级核查的存在本身就是组织设计的一部分。通过决定保留一定程度的影响力和控制权,从而仅下放部分决策权,上级管理者正在做出一项重要的决定。也许他认为组织中做出决策的最佳点在两个层级之间的某处,核查流程是一种决策协调机制;或者他认为上级拥有一些下级可能会忽略的重要信息和胜任力。因此,核查流程就成为帮助收集信息和胜任力的机制。

知识和胜任力原则提供了一个很好的手段,可以决定将哪些职责授权给谁。但它可能难以应用,很难确定哪些人或团队在哪些问题上拥有最相关的知识和胜任力。此外,上层如果不满意,就很容易掌控某项决策,并且无意中把某项职责转移到组织中一个"次优的地方",从而破坏组织结构的有效性。

虽然知识和胜任力原则被大多数管理者广为理解,但我们观察到它常常被排在其他影响因素之后。管理者出于各种原因在结构中设置层级:减少管理幅度、满足职业抱负、培养管理者、为资深同事提供工作机会等。当这种情况发生时,他们可能会不适当地免除下级的职责,所以对各种收益的权衡就很重要,比如说,权衡满足职业抱负的收益与错误分配某些职责的代价。在这个案例中,设计者一方面考虑的是人的驱动因素,另一方面则是知识和胜任力原则。

管理者还习惯于高估自己的知识和胜任力,并且低估其下属的知识和胜任力[14],这也是为何默认的立场应该是分权而非将职责集权化、是自我管理而非整合管理的原因之一。设计者的责任应该是解释为何把职责保留在较高层级，而不是为何将职责下放。这就有了我们的冗余层级测试。

"层级结构中的所有级别与被上级保留的所有职责是否是基于知识和胜任力优势？"

本测试包括以下分析。

- 找出结构中所有的母合层级，并确定其"母合主张"。
- 对于职责不属于已定义的母合主张或者其主张薄弱的母合层级，应考虑不同的主张或重新设计母合层级。
- 对于有明确母合主张的母合层级，要考虑他们的技能和资源，评估他们是否已经或能够为自己所承担的职责创造知识和胜任力优势。

测试是原则的反面。原则规定，应将职责下放给最有能力汇聚知识和胜任力的人，而测试的重点是，是否有本应下放给下级的职责却被保留在上级处。实际上，将重点放在保留的职责比核查所有已经下放的职责更容易。默认的立场是，除非上层人员比下层人员在知识和胜任力上有明显的优势，否则应下放职责。

冗余层级测试的力量在于，它迫使组织设计者仔细思考那些没有授权给运营单元的职责。该测试与母合优势测试明显重叠，但关注的是一系列不同的问题。母合优势测试是关于组织结构是否对公司的母合主张给予了足够的重视。冗余等级测试是关于是否存在过多的层级，以及是否在较高层级上保留过多职责。

尽管目前流行管理层扁平化和企业拆分，但我们仍然经常发现企业的层级制度不是为了增值而设计的。在许多客户案例中，我们已经能够帮助企业管理者专注于他们的价值创造角色，而不是他们的行政职责或权力基础。创建高层职位主要是为了管理公司层面的规划、资源分配和汇报流程，或者是为了建立管理幅度相近且整齐均衡的部门化企业帝国，而为建立一个更明确地聚焦于价值创造的母公司结构，这些职位都需要被裁撤。冗余等级测试迫使组织设计者修改或去除那些可能会破坏价值的管理层级。

我们认为，这一测试凝聚了对组织设计的重要洞见。大多数教科书都承认分权的重要性，认为决策应该靠近市场。许多人还指出了阿尔弗雷德·钱德勒（Alfred Chandler）观察到的问题，即当职责过于集权化时，高层将会负担过重。然而，没有人开发出一种有效模型，能够精确地决定哪些需要分权以及哪些需要集权。冗余等级测试为这些决策提供了更高的精准度，它可以应用于组织中的任何层级，它可以用来设计一位管理着 10 名销售人员的经理的工作，或是一家全球性公司首席执行官的工作。

控制和承诺原则

应成立单元，以促进高效的、低成本的控制和对适当目标的高度承诺。

高效的、低成本的控制以及高度承诺

当管理者下放职责时，必须能够对下属是否很好地履行职责进行评估。否则，分权化就毫无意义。管理者如果不能判断下属的工作是否做得好，就不能进行高效的控制。他们在处理自己的职责时没有表现出"尽责"。换句话说，总是由上级承担高效控制的职责。这种职责占用了组织里最稀缺的资源——上级管理者的时间。因此，明智的做法是在设计这些单元时，使上级管理者易于以较少的时间和精力成本行使高效的控制。

理论经济学有一个重要分支为代理理论[15]，其强调了高效且低成本控制的必要性。代理理论指出，每当一个"委托人"雇用一个"代理人"代表他执行任务时，委托人就会面临一个问题：即如何以一种成本效益较高的方式使代理人的目标与委托人的目标保持一致。一致性取决

于建立适当的目标组合、监督和奖励系统。问题是这些系统的成本可能很高。

代理问题普遍存在于分权结构中。代理理论坚信，适宜的设计必然包含成本效益高的控制流程，寻找能够实现高效、低成本控制的组织结构是组织设计的一个基本部分。但是，这个问题不仅仅在于那些进行职责授权的人自上而下的控制，它还涉及那些行使职责的人的承诺和热情——即代理理论所说的自下而上。委托人希望作为管理者的代理人们能够尽一切努力去完成他们的目标，并且他们的目标能够准确地反映出他们被赋予的任务。他们希望管理者们竭尽全力去实现目标，而不仅仅只是为了达成目标而做最低限度的必要工作。

许多成功的首席执行官，如英国石油公司的约翰·布朗尼（John Browne）和伦托克（Rentokil Initial）公司的克莱夫·汤普森（Clive Thompson），都强调调动单元经理积极性的重要性。他们认为，创造一种"高绩效文化"，使整个组织的管理者都能全身心地投入到实现既定目标的工作中，这是公司成功的一个重要因素。对他们来说，控制流程不仅仅是一种尽职调查的任务：它更是一种母合价值主张。

影响管理者承诺的东西很多，包括商定和监督目标的流程，管理者对组织总体目标的支持程度、奖励机制和激励措施，以及管理者认为自己将会成功的概率。设计的控制流程需要保障他们更容易做出承诺。

我们将控制和承诺的要求合并为一项原则。这是因为这两项要求都与有效实现职责的分权化有关。此外，在更严格的控制和更强有力的承诺之间存在着重要的权衡。如果对控制的追求导致高管们为执行的方方面面制定详细的目标，并密切且频繁地监控结果，就会让那些本应承担分权化职责的人感到强烈约束，并觉得老板不太信任他们的能力。不断的详细检查可能会形成严密的控制，但也很可能会使管理者失去积极性。为了使控制高效，就必须让负责任的管理者有足够的自主裁量权，使他们能够继续工作，同时也要让他们感觉到，将会根据他们取得的成果对其进行评判。一位业务部门经理解释说，他的老板是如何密切参与他所做的决策中的。"我大概花了四五个小时讨论这个决定，我们肯定得出了一个更好的答案。但是，坦率地说，我宁愿这是我的决定，也愿意（由他们）根据这一结果对我进行评判。"

此外，为了使组织受益，需要将热情的承诺引导到合适的目标上。这不仅仅是要激励管理者冲锋陷阵，而且还涉及他们所选择的冲锋方向。激发活力和热情的流程必须与协商目标的流程相结合，否则组织就有可能陷入失控的危险之中。正如一位首席执行官对我们说的那样："我所犯的最大错误是因为手下的一位经理爱上了他的事业，而且他让我也爱上了它。"

因此，承诺需要与控制相配合并加以平衡，反之亦然[16]。但把控制和承诺结合在一个原则中，一个更为根本的原因是，它们都依赖于自我校正的关系和恰当的绩效评估标准。

自我校正关系

当单元为自我校正关系所激励时，控制是最容易的。自我校正关系意味着，如果一个单元的业绩不佳，它将受到来自横向关系的强大压力，从而进行自我改善。例如，业务单元与客户之间的关系是自我校正的。如果业务单元提供的服务差、质量差或性价比差，客户就会停止购买，管理者就会积极地去校正这种情况。如果业务单元剥削供应商，那么供应商们可能会在某些时候终止合作关系，强烈的自我校正力量再次起了作用。事实上，一个独立的业务单元几乎与所有的利益相关者都存在着自我校正关系，甚至是环保主义者也可以对该业务起到自我校正的作用。如果这一业务制造了不必要的污染，环保主义者将会抵制它，使得管理者产生强烈的动力去改变。

一个独立上市的公司，与所有需要打交道的人都有市场关系，其中甚至包括它的所有者。市场提供了自我校正机制。比如说，股东可以像其他利益相关者一样，决定将自己的忠诚度交给另一家公司。他们卖出自己的股票导致股价下跌，此时公司的管理者就会被激励着去做一些事情。

公司内部的独立业务单元与独立公司类似,但与母公司的关系不同。自给自足的业务单元应在正常交易的基础上与平级单元打交道,但与母公司的关系不同。由于母公司与该单元的关系是捆绑在一起的,所以这种关系并非自我校正的:一些职责是双方共同承担的。当然,母公司可以威胁要出售单元,但这是最后的手段。

为了使这种关系高效,母公司管理者需要设计一个控制流程,发出问题信号,并激励管理者进行必要的校正。对于一个独立的业务单元来说,这相对容易。母公司通常可以确定一些单元特有的底线业绩标准,如利润表现、市场份额和创新成功。这是因为这一单元的其他关系都是自我校正的。

然而,对于一个不太自主自立的业务单元,如果与其他单元之间有许多非交易性关系,那么问题将会变得更加棘手。如果迫使各单元一起工作并达成共同决策,就会减低自我校正的压力。以一个典型的共享服务单元为例,该单元的存在是为了向公司的其他单元提供更低成本或更高质量的服务。为了保证共享服务具有规模经济性,其他单元有义务使用该服务。为了避免内部开票和不必要的核算成本,共享服务并不针对每次提供的服务收费,而是通过基于销售额或人员按一定比例收费的形式来获取资金。这种共享服务的大部分关系是不能自我纠错的。因此,该单元的上级单元需要一个较为复杂和昂贵的衡量和控制系统,以保证这种关系运行良好,保证共享服务单元可提供具有良好性价比的服务。

另一方面,如果是独立设置的共享服务单元,则其他单元可以选择是否使用这一服务,服务单元也可以选择是否满足其需求,控制就简单多了。母公司可以依靠服务单元的客户来监督其服务的质量和性价比。上级也可以依靠服务单元来监督其他单元要求的合理性。各单元之间的关系是自我校正的。设计者应竭尽所能地建立尽可能多的具有自我校正关系的单元,而非更少。

在单元的自我校正压力较弱的情况下,就需要更多地依靠高管们进行控制,并产生承诺。为确保分权化的职责得到良好履行,层级控制成为主要流程。

绩效评估

什么样的层级控制流程能使控制成本低且单元积极性高?有两种。第一种建立在母公司管理者的基础上,他们充分了解向其汇报的单元运营情况,并得到单元管理者的极度信任与尊重。这些母公司管理者能够凭借对该单元运营的感觉来主观地评价其业绩,由于他们得到单元管理者的充分信任,他们对需要改进的地方的意见也会备受重视,被放在首位。这些母公司管理者不需要复杂而昂贵的绩效评估和信息流,因为他们埋头于该领域当中,平时已经通过日常活动获取所需信息。他们通常在同一市场领域有许多业务,因此,每一条信息都会加强或建立在他们现有知识的基础之上。

根据我们的经验,这种程度的"感觉"和信任是相对罕见的。很少有母公司的管理者能从感觉或从信任程度中受益,控制成本低且激励性高的控制流程,其基础就是这种信任。大多数人需要更多地依赖第二种控制流程:即围绕目标和绩效评估所建立的控制流程。这并不是说在大多数控制流程中,母公司管理者的判断并不重要。反之,我们建议,如果这些判断是基于精心设计的绩效评估标准,通常会更有效。事实上,即使在感觉和信任度很高的情况下,大多数母公司管理者也会用精心选择的绩效评估标准来加强他们的主观判断。

绩效评估需要具备以下一些特点。首先,它们需要与职责相匹配。当且只有当充分履行所分配的职责时,管理者才能实现目标和指标。偏重某些职责而忽视其他职责的片面绩效评估,并不能为控制或承诺提供适当的基础。此外,很难要求管理者对结果负全责,尤其当这些结果取决于他们不可控的活动时。为了加强问责制并因此做出承诺,单元的业绩目标应该反映该单元的工作,而非其他单元的工作。

第二,绩效评估标准应易于监控和解释。这些标准取决于控制的要求,那些难以收集数据并难以做出评价的绩效评估会要求高管们付出额外的时间、成本,也要求他们具备更高的技能。客观来说,可衡量的、以结果为导向的以及可以对标的衡量标准通常是最容易监控和解释的。如果有一些合适的结果作为衡量基础,并且有相关的对标基准可用,则能简化控制者的任务,也就不那么需要关注单元的详细运营情况和实现结果的方式。同样地,出于控制目的,绩效评估标准最好少而精,这能简化控制任务,并使控制者将注意力集中在几个"关键节点"上。正如罗伯特·西蒙斯(Robert Simons)在他的《控制杠杆》(*Levers of Control*)一书中所指出的,这是大多数管理者在任何情况下都容易做出的决定[17]。

正因如此,盈利能力是业务单元中最受欢迎的绩效评估标准。利润数字基本可以在客观的基础上被评估——前提是事先商定了适用的会计准则。它们代表了一个底线结果,该结果概括了所有产生的收入和发生的成本带来的净值。此外,它们通常很容易被拿来与其他单元或竞争对手进行对标比较。

另一方面,盈利能力可能不足以评估一个业务单元中所有职责的业绩。实现两者之间的平衡可能需要额外的衡量标准。罗伯特·卡普兰(Robert Kaplan)将这一思想发展为业务平衡记分卡概念[18]。卡普兰的观点是,狭隘地关注单一目标(如盈利能力)是无法激励管理者全面地履行职责的,为此需要混用各种绩效衡量标准。确切地说,这种衡量标准的组合应该是什么通常很难确定,并且会因不同公司和不同单元而大相迥异。

如果没有可客观衡量的、以结果为导向的业绩目标,控制通常会变得更加昂贵和困难,因为它必须基于对运营状况的详细了解。为了避免这些肤浅与错误的判断,控制者需要非常熟悉他们所控制的运营活动——而这是需要冒着监控成本高和令人沮丧的风险的。如果不可能用几个可客观衡量的、以结果为导向的衡量标准来概括一个单元的职责,那么控制就会变得更加困难。最终,可能需要在绩效评估标准的准确性和全面性以及控制流程的简单性和成本效益之间做出权衡。

对绩效评估的第三套要求是基于承诺的考虑。单元管理者更希望确切地知道他们将承担什么责任。"衡量什么，就做什么"，但如果衡量标准是明确和客观的，管理会更加重视并致力于完成事情。反之，如果绩效评估复杂、不精确且过于主观，那么单元管理者很可能会对事情的优先级感到困惑，从而缺乏执行的动力，并且更多质疑所收到的反馈。树立对标基准的能力，对积极性也有影响。如果管理者知道其他单元类似的业务比他们做得更好，他们就更有可能努力改进。

最后，评估结果的收集需要经济实惠。例如，有可能获得一个客观的、基于结果的员工满意度评估；但这是昂贵的。每季度或每年一次对员工意见的全面调研与解读可能所费不赀。

母公司管理者出于其他原因到业务单元进行参观时，若能从员工那里获得信号，虽然主观性也更强，但成本肯定会更低[19]。

总而言之，应该对各单元进行定义，以便它们能够有与单元职责相关的绩效评估标准，这些标准应是能客观衡量、以结果为导向、可基准化、数量较少、清晰明了且经济实惠的。我们将具有这些特征的评估标准称为"适当的"评估标准。这种衡量标准不仅能使高管们在不干扰执行的情况下对成本效益进行控制，而且为单元管理者能够对哪些目标承担全责提供依据。

遗憾的是，管理者往往没有给予控制和承诺原则足够的重视。他们设计的单元关系复杂且不能自我校正；母公司管理者没有充分了解情况，他们依赖于对业绩的主观判断；他们还采用不适当的绩效评估系统，不能实现有效的控制，导致下属丧失积极性。因此，很难追究单元的业绩责任。因此，问责制测试就应运而生。

"设计是否有利于为每个单元建立一个符合其职责的控制流程，能很经济地实施并能激励单元的管理者？"

本测试包括以下分析：

- 对于每个单元，是否存在任何阻碍建立有效的控制流程的因素？

- 该单元是否有任何不能实施自我校正的横向关系？
- 是否存在重要的业绩维度，无法采用"适当的"衡量标准对其进行评估？
- 母公司管理者否有足够的感觉，或依赖更主观的、非正式控制的状态？

- 每一个因素，都在寻求对设计的完善和调整，比如改变单元职责、设计横向关系，改进母公司管理者的技能，或选择绩效评估标准，这些都有助于建立有效的控制流程，使之变得更加容易。
- 如果找不到完善和可调整的地方，测试可能是个颠覆因素，也许需要选择其他的设计方案。

与其他测试一样，这涉及艰难的判断。何时成本太高或挫败感太强？什么时候绩效评估标准与单元的职责不够一致？什么时候母公司管理者有足够的感觉？显然，这些问题都是没有对错答案的。但是，问责制测试可以确保这些关键设计问题得到重视。有些单元很容易控制和激励，例如自成一体的业务单元。有些单元本身就很难控制和激励，例如公司的研发职能部门或与其他单元有许多相互依存关系的单元。除非母公司管理者特别擅长处理这个问题，否则组织设计者就应避免创建此类难以控制和激励的单元。

测试的价值在于它强调了控制和承诺所需要的东西。它鼓励组织设计者建立可以用简单且客观的问责制来控制的单元。在采用矩阵结构的公司中，单元问责制几乎总是弱于没有矩阵结构的公司。为了建立更强的单元责任制和更明确的绩效评估标准，壳牌公司是众多公司中的一个，它已然摆脱了具有紧密关系、共同决策和集体担责的矩阵结构。当这种设计创造出难以究责的单元时，管理者应该三思而后行。他们需要考虑重新设计单元职责、报告关系和绩效评估标准，以实现更严密的控制、更多的承诺和更明确的责任。

然而，很少有复杂的设计能够完全满足问责制测试的要求。此外，复杂结构中的控制要求对母公司管理者提出了更多的诉求[20]。测试暴露出这些问题，在对组织结构进行选择时，确保已经对诸多不利因素——诸如不适当或较高成本的控制，以及较低的积极性等——进行了考量。

创新与适应性原则

对各个组织进行架构设计，应使其能够在不确定状态来临和环境产生变化时进行创新和适应。

组织需要适应。首先，任何时候的设计都是对管理者所做判断的概括总结——这些判断涉及战略、人员、不同的专业化和协同收益的相对重要性，哪些团队最能汇聚相关的知识和胜任力，以及如何降低控制成本和提高承诺。这些判断都是在不确定的情况下做出的。其中一些判断会被证明是错误的，因此需要对设计进行相应的改变。如果是在没有明确战略的情况下制定出来的设计，那么改变的需求就会特别强烈。随着理解的加深或对战略的看法发生变化，战略本身也可能会改变，从而需要有不同的优先顺序。

需要变革的第二个理由是需要适应不断变化的环境。即使最初的判断是正确的，它们也需要随着环境的变化而改变：产品创新能够削弱一个重点市场的重要性；当职能化技能的稀缺性降低后，一个重点职能的价值可能会下降——如果墨西哥的消费者口味更接近美国消费者，那么就会改变在墨西哥设立独立单元的需求。

变革的第三个理由是，随着时间的推移，管理者会学习新的技能并改变其态度。同样，有新的管理者也可能从外部进入组织。鉴于我们重视设计与人员之间的契合度，高管团队的任何变化都可能带来对设计进行调整的需要。

第四点，也可能是最重要的理由，为了鼓励和适应战略创新，组织需要适应性。随着新战略机遇的出现，旧的战略必须不断进化。事实上，许多最好的战略都来自于自下而上的发现以及在实践中的学习。学术文献中众所周知的例子是本田进入美国摩托车市场。起初，本田公司并没有明确的战略，但相信其产品会畅销。经历过几次启动市场的失败之后，在加州大学洛杉矶分校（UCLA）一名 MBA 学生所做项目的推动下，本田的经理们发现，有一款他们用来在洛杉矶周边通勤的 50 cc 排量摩托车，消费者对这款车型的兴趣超过了大排量车型，后者是他们原先打算作为主打产品销售的。由于无法卖出大排量机车，他们被迫出售小排量摩托车以产生现金流。最终，新的策略使他们非常成功地进入了市场。

学术文献将这些自下而上、不断演化的战略称为"新兴战略"，它产生于管理者在现场的"自发性战略行动"[21]。重要的是，设计组织要接受这种在实践中学习的方式。

僵化与灵活性的来源

组织结构会以三种方式阻碍创新和适应。组织结构可以建立抗拒变革的权力基础，它们可能造成相关的复杂性，使其很难在不影响所有其他事物的情况下改变一件事。组织结构也可以规定得非常严格，以至于根本无法进行创新和适应。

结构创造了权力基础并且界定了地位差异。鉴于人类的本性，这些结构很难改变，若是在高层就更困难了。经理们捍卫自己的自主权并且抗拒其他经理的干涉。此外，特定结构存在的时间越长，僵化问题就越严重。形成先例以及地盘战的输赢逐渐使组织不再愿意挑战现状。在决定哪些单元应该向首席执行官报告、哪些管理者应该成为"高管团队"的一员时，应该考虑到适应性。这些任命是否会构建相应的权力基础，进而在未来造成难以对付的僵化？

组织结构也会生成难以重新设计的复杂关系。如果组织结构涉及许多协同机制、职责重叠和相互依存关系，在不重新设计整个组织的情况下，很难改变其中某一部分。另一方面，如果组织结构由与其他单元基本保持正常交易关系的单元组成，那么可以在对其他单元造成很少影响的情况下，改变组织结构的一个部分。具有"插拔式"单元的"模块化"结构，比起有许多精心设计的连接点的"网状"结构，刚性要差一些。当管理者设计协同机制时，也就引入了复杂性，他们应该考虑这些设计要素是否会限制未来的灵活性。

僵化的另一个原因可能是组织设计的方式。如果单元被严格规定为——"在美国销售大型摩托车"——则它们可能会成为束缚，限制了灵活性和实验性。如果单元被赋予明确的工作重点，但在解决方式上具有灵活性，即——"本田进入美国"——那么他们就有更多的机会找到创新的解决方案。同样地，如果很严密地规定流程，那么留给创新或适应不断变化环境的个人空间就会很小。

最后，如果缺乏追求新想法的资源或流程，特别是那些需要跨越现有单元结构的新想法，就意味着并不鼓励现有战略之外的创新。当管理者详细确认设计细节时，需要考虑到这些细节对创新可能产生的影响。他们还必须做出一些明确的设计决定，旨在将注意力集中在制定战略和新的工作方式上，而这些战略和方式不会来自于现有的单元。

当然，造成僵化的最重要原因是管理者的思维方式。如果管理者对战略持开放态度，鼓励试验，并且认识到他们今天的职责可能在明天就会发生变化，那么变革就不会有什么障碍了。另一方面，如果管理者有既定观点，抵制变革，并认为不可能再进行重组，那么设计中的任何东西都无法提高组织的反应能力。

遗憾的是，我们注意到管理者在设计其组织时，对变革和创新的需求关注太少。某种程度上，这是因为在尚未加入变革和创新这样复杂因素的情况下，设计问题已经够难了。这也是因为他们低估了变革的必要性。这就引出了我们的最后一个测试：灵活性测试。

"设计是否有助于制定新的战略，并具有足够的灵活性以适应未来的变化？"

本测试包括以下分析：

- 鉴于当前战略的不确定性，确定现有的战略创新机制，并决定这些机制是否足够灵活。
- 列出当前设计中不确定的部分以及市场、技术和竞争环境中可能发生变化的因素，并考虑本组织是否能够在必要时进行调整。

与以前的测试一样，管理者需要做出艰难的判断。有一些工具可以评估可能发生变化的领域，如情景和趋势分析，但没有工具可以判断组织将如何应对这些变化，管理者必须依靠对人员的了解和对组织将如何反应的感觉。进行结构比对特别有价值，因为从两种不同的结构中决定哪种结构较为有用，可能比给单一结构打分更容易。测试的价值在于，它确保了对常常受到忽视的那个问题的关注。

我们与一家公司合作，该公司正考虑成立一个国际部门，负责其在英国以外的所有业务。这样做的目的是为了顺利过渡到一个更为全面的全球化结构，预计在几年后将完成这一转变。英国的业务将由首席执行官的继任者领导，而计划设立的部门则由公司董事会中仅有的另一位高管负责。利用灵活性测试，我们能够指出，一旦任命了这位国际部门的负责人，公司就不太可能转向全面全球化，因为在全球化结构中无法为他提供一个具有同等权力和地位的新职位。他极有可能会延缓向全球化结构转变的步伐。灵活性测试提醒公司注意在其拟议的结构中天然存在的僵化来源，并迫使公司重新考虑这个方案。

优质设计测试

在这一章中，我们讨论并综合了有关优质组织设计的指导意见，这些意见是从研究文献和管理者心智模式中发现的。我们还补充了在研究和咨询工作中形成的一些重要见解。利用其结果列出了五条良好设计原则，将我们指向了优质设计的五个测试（见图 3-3）。这些测试中的新内容或是违反直觉的内容，非常值得在此做个总结。

大多数作者强调相互依存的价值，而专家文化测试则强调自治的价值。例如，无边界组织的理念[22]是建立在边界会产生问题的假设之上的。相比之下，我们认为边界往往是宝贵且重要的，它们为发展专家文化以及与之相适应的能力提供了机会。当然,边界确实会产生问题,因此需要在设计时小心谨慎。通过将专家文化测试与困难连接测试相结合,设计者可以找到适当的平衡点。

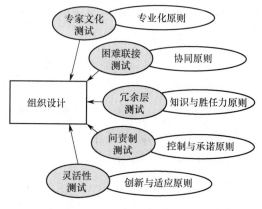

图 3-3　五种优质设计测试

困难连接测试指出,并非所有连接都是困难的。大多数研究者认为,设计者应该为所有的跨单元连接制定协同流程。我们认为,大多数连接可以通过自我管理网络来处理。

只有那些本来就"困难"的连接才需要协同机制。此外,在实际中使用困难连接的概念使我们得出结论:有些连接非常困难,以至于任何协同机制都不会有效,这种连接就需要结构性的解决办法。

冗余层级测试假定,只有当较高层次的人比较低层次的人在知识和胜任力上具有优势时,他们才应该保留职责。这符合当前有关层级结构的趋势。然而,我们提出的"知识和胜任力优势"的概念,为原本为讲求实效而要求进一步分权化的呼吁提供了智力依据。它提供了一种方法,可识别和消除最终可能会破坏价值的管理层。它提供了一种手段,来审核高层所保留的职责,以确定是进一步分权化还是集权化更为适合。

问责制测试的重点是控制流程,使成本最小化、激励最大化。这点与代理理论是一致的。然而,我们认为,设计尽可能多的具有自我校正关系的单元,这一概念是新颖的。我们强调控制的成本与控制所带来的潜在挫败感，并指出，如果能够使用可客观衡量、以结果为导向、可基准化的衡量标准来评估业绩，那么就会大大减轻上级的负担。

最后，灵活性测试发展出一个主题，这个主题是当前许多组织工作的中心。我们并不声称推动了当今的思潮，但我们认为，测试提供了一种切实可行的方法，使管理者注意到创新和适应的必要性。

在本章中，我们对这些测试的解释还不够充分，不足以让管理者实际使用它们。我们将在第 7~9 章提供这些细节。但首先我们要阐述对不同类型组织的研究结果，这为原则和测试提供了进一步的基础（第 4 章），为如何具体开展组织设计提供指导（第 5 章），并回顾了复杂结构中母公司的作用（第 6 章）。然后，我们可以回到选择和核查组织设计的任务上来。

附录

困难连接和交易成本

过去 20 年来，理论经济学中最富有成果的思想之一是"交易成本"的概念。在奥利弗·威廉姆森（Oliver Williamson）[23] 的倡导下，交易成本理论从如何最大限度地降低交易成本的角度来解释经济结构。

例如，如果一家公司对专有设施进行了重大投资，以供应仅由一个客户使用的部件，那么供应商和客户之间的交易将是困难和昂贵的。供应商和客户相互依赖，并且没有第三方市场为他们之间的交易确定"公平的"价格。他们之间很可能要经过漫长的、昂贵的且最终不尽如人意的谈判才能达成合作。在这种情况下，威廉姆森认为，通过垂直整合，将会降低交易成本，从而使交易"内部化"，使交易在单一公司内完成，而非以市场为基础展开。在出现这种"市场失灵"的情况下，最好是从市场上撤出交易，并将其置于公司的层级结构中。事实证明，在解释企业和市场之间的边界方面，交易成本思维是非常有力的。

我们提出困难连接的概念，将对交易成本的思考推进了一个阶段。它意味着，在公司内部进行交易可能是不够的。如果交易发生在公司内部的不同单元之间，或者交易是"困难的"，那极可能还需要设计一个令人满意的协同方案，以便交易能够顺利进行。在最困难的情况下，甚至可能需要让交易发生在公司的单一单元内。

鉴于公司内权力的现实情况，"层级失灵"，即母公司管理者不能或不愿意通过为各单元之间的困难连接制定协同的解决方案来降低交易成本，这种情况并不罕见。在这种情况下，只有在统一的一体化管理下，在单一单元内进行交易或协同，结果才会令人满意。正如威廉姆森所认为的那样，关键的一步并不是将交易从市场上转移到公司的层级制度中，而是将交易从独立单元转移到单一单元中，这个单元由一位负责任的总经理管理。

第4章

简单结构与复杂结构

在过去30年中,许多公司采用了以自成一体、对利润负责的业务单元为基础的公司结构。当这些单元高度自治且相互之间几乎没有重叠时,它们通常被称为战略业务单元(SBUs)。从第2章和第3章讨论的设计原则来看,基于战略业务单元的简单结构是具有吸引力的。但它们也有一些局限性和缺点。为了解决这些弊端,越来越多公司建立了单元间相互依存性较强的结构。

与基于战略业务单元的简单结构相比,相互依存结构可以关注主营业务中更多重的维度,因为各单元之间有更多的重合和职责分担。但这种结构给予各单元较少的自治权,要求各单元之间存在更复杂的问责制和关系。

在本章中,我们阐述了对简单的、以战略业务单元为基础的结构以及复杂的、相互依存的结构利弊的研究结果,如图4-1所示。我们认识到,大多数公司的结构介于图4-1所代表的两个极端之间。"纯粹"的情况很少。然而,有些公司,如英国石油公司、通用电气公司和惠普公司,显然更接近于简单的一端,而其他公司,如ABB、花旗银行和孟山都公司,则更接近于复杂的一端。

通过比较简单和复杂的结构,我们突出了在这两极之间重要的管理挑战。这些挑战影响了我们构建出优质设计测试,我们在第3章中介绍了这些测试。事实上,这些测试很好地总结了简单和复杂结构的利弊,有助于显现出重要的设计选择和取舍。尤其是，我们认为，虽然战略上要求具有多重维度主营业务的公司可能需要相互依存的结构，但它们很容易遇到过度复杂和缺乏清晰度的问题。要想复杂结构运作良好，就应该尽可能鼓励分权化决策和单元自治，对管理者预期的职责和与其他单元的关系，应竭力做到使之清晰明了。目标应该是我们所谓的结构化网络，而不是传统的矩阵组织。

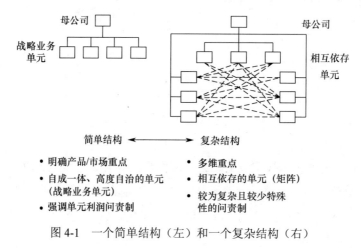

图 4-1　一个简单结构（左）和一个复杂结构（右）

基于战略业务单元的结构

在描述公司结构时，尽管战略业务单元（SBU）或自成一体的业务等术语得以广泛使用，但还有几分不准确。我们将用战略业务单元一词来指具有以下特点的单元：

- 以市场为重心：职责是为特定的客户群提供服务。
- 自治：有一个总经理（或管理团队），在做出影响单元业绩的决策方面有很大的自治权。
- 利润问责制：通过为目标细分市场提供服务来产生收入和支出成本，从而能够对获利能力进行衡量，战略业务单元的管理部门需要对利润率负责。

具有这些特点的单元都有明确的目标市场重点，明确的分权化职责，尽量减少来自单元外部的非生产性干扰，并对绩效有强烈的责任担当。

以市场为重心

战略业务单元以市场为重心。因此，管理层应将注意力集中在创造符合目标细分市场具体需求的产品和服务上。战略业务单元还要负责建立价值链，使其有效地提供这些产品和服务。这鼓励企业开发所需的特殊技能和资源，尤其是在企业自身所承担的价值链环节上，以便为目标市场提供更优质的产品和服务。同时战略业务单元还引领价值链中的所有组成部分达成协同与一致，从而获取利润并满足目标细分市场的需求（参见图 4-2）。如果重要的竞争优势来源来自于聚焦的目标细分市场，那么建立一个战略业务单元为其服务是有意义的。

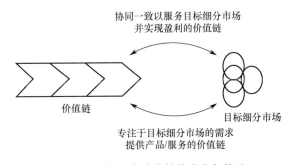

图 4-2 以市场为重点的战略业务单元

英国出版公司 EMAP 确信，成立小型的、以市场为重心的战略业务单元，是应对消费类杂志市场上不同细分市场的必由之路。一位公司高级经理表示："这一切都是为了支持分权化单元中的小型创意团队。每本杂志都必须针对并了解特定读者的生活方式"。公司总部的规模很小（总共约 30 人），而且单元之间几乎没有共享服务或资源，"这为各单元提供了充足的动力来开发产品，从而最大限度地扩大每个细分市场的成长机会"。

在确保公司政策和标准不会阻止管理者为需求迥异的细分市场提供差异化的产品方面，以战略业务单元为基础的结构也是一种很好的方法。尽管汽车工业具有规模经济，但对福特这样的量产厂商而言，保持被收购的子公司（如捷豹和沃尔沃）的独立品牌是合理的，这样能鼓励它们保持其独特的市场定位。

自治性

在决策时，战略业务单元基本上是自治的。这意味着，在大多数问题上，战略业务单元的管理者可以自由地做出决定，不需要与高管或平级单元协商或接受他们的建议，他们有足够的权力来执行其决策。战略业务单元是一种强有力的分权化结构，很少与其他单元分担职责，不会将职责保留在上级管理团队。

组织设计者给予战略业务单元以自治权，因为他们认为，在做出优化其目标市场绩效所需的详细决策和取舍方面，战略业务单元的管理者是最有资格的。自治权使他们能够迅速果断地采取行动，还减少了来自高管们的干扰，因为他们不太了解业务的具体情况；而且避免了与其他单元建立共识和妥协的需要，因为这些单元的影响可能会减缓或削弱[1]决策。

与许多金融服务公司强调交叉销售和客户关系管理的重要性有所不同，通用电气资本服务（GE Capital Services，GECS）采用了 28 个战略业务单元的组织结构，每个战略业务单元都有独立的产品重心。例如，通用电气信用卡服务（GE Card Services）为零售商和消费者提供信用卡及相关服务，GE 航空服务（GE Aviation Services）是世界上最大的飞机租赁公司，通用电气结构化金融集团（GE Structured Finance Group）提供与大型复杂交易相关的专业金融产品和服务。每项业务都是独立运作的，没有尝试将涉及多项业务的一体化客户解决方案强加于人，也没有尝试以牺牲一项业务为代价对另一项业务进行交叉补贴。这样，每个战略业务单元就可以自由地专注于自己的市场。这有助于 GECS 建立聚焦于不同金融服务领域的成功的业务组合。

其他一些公司专门利用战略业务单元的结构，保证某一业务免受公司其他部分的影响，其中包括英国航空公司（BA）的低成本 Go[2] 子公司以及丰田公司（Toyota）的凌志汽车（Lexus）。通过赋予这些业务高度自治权，母公司希望鼓励它们采取一些战略，而不被公司更强的影响力所左右。

在自治的战略业务单元内，总经理通常行使相当大的权力。公司期望他们密切关注业务的所有方面，并有权做出决定和权衡，推翻下级管理者的决定，并推动执行工作。正如第 3 章所指出的，他们应具有做出正确决策的详细知识，并且具有各式各样的金钱和奖励措施来激励员工执行这些决策。这对于从战略业务单元内部各职能或子单元之间的"困难联系"中获取协同收益尤其重要。

但自治权的另一面是问责制。正是由于这个原因，"重任在肩"（勇于担当）是战略业务单元管理者工作的一部分。由于战略业务单元的管理者拥有广泛的分权化决策权力，因此他们可以对交付的成果负起完全的责任。反之，如果高层管理者希望战略业务单元管理者对成果负起完全的责任，那他们就要给予战略业务单元管理者自治权，使其能做出他们认为必要的决策，以达成结果。完全的责任意味，战略业务单元管理者的重大个人激励，如职业生涯和报酬，是与单元的绩效密切相关的。

利润问责制

衡量盈利的能力隐含着战略业务单元的双重职责，服务目标客户（收入）的职责和提供服务所需的价值链要素（成本）的职责。因此，可以用底线利润数字（收入减去成本）来概括战略业务单元的成果。

然而对一个战略业务单元来说，底线利润的存在远不止是一个会计恒等式。它对问责制、绩效评估标准和控制的目的都很重要。盈利能力是一个相当客观的、可衡量的目标[3]，它能用一个图表概括该单元的绩效。固然，它可能无法涵盖业绩的所有相关方面——短期利润和构建长期业务之间的取舍被大大忽略了[4]，但它确实提供了一个简单的总体绩效评估标准，可用以对战略业务单元的管理者进行问责。底线利润率概括了一个战略业务单元市场关系的净值，很适合服务控制的目的，因为高管可以监测它，且不需要详细了解该单元的所有职责是如何履行的。

盈利能力也为战略业务单元管理者提供了一个明确且积极的目标。他们知道如何衡量自己的业绩，对于自己所取得的成果拥有自治权，并为此担负起重大的责任。此外，他们还知道，高层管理者通常能看到战略业务单元的成果。成功将会受到关注并得到奖励，失败及其后果同样显而易见，战略业务单元负责人有充分的动机，保持高度积极性与热忱以实现其利润目标。预期盈利能力不足对于战略业务单元管理者来说是个即时警告信号，要求他们采取校正行动，如果可能的话，在听取他们汇报的高管们注意到这一不足之前就应采取校正行动。

自20世纪90年代初以来，英国石油公司（BP）业绩的好转在很大程度上可以归因于"绩效文化"的建立，在这种文化中，公司被划分为大量相对较小的、自治的、利润问责制的业务单元。每个单元的管理团队都与首席执行官约翰·布朗（John Browne）达成了一份具有挑战性的年度"绩效合同"，然后对其合同的履行情况进行严格的问责。这些绩效合同给各个管理者带来高度的个人责任感，同时对于最高管理层而言，这位经理的绩效一目了然。这释放了新的活力和责任感，并使结果大为改善。（详见本章后面的文章：英国石油公司的绩效合同和同侪小组。）

简单结构

以战略业务单元为基础的结构提供了一种简单的组织方式。战略业务单元基本上是自成一体的，母公司管理者将大部分决策权下放给战略业务单元。战略业务单元之间的关系建立在正常交易的基础之上。这种结构使得职责分明，并有助于快速决策，战略业务单元管理者能在自我管理的基础上处理绝大多数问题。

基于战略业务单元结构的管理挑战

虽然基于战略业务单元的结构有一些重要的优势，但也带来了一些管理上的挑战，包括：

- 为战略业务单元选择适当的聚焦市场。
- 实现战略业务单元之间的协同。
- 避免战略业务单元各自为政。
- 培育战略业务单元。
- 使战略业务单元适应变化的环境。

选择适当的聚焦市场

对目标细分市场的选择和所承担的价值链职责是战略业务单元的工作重心,有时称为业务单元定义或设计[5],这对竞争优势有着重大影响。不同的业务单元设计选项会产生不同的机会,发展出特殊的胜任力和资源,也会孕育出一致性和协同的机会。聚焦于某一方式的战略业务单元必有所得失,在建立某些优势的同时也会牺牲某些优势。决定聚焦何种市场,能让战略业务单元发展对竞争优势至关重要的能力、资源和协同机会,这是一个关键且困难的抉择。例如,在以产品还是以地域为业务重心之间做选择所带来的影响是根本性的。多年来,壳牌(Shell)的组织结构都围绕着基于国家的自主运营公司展开。这促进了生成强大的本土知识和联系,但在区域或全球基础上进行设施投资这一维度上,这种结构增加了规划难度。随着全球范围内的规模经济趋于重要,特别是在日用品化工领域,基于国家进行运营的公司结构变得越来越不合适。1998 年,壳牌公司转向基于产品的全球化业务结构。

类似的问题也出现在有关电子商务的机遇方面。例如,大多数主要零售商都开展了某种形式的电子商务活动。但是,这些活动应该作为包括传统零售渠道的更为广泛的战略业务单元的一部分来管理吗?还是应该作为一个新的独立战略业务单元来管理?通过结合电子商务和传统渠道形成的更为宽泛的重点业务,在共享采购规模、共享通用产品知识和物流效率上都可能会带来好处。但是,缩小业务重点的范围也有好处,在这种情况下,在致力于最大化电子商务机遇的同时,一个拥有适当技能的专门化管理团队不必担心与现有零售渠道的协同与同质化。对业务重点的正确选择取决于一些困难的权衡判断,而且往往很不明确。

为一个战略业务单元选择正确的业务重点,需要对竞争优势的来源有清晰的思考,并有能力确定哪种优势来源应予以最大程度的重视。当存在各种重要的优势来源时,这一点尤其困难。在这种情况下,正如我们在本章后面所论述的那样,可能没有任何基于战略业务单元的结构能够通过市场优势测试。

实现协同

许多管理者认为,在自治的战略业务单元之间,实现协同必然是困难的。然而,即使被设计为基本上自成一体的战略业务单元,它们也经常选择协作。例如,一个战略业务单元可能为另一个战略业务单元提供输入,不同的战略业务单元可能共享一个共同的呼叫中心或渠道系统,或者可能选择共建一个公司内网,对通信系统进行标准化。

在各战略业务单元之间的合作上,不需要抑制其自治性,只要使其在共同的互惠互利基础上合作即可。例如,如果共享呼叫中心在成本和服务层面有益处,出于商业考虑可能会使各战略业务单元在建立和运行该中心时自愿合作。平级单元之间的这种"交易"原则上和与外部第三方贸易伙伴的交易没有区别。如果无法商定彼此可接受的条款,就不会有交易。各业务单元仍可自由决定是否以及如何合作。

为了使基于互惠互利的协同能够蓬勃发展,高管们需要确保没有任何阻碍战略业务单元自愿合作的因素。在以往的研究中[6],我们发现,不幸的是,许多公司的文化中存在着各种"协同效应杀手",这使得平级单元之间的协同比与第三方的协同更加困难。这些"协同效应杀手"包括:战略业务单元负责人之间的竞争和内斗,这些负责人积极遏止"与敌人合作"的行为;奖励机制不对等,导致无法支持切合实际的、商业上合情合理的协同;还有来自公司高管们的猜忌,尤其是,为了他们认为的公司层面更大的利益,出面推翻平级单元之间达成的协议。公司层面的管理者需要清除这些"协同效应杀手",使内部协同不难于外部协同。理想的情况是,他们应该更进一步,创造充足的集体归属感,使平级单元积极尝试相互帮助，例如通过优先购买权机制或分享最佳实践等手段。

在适当的公司环境下，互惠互利可以引领战略业务单元之间所需的许多合作。和英国石油公司（BP）一样，嘉吉公司（Cargill）建立了一系列的"同侪小组"论坛，其将不同业务单元的管理者聚集在一起，探讨互惠的协同并进行分享[7]。同样，玛氏公司（Mars）多年来一直将互惠原则作为其独特企业文化的基石之一。在以公司整体利益为前提的情形下，互惠原则要求玛氏各个单元为了彼此共同的利益而努力。

但是，通过互惠互利所能实现的目标是有限的。我们在第3章中称为"困难连接"的各种协同机会引发特别的问题。由于战略业务单元的自治性，母公司管理者往往很难建立强有力的协同机制，或采取足够的权威进行干预，以推动实现困难连接。在这种情况下，连接可能不会产生，或者必须重新设计组织结构使其纳入战略业务单元内部。如果需要各战略业务单元许多的困难连接才能成功执行公司战略，那么基于战略业务单元的组织结构就可能是不合适的。

避免战略业务单元各自为政

虽然战略业务单元在单元自治权、问责制和承诺方面具有优势，但它们也经常因各自为政而受到指责：一些管理者过分专注于分配给他们的重点业务，以至于变得目光短浅、不愿合作。这样的管理者为维护自身"大佬式"的自治权而变得非常焦虑，以至于过度抵制来自集团其他地方的任何影响。他们对于自身战略业务单元的成果高度负责，以至于变得偏狭并忽略了对集团其他部分的影响。他们如此致力于短期盈利目标，以至于没有充分关注更为广义的绩效评估标准。

各自为政的风险程度取决于战略业务单元问责制和奖励机制的本质。对"大佬"的容忍，和仅仅为特定的利润数字而奖励战略业务单元管理者，母公司管理者就会累积危机。他们可以通过强调战略业务单元边界不应是密不透风的（GE的无边界），通过向战略业务单元经理明确表示，大家应该为已达成共识的战略业务单元目标共同努力，而非被这些数字蒙蔽了双眼，从而降低上述危险。尤其是，他们需要建立既包括盈利能力也强调其他绩效评估标准的问责制，以便更均衡地看待战略业务单元的工作情况。

在某种程度上，各自为政思维的风险是战略业务单元的组织结构所固有的。但这在很大程度上取决于母公司管理者和战略业务单元管理者如何解释战略业务单元的自治性和问责制。下文"英国石油公司的绩效合同和同侪小组"，阐释了应如何取得适当的平衡。

英国石油公司的绩效合同和同侪小组

1990年，世界主要石油公司之一的英国石油公司（BP）开始实施"文化变革"计划。在20世纪80年代，该公司拥有一个庞大且具有影响力的公司总部，以及一个基于地域和产品流的复杂矩阵组织。公司的业绩表现中规中矩，公司文化也没有强调严格的个人问责制。在首席执行官鲍勃·霍顿（Bob Horton）的领导下，公司启动了文化变革计划，其后的继任者大卫·西蒙（David Simon）和约翰·布劳恩（John Browne）继续实施这一计划，其设计目的是转向更加分权化、更广泛授权、高绩效的文化。

作为变革的一部分，英国石油公司围绕四个业务价值链（勘探和生产、下游石油、化学品和天然气）进行了重组，并不再强调区域和国家管理。每个业务流都由许多利润负责制的独立业务单元组成，总共有近100个业务单元。业务单元是围绕英国石油公司的主要资产来定义的，"就市场和竞争者而言：其规模要大到足以在市场上进行有效竞争，同时也要小到足以让管理层和员工产生对业务单元的认同感"。对业务单元的定义不断受到审核并经常调整，以使组织结构与英国石油公司的市场机会更加一致。

在可能的情况下，决策权被下放到管理这些"以人为本"的业务单元管理者手中。公司总部的规模已大大缩小，现在只集中在少数重大战略问题、创造高绩效文化或是在各业务之间知识共享的议题上。

业务流的管理团队规模很小，被视为公司总部的一部分。这样一来，公司里原则上只有两个层次：公司总部和业务单元。正如一位主管所说的那样："业务单元是公司内部的重要交付单元。"

新的高绩效文化，本质上是业务单元和公司首席执行官之间的绩效合同流程。绩效合同的目的是设定拉伸性目标（"业务单元管理者在年初还不知道他们如何实现目标"）。它们强调的是财务业绩，同时也能包括其他非财务目标。合同是一页白纸黑字写明的正式文件，由业务单元和公司总部共同签署，并以严谨的月度监控方式进行跟进。"关键是围绕着管理者进行文化建设，他们能够并愿意在这种绩效文化中努力工作。"1993—1998年间，英国石油公司的总人数从13.5万下降到5万。

变革流程中的另一个主要创新是使用同侪小组。为了减少业务单元间的各自为政并加强合作，1992年，在勘探和生产业务流中首次设立了同侪小组。随着时间的推移，在知识共享和绩效完成上，同侪小组变得越来越重要，并已被整个公司所采用。现在，在处于相似生命周期阶段的业务中，如炼油、零售或油田等相关业务单元都成立了同侪小组。小组提供了一个论坛，管理者能够在一个有建设性但又充满挑战的环境中分享信息，共同解决常见问题，并为绩效管理流程奠定基础。所有业务单元负责人都会将自己的绩效合同提交给严格的"同侪评审流程"，并通过被称作"同侪评审"的强化辅导流程向同事寻求帮助。虽然个人拥有自己的绩效合同，但同侪小组为拉伸式的绩效挑战提供了强有力的集体保证，在寻找与实现业绩目标的做法上，小组的作用尤为可贵。如今，同侪流程已在英国石油公司的所有单元中扎根，并被职能网络和来自不同业务单元的管理者们广泛使用，他们聚集在一起解决集团层面的复杂问题[8]。

当大卫·西蒙担任首席执行官时，他使用了"PRT"这一口号即"绩效、声誉、团队合作"来传递变革计划的目标。PRT目标至今仍隐含在公司的运营方式中，它清楚地表明，虽然绩效目标至关重要，但它不应该以牺牲声誉或团队合作为代价。仅仅盯着自家的目标，各

> 自为政地完成业绩合同,这样的业务单元管理者们将不会得到回报。要想成功,必须既要实现业务单元的目标,又要与其他单元合作来帮助他人取得成功。因此,可以说对于绩效合同而言,同侪小组提供了一项重要的补充。

母合

在前几章中,我们介绍了母公司的概念并阐述了它的作用。在基于战略业务单元的结构中,母公司需要对其放手而不干预,因为战略业务单元被设计成既独立又自治的单元。这个方向走到极致,就会引出是否有必要设立母公司的问题。

即使在分权化、以战略业务单元为基础的结构中,母公司的主要目的也应该是增值。有许多案例说明基于战略业务单元结构的母公司能带来可观的增值,包括拥有强大品牌的维珍(Virgin)、拥有最佳成本生产者项目的艾默生(Emerson)和拥有拉伸式绩效目标的格拉纳达(Granada)[9]。然而,在基于战略业务单元的结构中,母公司必须小心谨慎以免进行过多干预。在战略业务单元的概念中,业务部门经理应该对他们所取得的成果负起完全责任,如果母公司管理者掌握过多权力或施加过多影响,任何这种倾向都会削弱战略业务单元的自治性,从而削弱其问责制。因此,基于战略业务单元结构的母公司需要保持相对的放手和不干涉。这与母公司有所选择性地施加影响并不冲突,这些影响会为战略业务单元带来高价值,但有时这种结构会抑制母公司发挥作用。例如,如果上级管理者承诺给予战略业务单元自治权,那么他就不大可能在公司范围内推动协同增效[10]。

如果母公司确实试图增加价值,那么也有危险——母公司的影响力可能会毁灭价值而非创造价值。伴随分权化、自成一体的战略业务单元,母公司通常比较疏远,并且缺乏对相关业务的详细了解。除非母公司只专注于它能做出真正贡献的几个关键问题,否则,试图增值和行使控制权的好意很容易沦为误导性干预和无益的猜测。

独立的战略业务单元增值困难,引发了对众多多元业务集团合理性的严重质疑。在 20 世纪 80 年代，对于多样化、分权化的集团来说，暗示母公司并不具备真正增值作用的拆分战略已变得越来越普遍。

适应变化

基于战略业务单元的结构本身并不灵活。战略业务单元管理者在如何履行职责方面有相当大的自由裁量权。他们可以修改其重点市场的确切范围，并决定他们将在内部保留或外包的那些价值链中的业务活动。这样，就允许战略业务单元的职责细节能根据情况进行演化。

母公司管理者也可以通过重新定义战略业务单元，灵活地运用基于战略业务单元的组织结构。事实上，肖娜·布朗（Shona Brown）和凯瑟琳·艾森哈特（Kathleen Eisenhardt）在他们《在边缘竞争》（*Competing on the Edge*）[11] 一书中认为，如果母公司的高管们愿意对每个战略业务单元所负责的产品—细分市场进行频繁的重新定义，那么小型的、业务聚焦的战略业务单元可以提供高度的结构性适应力。这种组织变革的流程，布朗和艾森哈特称之为"打补丁"，使得基于战略业务单元的结构能够适应市场环境和竞争优势来源的变化。像惠普（HP）和 3M 等公司就是通过不断地打补丁来应对快速变化的市场。在参观惠普公司时，我们看到了不少于 11 张组织结构图，其中记录了近两年惠普公司结构的一系列修补变化。

因此，原则上来说，基于战略业务单元的结构没理由变得僵化和不思变化。然而，在实践中存在着各自为政思维的风险，从而降低了灵活性。战略业务单元管理者可能有领地意识并抵制改变。母公司试图修补战略业务单元，可能会被视为对战略业务单元自治性的非法干涉，以及对战略业务单元管理者的权力及地位的攻击。没有多少公司能够像惠普那样对战略业务单元的定义进行如此多的修改，而不引起战略业务单元管理者的强烈抵制。所以，战略业务单元的适应性取决于战略业务单元管理者的态度，以及他们个人接受变革的意愿。只有在战略业务单元管理者准备为打补丁这一做法提供支持的公司，才会良好地发挥作用。

基于战略业务单元结构的优势和劣势

在表 4-1 中,我们总结了基于战略业务单元结构的优劣,并展示了它们与第 2 章和第 3 章中描述的测试之间的关系[12]。在许多例子当中,劣势恰好是带来那些优势特征的"阴暗面"。

表 4-1 基于战略业务单元的结构的优势和劣势

测试	优势	劣势
市场优势	聚焦于目标市场需求的创业决策	不太容易为横跨战略业务单元的市场及活动开发技能和资源
母合优势	不鼓励母公司管理者进行细节上的干预	母公司管理者即便是在他们能够增值的地方,也受到抑制
人员	总经理有机会发展和使用创业技能	取决于企业管理者的可获取性
专家文化	自治性使其免受可能妥协或污染的压力	彼此隔绝可能导致"大佬"行为的产生
困难连接	总经理有权协同战略业务单元内的所有活动	不同战略业务单元之间难以协同
冗余层级	强有力的分权化	母公司管理者可能不会增加多少价值
问责制	自我校正的关系,以及足够的自治权,对业绩勇于承担责任。利润底线的绩效评价标准不需要母公司了解单元业务的细节	强烈的责任感可能导致狭隘主义。对利润底线的评价标准会减少对其他重要措施的重视
灵活性	战略业务单元的设计可以演化,可以"打补丁"的方式应对变化	战略业务单元的"大佬们"可能会为了权力和地位拒绝改变

战略业务单元的市场聚焦使它们能够在市场优势测试中取得好成绩,但条件是所选择的市场使他们将力量集中于最重要的竞争优势来源。但是,这样的结构不太能够形成对跨越战略业务单元的市场或优势来源的聚焦。

战略业务单元的自治权阻碍了上级管理者密切参与战略业务单元的运营。从母合优势测试来看这是好的,因为它减少了不必要的细节干预;但如果它抑制了母公司管理者尽可能多地增值,那就不是很好了。

战略业务单元提供了令人兴奋的机会,让独立的、有创业精神的总经理能够去发展和应用他们的技能。这在人员测试上可以是个优势。但对于一家缺乏具备相应能力管理者的公司来说，它也可能是个不利因素。

战略业务单元的自治性意味着它们能够很好地抵御各种压力，否则这些压力可能会造成对战略的妥协或污染。这代表他们很好地满足了专家文化测试。但不利的是，战略业务单元的自治性可能会导致"大佬主义"行为，使其不愿意与平级单元合作，并拒绝接受母公司施加的所有影响。这不仅损害了竞争力，而且在公司内部造成了不良的关系。

由于战略业务单元总经理的亲力亲为，使得战略业务单元内部的活动有可能实现困难的协同连接。但是战略业务单元只是基于互惠互利才进行合作，这就限制了战略业务单元之间通过人际交往所能达成的目标。因此，它们在跨战略业务单元间为协同而进行的困难连接测试中遇到了问题。

战略业务单元代表了一种强烈的分权化形式，其中绝大多数决策都由战略业务单元管理者基于自我管理做出的，他们应该最了解自己的业务，这是一个优势。然而，不鼓励上级管理者进行干预则可能会引起冗余层级测试方面的问题。

战略业务单元的利润问责制意味着，对于失败的战略业务单元，应该有强大的自我校正压力。战略业务单元有足够的自治权，可以对其业绩负起完全的责任，而业绩可以简单地用底线目标来评价。因此，从问责制的角度来看，战略业务单元的表现不错。但是，严苛的问责制可能导致管理者仅仅关心战略业务单元的成果，从而导致偏狭主义、各自为政的思维和与平级单元的过度竞争。此外，如果将盈利能力视为关键的绩效评估标准，那么就可能不够重视其他重要的绩效评估标准。

最后，战略业务单元可以通过其在重点市场和价值链设计细节上的自我管理进行进化，并用打补丁的流程来适应变化，在这一过程中，战略业务单元的重点市场会不断地被高管们审核和调整。这些都是战略业务单元能够通过灵活性测试的原因。但是，如果战略业务单元管理团队不遗余力地试图保留自身的权力和地位，那么变革也可能会遇到阻力。

因此，基于战略业务单元的结构具有若干优势。但它们也有缺点，因此，许多龙头公司放弃了基于战略业务单元的结构。这些公司一直在寻找既能保留战略业务单元的大部分优点，又能应对它们所面临的竞争挑战的组织结构。

互相依存的结构

通常情况下，基于战略业务单元的结构并不是合适的组织设计。如果一家公司为了追求竞争优势的多种来源，需要多重维度的业务聚焦，就不会有令人满意的方式设计自给自足的业务单元。此时需要一个更复杂的结构，其包含更为广泛的相互交叉和相互依存的单元[13]。

多重维度的业务聚焦

对许多公司来说，对目标细分市场的界定方法不同，相应的业务聚焦的收益也不尽相同。例如，在公司银行业务中（见下文：花旗银行全球关系型银行业务的组织架构），有充分的理由将业务聚焦放在"产品"上，如结构性贷款或外汇业务，因为可以在这些产品中建立专业特长。但业务聚焦围绕客户群也有其道理，如按行业细分的部门，可以为客户制定一体化金融解决方案，或将业务聚焦围绕本地化的区域市场展开，在那里可以建立关系网、声誉和实体的营业网点。业务聚焦的几重维度各有各的重要性。

在这种情况下，自成一体的战略业务单元很可能会错失一些有价值的业务聚焦收益。最常见的解决方案是建立协同机制，如整合团队，以解决业务聚焦的次要维度[14]。但是，正如我们在第 3 章所论述的那样，即使有协调机制鼓励业务单元之间进行合作，他们的主要精力仍然会投入到首要的业务上。基于产品的业务单元不会对客户解决方案或本地业务给予那么多关注；基于客户的业务单元不会对发展关键个别产品的专长给予充分关注；而基于地域的业务单元则会忽视全球化产品和全球客户的潜力。无论定义什么作为业务单元的基础，组织设计者可能都需要设立其他专门的单元，服务于不同维度的重点市场，以确保一些管理者对横跨多个细分市场的业务给予了首要关注。

在公司银行业务中，在 20 世纪 90 年代中期，花旗银行决定围绕客户来定义主要业务单元，但也要保持住产品和地域单元，因为客户单元和其他单元的重点市场相互重叠，必须一起工作，才能服务好各自的目标市场。我们将聚集的市场横跨主要业务单元的单元称为"叠加"单元，并将在第 5 章进行更全面的讨论。

如果对目标市场范围的界定或大或小不相一致，也会出现类似的问题。花旗银行不仅面临着是否将业务单元聚焦于产品、客户或地域的难题，而且必须决定，例如聚焦客户的行业细分部门应该是广义的（如制造业）还是狭义的（如半导体行业），地域单元应该覆盖广阔的地区业务组合还是小范围的本地市场。通常情况下，组织设计者希望从业务范围广泛的单元中获取杠杆收益，也希望从业务范围狭窄的单元中获得聚焦的好处。

为了获取对业务宽泛的细分市场和狭义型细分市场的双重聚焦，我们可以从广义上界定主流业务单元，但也可以设立"子业务"，通过管理层对这些特定的目标细分市场需求给予专心致志的关注，来实现额外的业务聚焦收益。同样，我们将在下一章更全面地讨论子业务单元。

通过专注于价值链组件或任务也能带来聚焦收益，这些组件或任务与多个业务单元的目标市场相关。共享销售活动、通用 IT 基础架构或新产品开发都可以提供这种机会。同样，不同业务单元之间的协同机制可能会带来一些好处。但是，如果潜在的利益巨大，那么往往需要有跨部门的业务单元和专注于此的管理团队来充分实现这些利益。这些单元，我们称之为"核心资源""共享服务"和"项目"单元，其目的是获得规模经济和专业化的效益，而如果各个业务单元在所负责的各自领域内活动，这些效益是无法实现的。在花旗银行，产品部门和客户部门都借助于共享的基础设施部门，因为他们认为这将创造出卓越的成本竞争力。但结果是降低了业务单元的独立性，并且增加了单元之间的共享和相互依存性。关于核心资源、共享服务和项目单元，我们将在第 5 章进行更多的论述。

因此，相互依存的结构可以包括各种重叠的单元，其中每个单元可能有不同的业务聚焦。重要的业务聚焦带来的收益范围越广，公司就越有可能需要采用相互依存的结构，而不是单一维度主导的结构（见图 4-3）。

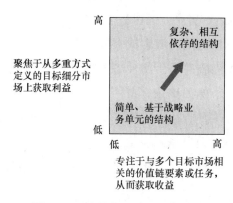

图 4-3 聚焦收益和相互依存结构

花旗银行全球关系型银行业务的组织架构

花旗银行全球关系型银行业务事业群（Citibank's Global Relationship Banking Group）的使命是"在全球范围内服务全球客户，在本地实现全球承诺"。它集结了约 1700 家全球主要客户，旨在为客户提供领先的金融服务，这些客户都十分重视拥有全球化网络和全球能力的银行。其产品平台包括现金管理和交易服务、托管和清算服务、债务融资、外汇（FX）、结构性产品、股票以及并购（M&A）。它是从花旗银行的公司银行业务发展起来的，但现在与所罗门美邦公司（Salomon Smith Barney）密切合作。在与花旗银行合并成为花旗集团之前，美邦公司是旅行者集团（Travelers Group）的一部分。

在 1996 年之前，公司银行业务群的主要报告线是按地域划分的。每个主要地区（和一些国家）都是相对独立的业务，有自己的客户和产品专家以及基础设施，并负责从其区域业务中获取利润。然而，花旗集团的目标不仅是在本地建立良好声誉、特许经营权和一系列关系，而且还要利用其国际影响力来加强其中的许多关系。这就要求区域和本地管理团队之间进行协同。一个重要的步骤是在 20 世纪 90 年代初围绕工业部门（如汽车或电信）建立了非正式的区域客户兴趣小组，该小组创建了促进业务发展和协同的人际网络。

1996 年，在花旗集团首席执行官约翰·里德（John Reed）领导的战略审计之后，公司进行了大刀阔斧的重组，不再强调国家属地管理，而是更加注重全球客户关系。公司银行业务被拆分为全球关系型银行业务（GRB）和新兴市场（EM）。全球关系型银行业务的报告主线是通过全球行业负责人，该负责人负责其行业内全球客户关系的合计利润，而新兴市场则保留了地域型结构。产品平台被赋予了全球范围的权限，并向全球关系型银行业务的负责人报告。国家属地管理层保留了相应的职责，即在全球行业负责人所定战略方向上与本地客户进行日常联系，以及维护一些基础设施的组件。与此同时，公司开始在较大的区域或全球范围内更大程度地共享基础设施，像是信息技术等。重组的目的在于使结构与战略更加一致、更加重视全球客户关系以及赋予全球行业负责人和客户关系经理更多的权力，以便为客户提供独特的价值主张。

图 4-4 所示的新组织包括了基于客户的单元（如电信、商业银行）、产品单元（如全球外汇、结构性融资）、区域和国家单元（如美国东南部、意大利、拉丁美洲）以及基础设施单元（如人力资源、运营和技术）。所有这些单元都必须相互合作来实施战略，但主要驱动力还在于客户维度，其他部门则发挥辅助作用。这个新结构决定性地将权力平衡从本地管理层转移至全球客户经理手中，但也形成了管理起来更加复杂的相互依存网络。

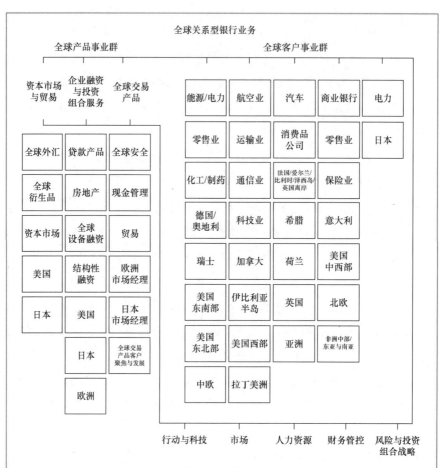

图 4-4 全球关系型银行业务的组织结构（1995 年）

1997 年，公司再次对结构进行了调整，这次是为了给全球产品单元更多的自治权。一个独立的、对利润负责的产品组织（全球产品单元）从全球关系型银行业务中拆分出来。全球产品单元直接向全球公司银行负责人报告，为全球关系型银行业务以及新兴市场提供服务，并且对日益增长的全球共享基础设施负有主要职责，但全球关系型银行业务保留了对客户关系和利润的职责。这样一来，产品单元就有更多的权力和职责聚焦在全球产品上，而全球关系型银行业务则继续保持着对客户群体的聚焦。这既认识到了强大客户关系的重要性，也认识到了高质量产品的重要性，但需要全球关系型银行业务和全球产品单元之间不断协同。随后，对结构进行进一步的调整使得花旗银行和所罗门美邦公司能够更紧密地结合。

因此，花旗银行发展了一个复杂的、相互依存的结构，因为它从四个不同维度看到了重要的业务聚焦收益：

- 客户：全球关系型银行业务为何存在，以及为何对战略至关重要。
- 产品：是良好且可持续客户关系的先决条件，也时常是驱动力。同时，也可以成为主要的利润来源，但如果没有强大的客户关系，则效果不佳。
- 国家：单纯地在本地有一席之地现在已经不那么重要了（新兴市场除外），但仍然需要认识到本地视角、本地联系人和服务的重要性。
- 基础设施：具有全球成本效益的基础设施对成功越来越重要。

没有任何自成一体的战略业务单元结构能够在所有这些维度上实现业务聚焦。这就是为何花旗银行鉴于其战略，决定在公司银行业务中采用复杂结构的原因。

重叠的职责

在相互依存的结构中，各单元的职责将不那么自成一体并且有更多的重叠。业务单元不能像战略业务单元那样行事。它们必须与叠加单元并行工作，并协同各个子业务的努力，以便向市场展示其一致性。它们还必须利用核心资源和共享服务单元来交付产品或提供服务，并与项目单元进行协作。因此，各单元的自治性较差且彼此之间需要协作。

跨国公司，如 ABB 或联合利华（Unilever），都倾向于拥有基于产品的全球单元和本地地域单元。通过这种方式，它们试图将全球一体化和本地响应能力的收益融合起来。但是，无论产品单元还是本地单元激进的自治行为都会引起摩擦，最终导致混乱。只有当各个单元能够且愿意和谐地协作时,收益才能体现出来。这种结构要求并促进合作,而不是促进独立。

一些首席执行官,像是孟山都公司(Monsanto)的鲍勃·夏皮罗(Bob Shapiro)(见下文"孟山都:一家生命科学公司")甚至认为,单元职责的重叠有助于管理者看到分享和合作的机会,使他们更愿意合作,以实现有利于集团的协同效应。

孟山都:一家生命科学公司

在19世纪90年代,孟山都公司开始坚定不移地努力将自己从一家多元化的化工公司转变为综合性生命科学公司。其愿景是聚焦于与人类健康有关的业务,这些业务能够利用生物技术和基因组学的新发展。在首席执行官鲍勃·夏皮罗的领导下,孟山都公司退出了许多化工业务,并且从拥有13个独立战略业务单元的组织结构转变为一个更加相互依存的结构,其中包含5个行业团队(制药、农业、营养与消费品、健康与保健以及可持续发展),并设有跨部门团队对选定的核心组织能力、共享服务"基础"、关键流程以及全球协同负责。一支12人规模的生命科学业务团队(Life Sciences Business Team)负责公司层面上各团队之间的协同(见图4-5)。在夏皮罗眼中,"独立战略业务单元的旧有意识形态已经不再适合一家生命科学公司"。

每个行业团队都是面向客户的业务单元,每个团队都有"双重"领导,由一名营销主管和一名技术经理共同分担职责。此外还有一些行业联合团队,其作用就如同密切参与的董事会,由来自公司其他部门的"非执行"代表组成。制药团队("通过生物制药的创新服务未被满足的医疗需求")和农业团队("改变食品和纤维的生产方式,同时促进健康、保健和营养")是销售和利润的主要来源。营养团队("健康饮食")、可持续发展团队("成为可持续发展解决方案的一环")和健康与保健团队("提高生活质量")则更加关注在生命科学领域中不断扩展以探索未来的可能性。

图 4-5 作为一家生命科学公司，孟山都的组织架构

核心能力团队涵盖信息技术、知识管理、制造和科学/技术等领域。他们的目的是执行公司的一些基本功能，如发明和运营，并在整个公司内分享想法和促进学习。基础团队涵盖了采购、财务和人员等领域的共享服务。他们为公司的其他部分提供支持，例如流程中心（Process Hubs）包括了预算编制、通信、并购和战略发展。它们的目的是强化关键流程和共享学习成果。全球化团队（Global Team）关注的是发现全球机会以及帮助各部门在不同的经济体和文化中顺利工作。

除了在团队中工作的高管们之外，所有这些团队的管理董事会中都有来自公司其他部门的代表。例如，知识管理部门（Knowledge Management）的负责人也是制药行业团队和全球化团队的一员。重叠的结构导致高管们频繁地开会，但夏皮罗认为，这些会议对于跨公司的整合至关重要："如果一个经理把超过 50%的时间都用于管理自己的单元，那么他就做错工作了。"

这种结构的目的是为管理层的注意力创造出各种业务聚焦，并迫使管理者思考不断变化的机会，这些机会是横跨传统业务边界的。夏皮罗正在寻找一种"新的组织模式，在整个公司范围内建立更多的连

> 接和人际交往,更多地依靠团队的问责制与信任,而非控制"。他认识到,模糊和冗余是这种方法的一部分,但他认为,为了实现相互依存和灵活性,这都是值得付出的代价。鉴于快速发展的生物技术发展,再加上新的生命科学业务增长速度的不确定性,孟山都公司的结构设计旨在允许对机会做出快速反应。共享和重叠的职责以及各单元之间的交叉工作应该是为了防止忽视机会,并确保求知欲在整个公司范围内得以广泛传播。成功的举措将会得到认可和支持,而不太成功的举措则会凋零。这种达尔文式的流程被认为是应对生命科学领域机遇和不确定性的最佳方式。
>
> 孟山都公司的许多管理者对夏皮罗的愿景感到兴奋,并且为其在新结构中工作做出了艰苦努力。但也有人认为,决策中的复杂性和低效率是难以容忍的。在年龄较大的管理者中,这种观点特别普遍,这些人是在以前基于战略业务单元的文化中成长起来的。公认的是,这种新方法不会在几年内产生收益,收益将取决于公司内部管理模式的转变。正如一位管理者在 1998 年孟山都公司股价高涨时所说的那样,"食品—健康—希望是孟山都公司的座右铭:股价主要基于后者"。
>
> 然而,最终公众对于转基因作物的负面反应严重损害了孟山都的生命科学战略,该公司被迫在 2000 年与药明康德和普强公司(Upjohn)合并。因此,目前还不清楚夏皮罗所建立的结构是否会在适当的时候实现其目标,该结构可能是我们在研究中遇到的最复杂、最重叠的结构了。

职责的重叠也要求母公司在引导相互依存关系和仲裁纠纷方面发挥更为积极的作用。即使产品单元和国家单元通常能够和谐地合作,也始终存在些有争议的问题。母公司需要有一个明确解决这些冲突的流程,或者有意愿作为仲裁者参与其中。

共享问责制

更多的职责分担意味着很难让各单元对自己的结果负起重大的责

任。由于各单元必须共同工作，相互依存的结构可以较少地依赖个别单元的自我校正。而且由于各单元的成果不仅取决于自己的努力，还取决于各个单元的合作情况，因此各单元不太能够掌握自己的命运。因而就需要共享问责制，该机制认为管理者不应该只关心自己单元的成果，还应该努力帮助其他单元也实现各自的目标。

在相互依存的结构中，绩效评估标准的设计既要考虑到每个单元的不同职责，又要考虑到每个单元对其他单元和集团总体成果的贡献。底线利润值不是合适的绩效评估标准，因为不同类型的单元各自需要不同的绩效评估标准。

复杂结构

相互依存结构的基本特征是多重维度的业务聚焦、有着广泛协作关系的重叠单元以及共享问责制。这种结构从根本上说比基于战略业务单元的结构更为复杂。关于如何处理这种复杂性所引起的一些问题，我们将在下一节讨论。

相互依存结构的管理挑战

与基于战略业务单元的结构相比，相互依存的结构具有关键的优势，因为它能带来更广泛的业务聚焦收益且能更好地分担职责，但同时它们也带来了重大的管理挑战：

- 选择主要的业务聚焦维度。
- 以较少的单元自治权进行管理。
- 实现跨单元边界更为广泛的协同。
- 更复杂的问责制。
- 扮演更苛刻的母合角色。
- 适应变化。

现在将依次讨论这些因素。

选择主要的业务聚焦维度

多维结构的根本缺陷一直是决策过于缓慢和复杂。如果不同维度之间的力量均衡，决策需要在各个不同的单元之间达成共识，那么，对于该怎么做，各单元管理者通常会进行激烈争执与无止境的争论。战略执行就会变得庞杂而无效。我们发现没有人再提倡"均衡的"矩阵结构了，该结构中大多数决定是由各个单元共同做出的。

在相互依存的结构中，重要的是要决定哪些单元将对哪些决策拥有主要责任和最终决定权。各个单元之间的协商和协同可能是可取和必要的，但也需要有一个明确的流程来解决争端和及时做出决定，这也明确了对决策结果的问责制。例如，在博思艾伦（Booz Allen Hamilton）公司，所有最重要且有争议的决策，如选举合伙人方案和顾问产能管理等，都在决策矩阵中进行了明确规定，规定了全球业务领域、客户关系团队、区域管理层和地方办事处各自的权力和问责制。

作为澄清各自职责的背景，必须确定组织结构中的哪个维度通常作为报告的主线，并对大多数决策负有主要职责。对于未明确分配给其他单元的决策，将产生默认职责。在 ABB 公司，多年来一直倡导基于产品的业务领域和地理区域共同承担职责的矩阵式结构，现在全球产品单元已然成为主要的组织维度，拥有最大的权力。区域和国家管理单元虽然保留了一部分的特定权力，但都已经被淡化。通过选择首要的业务聚焦维度，决策和问责制将变得更加明确和不那么复杂。

选择首要维度提出了类似于本章前面讨论的问题，在战略业务单元重点市场的决策中如何确定主要的竞争优势来源。我们将在第 7~9 章中再次讨论这个问题。

以较少的单元自治权进行管理

在相互依存的结构中，设计上只保留了很少的各单元自治性。它们分担更多的职责，而做出单方面决定的权力却更少。运营单元管理者的普遍抱怨是，这导致了某些单元独立性不足以及决策流程较为缓慢且复杂。

为了避免决策过程中的复杂性瘫痪，具有相互依存结构的公司需要明确谁该负责什么以及如何共同决策。在任何可能的情况下，都应避免共识性决定，每个单元都应该了解自身的角色。20世纪90年代末，壳牌公司（Shell）转型计划的主要推动力是摆脱传统的职责分担矩阵，使各单元更加明确自己的具体职责，以减少相互之间寻求共识的需要。业务价值链单元及其全球"产品"业务单元仍须与本地和区域运营公司以及公司职能部门合作，但各自的角色更加明确。虽然各单元之间仍然需要协商，但基于共识性的决定更少了。

相互依存的结构容易给有"自治需求"的小型单元造成特殊问题（见第3章）。较小的单元缺乏自治权，再加上来自集团其他地方的强大影响，往往意味着它受到压制，使其无法发展自己的技能和工作方式，并且成为被主导的对象。例如，在我们研究的一家公司中，了解到目前属于工业产品单元中一项子业务的问题，在"资源分配优先级"的问题上，这项子业务始终无法从旧有的思维模式中摆脱出来，之前它隶属于一项较大的消费者产品业务。这些"专家文化"问题（将在第8章进一步讨论）是相互依存结构中一个特殊的危险。

针对专家文化和决策过程中的复杂性等相关问题，可以通过明确规定角色和职责减少其存在。但问题往往不是来自于蓄意对专家文化进行压制，更多地是来自于不清楚这一文化的特殊性。通过赋予专家文化对某些关键决策的权力并为其分配专项预算，可以在一定程度上保护专家文化。此外，还可以在设计关键流程时，使得不同单元能够以考虑到专家文化利益诉求的方式合作（例如在关键委员会中派驻代表、设计咨询机会、提出上诉流程）。最后，高管们可以通过以下方式来鼓励对差异的尊重：指派高管们来到具有专家文化的单元，或者通过母公司上级部门的导师来支持适当的差异，以及抵制任何统一和标准化的趋势。在"花旗银行如何使其组织结构发挥作用"一文中，我们讨论了花旗银行试图避免压制专家文化的方法，花旗因此取得了相当大的成功。

然而，组织设计者需要认识到，相互依存的结构不可能像基于战略业务单元的结构那样给予各单元那么大的自治权，而且总是会有一些风险，使需要独立才能得到发展的单元受到阻碍。在前面讨论的消费者产品公司中，最终证明有必要将工业产品子业务作为一个独立的战略业务单元，直接向首席执行官报告，并给予它所需的自治权。

花旗银行如何使其组织结构发挥作用

花旗银行组织结构中的相互依存性意味着这将带来艰难的管理挑战。然而，这一结构符合花旗银行的战略和文化，其工作在过去6年中得到了改进和完善。现在，该结构运作顺畅，更重要的是，它为花旗银行的客户带来了好处。花旗银行是如何克服它所面临的挑战的？

压制专家文化

花旗银行认识到，全球产品业务群、全球客户业务群和国家管理团队之间必然会出现一些紧张关系。这些单元的优先级和方法必定有所不同，例如，有时可能会由于观点不同产生分歧，比如说应对本地客户投入多少资源的问题。原则上，现在客户业务群和产品业务群的地位是平等的，站在各国管理团队的维度上看，他们的话事权相对较小，是可以被否决的对象。对此，花旗银行设计了一些流程，如果相关管理者之间无法解决纠纷，则可以将纠纷上报给上级管理者。争议解决流程是一个后备选项，应该少用，但它可以防止本地管理者感到被支配。这样一来，能够消除不同的观点并得到比较平衡的解决方案。一位全球关系型银行业务的管理者声称"分歧会产生积极且动态的紧张关系：如果任由它们发酵，那它们才会变得不健康"。

全球关系型银行业务的文化和价值观也强调客户至上。无论不同的单元拥有怎样的正式权力，最重要的是为客户提供前沿的创新和服务。这意味着，尽管全球产品和客户业务群负有主要职责，但他们认识到，在响应客户需求和提供花旗银行服务方面，距离与客户更近的管理层至关重要。

困难连接

由于认识到各单元之间在客户优先级、定价和交叉销售等问题上存在一些困难连接，全球关系型银行业务建立了一些详细的协同机制，明确了各单元的角色和职责。其中一个特别重要的机制是全球关系型账户的规划流程，它涉及所有需要合作来服务客户的单元。在这个流程中，每个单元和管理者的各自角色都已经在流程图和决策风格中罗列出来。虽然现在没有经常性地将这些流程图和决策网格作为日常使用的管理工具，但它们从一开始就很有价值，可以帮助管理者了解他们应该如何合作，以及规划流程是如何对运营发挥作用的。

协同机制的背后，是高层愿意仲裁纠纷："我们必须愿意解决分歧。这种情况并不经常发生，但我们大概会介入 3%～5%的问题。"花旗银行合作、客户至上的文化也是一个有所助力的背景因素。

问责制

花旗银行强调先进的业务平衡记分卡（BBS）对目标设定和奖励的重要性。业务平衡记分卡是规划流程中不可缺少的一部分，它为单元和经理个人制定了一系列目标和绩效评估标准，包括客户满意度、客户"钱包"的份额、产品与竞争对手相比的排名以及盈利能力等因素。这些目标来自于单元的战略，并构成个人评价和奖金的基础。

母公司的角色

全球关系型银行业务的高管们在公司银行业务中发挥着亲力亲为的母合作用。他们制定全球关系型银行业务的总体战略，密切关注全球关系型银行业务所有相互依存单元的业绩，并愿意直接参与其中，确定优先事项、指导协同和仲裁纠纷。他们的作用对该机构的成功至

> 关重要。
>
> 花旗集团的公司总部则要远得多,并且不干涉业务。它并不关心全球关系型银行业务管理层处理的细节问题,而是更关心整体的投资组合发展、并购和公司事务。
>
> **总结**
>
> 花旗银行在公司银行业务方面的复杂结构运作良好。但它已经发展了好几年,在这期间,高管们已经完善了组织结构以及规划与决策流程,以实现相互依存单元之间的适当平衡。它还取决于一个基于服务全球客户的明确战略和一种文化——在该文化中管理者非常关注他们的客户,并愿意投入时间和精力共同实施战略。

实现跨单元边界更为广泛的协同

由于不再是自成一体的战略业务单元,各单元之间的协同变得更加广泛和必要。此外,由于协作被设计成组织结构的一个基本特点,协同不能纯粹停留在自愿和互惠互利的基础上。产品单元和叠加单元不能只是简单地说,在接触一个特定客户时,两家的做法各不相同;业务单元和共享资源单元必须就如何优先使用资源达成一致。如果各单元之间不进行协同,整个结构将会停滞不前。

但是,跨单元边界的协同从来没有单元边界内的协同那么容易。因此,虽然为了实现各单元之间的连接和协作已经建立相互依存的结构,却面临着一些连接无法传递的风险,特别是当有关连接比较困难时。孟山都公司发现,要让其制药部门与营养部门共同投入资源用以开发保健品而不是开发制药部门自身的高利润药物,是很困难的。事实证明,跨边界的议题也是难以推进的,如知识管理和全球化发展等,因为负责这些团队的管理者们没有实际的权力来完成任务。

通过明确说明不同单元之间应该寻求何种关系,可以减少相关合作的风险。如果理解了合作的意图和基本规则,则更有可能避免冲突。例如，如果共享服务单元知道他们应该把其他单元当作客户，应该尽可能地响应后者的要求，或者如果叠加单元知道他们必须说服业务单元与他们进行协同，这些对合作意图与规则的理解便创造了一种环境，使各个单元管理者在其中更有可能看到彼此应该如何合作。通过明确罗列出其区域办事处、行业细分单元和职能专业团队各自的角色和职责，博思艾伦公司从中获得的另一个好处是更好地协同。这有助于合伙人和员工了解他们应该与公司其他单元的同事建立什么样的关系。

理想的情况是，大多数协作项目可以交由管理者之间的非正式人际交往来完成，而不是由高管来支配。严格规定的自上而下协作流程使相互依存的结构变得僵硬、官僚化和烦琐，这些都是层级矩阵结构众所周知的缺点。只要管理者本着正确的观念进行合作，就可以在商定的角色和关系范围内自由地进行人际交往，从而可以采用更加灵活且反应迅速的协作方法。使管理者了解彼此之间应该如何相互联系、建立牢固的个人人际关系并且享受合作的乐趣，这样的人际交往文化是成功的相互依存结构的重要组成部分。

但是，非正式的人际交往并不总够用。有时，最高管理层有必要详细规定一些关键的协作流程将如何运作，如何保留某些协作领域的职责和权力，以及如何利用现有的奖励机制来激励协作。我们将在第 7 章和第 8 章中再次讨论这个问题。

即使有明确关系、人际交往文化和设计良好的合作流程，组织设计者也必须认识到，跨单元边界的广泛协作基本上一定会减慢决策的速度。此外，可能会有一些难以操作的连接，只有在有一个负责任的总经理拥有亲力亲为的权力结构中才能完全实现，在这种结构中，每个人都作为一个统一团队的成员一起工作。

更复杂的问责制

在相互依存的结构中，问责制比较复杂，有以下几个原因。

- 紧密相连、相互依存的关系意味着各单元受市场规律的影响较小，因此自我校正的可能性较小。
- 单元群和单一单元都需要绩效评估标准，以反映每个单元对其他单元业绩的贡献。
- 单元利润是一个不那么有力和不那么普遍相关的绩效评估标准，因为并不是所有单元都有能创收的外部客户。
- 因为较难找到适当的对底线"产出"进行评估的标准，因而更需要对"投入"的衡量和主观性业绩评估标准。
- 单元没有自治权，意味着对单元业绩的责任感较弱。

围绕着简单的、可客观衡量的、基于产出的绩效衡量标准进行自我校正比较困难，控制起来也比较复杂，须耗费时间和成本。更重要的是，单元管理者需要实现众多虚无缥缈的目标。一些采用相互依存结构的公司经理们抱怨说，许多单元太容易在不承受任何实际压力的情况下表现不佳，控制太松且承诺太弱。

通过尽可能减少紧密的关系和共同分担职责，加强自我纠正的控制，这些问题可以减少。例如，ABB 公司将其共享服务设置为准业务单元。但如果设计中内置了紧密的相互依存关系，则可能存在局限性。

还必须考虑到每个单元绩效评估标准的成本效益和激励作用影响。考虑到高层面临着知识和时间的限制，这些衡量标准必须能够为他们所用，它们还必须足够清晰并与单元的职责充分吻合，以起到激励作用。正如花旗银行所发现的那样，通常需要一系列平衡计分卡措施以调和单元职责。在复杂性和简单性之间可能会出现某种折中形式。考虑到各单元之间的相互依存关系，绩效评估流程应纳入同侪小组的评价和比较，并应利用 360°反馈。商业学者、作家威廉·大内（William Ouchi）所说的"氏族文化"（人人为我，我为人人：并非通过具体的目标，而是通过共同的价值观和目标感来起到激励作用）可能会对强化具体的绩效评估标准有所帮助[15]。但在相互依存的结构中，采用简单、客观、低成本的绩效评估标准，结合与单元具体目标相关的强力奖励机制，这样自我校正的控制手段通常是比较困难的。

扮演更苛刻的母合角色

在相互依存的结构中，组织设计里对母公司所扮演的角色要求更为严格且全面。母公司必须更多地参与决定如何分担职责，为专家文化提供保护，并指导各单元之间的协作。它面临着更为严苛的控制任务，它可以选择在母公司层面保留比基于战略业务单元结构更多的职责。

在复杂的、相互依存的结构中，母合的本质是我们在第 6 章中讨论的一个重要议题。在这里，我们只是简单地指出，虽然母公司有更多增值的机会，但也可能因为不能满足组织结构对它的要求而破坏这一结构。

适应变化

在某些方面，相互依存的结构比基于战略业务单元的结构提供了更多适应变化的机会。每个单元的职责范围、分担职责的基础以及各单元之间的关系都可以通过进化的方式进行修改，而不需要对结构进行全面修订。例如，一个非正式委员会，负责协同所有业务部门与某些特定关键客户关系，可以通过将其设立为一个叠加单元而获得更多的权力，或者通过将最终决定权交给一个以前只能提供建议的叠加单元，改变各单元之间关于具体决策（如定价）的权力平衡。在联合利华（Unilever），我们被告知在南美洲建立了一些基于产品的叠加单元，这可能是从区域业务单元转变为基于产品的业务单元的第一步。联合利华可在不对设计做大刀阔斧改变的前提下，就将权力平衡转移至产品维度，然后观望修改后的组织结构效果如何。花旗银行、壳牌、联合利华等公司都在不断调整组织设计的细节，试图从经验中吸取教训以适应新要求。

然而，很难强行推动这种进化式重新设计的步伐。深入思考变革所带来的连锁反应，并布局新的角色和关系，都需要进行仔细规划。个人要理解和接受这些变化，必须学会在新的职责和流程下工作。特别是在如果有一些管理者反对变革并打算破坏变革的情形下，所有这些都需要时间。进化式重新设计有可能，但绝不容易。

对于相互依存的结构来说，更为彻底的重新设计，即改变职责组合的整个根基，比改变基于战略业务单元的组织结构还要复杂。通常情况下，战略业务单元的模块化程度较高，因此可以"拼凑"成新的组合，而不需要单元之间发展出一套全新关系。相互依存结构中的单元自成一体的程度相对较低，因此新的设计也需要将单元之间的复杂关系全部落实到位。对 GECS 来说，比起第 104～106 页文章中所描述的花旗银行规划和实施那种变化，建立一个新的战略业务单元或者分解/合并战略业务单元要容易得多。而且孟山都公司低估了管理者适应其新结构所需要的时间。

相互依存结构的优势和劣势

表 4-2 总结了相互依存结构的优劣势，并将其与我们的测试联系起来[16]。其与基于战略业务单元的组织结构之间的区别是显而易见的。

表 4-2 相互依存结构的优势和劣势

测 试	优 势	缺 点
市场优势	可以有多重业务聚焦	决策过程较慢、较复杂
母合优势	母公司管理者有更多增值机会	对母公司管理者的要求更为苛刻，且价值被破坏的危险更大
人员	吸引具有人际交往技能的管理者	取决于是否拥有具备人际交往技能的管理者
专家文化	促进合作，而不是独立	可能压制专家文化
困难连接	通过各单元之间的人际交往追求协同作用	一些跨边界连接可能会出现无法操作的困难
冗余层级	母公司的重要角色	扮演母合角色需要更多技能；较少的单元自我管理
问责制	更多的集体问责制	自我校正较少，对单元具体目标的承诺不强，绩效评估标准较复杂，耗时耗力
灵活性	使职责的进化性微调成为可能	较难迅速或彻底改变职责

当有必要采取雄心勃勃的多重业务聚焦战略、追求几个不同的重要竞争优势来源时，相互依存的结构就会发挥作用。在这种情况下，很可

能需要相互依存的结构通过市场优势测试。缺点是这种结构导致决策速度较慢、较复杂，从而降低了战略执行的有效性。

相互依存的结构为母公司提供了更多的增值机会，在母合优势测试中是一种潜在的优势。这对母公司的要求更为苛刻，而且绝不总是能得到充分满足。

对于相互依存的结构来说，人员测试具有挑战性。这种结构对具有良好人际交往技能、喜欢在集体环境中工作的管理者很有吸引力。但是许多管理者需要时间获得所需的人际交往技能，而且有些人总是喜欢简单结构的明确性。

专家文化测试往往是相互依存结构的绊脚石，因为单元不是自治的。这意味着规模较小、实力较弱的单元很容易被其他单元所主导或压制。然而，反过来说，该结构有利于促进各单元之间的协作，而且大佬独断专行的风险较小。

对于相互依存的结构来说，困难连接测试尤其重要。随着各单元之间的合作需求增加，各单元之间需要在适当的协同机制和流程的支持下建立广泛的交往，以实现各单元之间的协同作用。但必须认识到有些跨边界联系过于困难，无法基于人际交往来实现。这就限制了可以实现的目标。

在相互依存的结构中，母公司的角色是不可或缺的，也是组织存在的基石。因此，应减少未能通过冗余层级测试的危险。但是，母公司管理者并不总是具备发挥好自身作用所需的技能，所以他们破坏的价值可能比增加的还多。此外，复杂的结构往往有多个母公司管理者，并不是所有的母公司管理者都胜任，而且母公司的重要性减少了单元内部进行自我管理决策的空间。

就问责制测试而言，相互依存的结构有一些缺点。它们包含更多的紧密关系，从而减少了自我校正；它们需要更复杂、更昂贵、更耗时的绩效评估标准；它们不太利于实现对单元特定目标的坚定承诺。这些都是严重的问题。但它们也可以有一些优势。理想的情况是，基于一套范围更广、更复杂的绩效评估标准，可以增强集体问责制。

最后，相互依存的结构满足灵活性测试，因为它们可以实现职责的进化性微调。但在适应性要求迅速或彻底改变时，它们并不令人满意。

复杂度与明晰度

相互依存结构的利弊平衡带来了两个基本问题：过度复杂的危险和清晰度的需求。

复杂度

相互依存的结构带来了一些管理上的挑战，而且不易于执行。决策、职责分配、跨单元工作和集体问责制的复杂性会导致犹豫不决、模棱两可、进展缓慢和成本高昂。许多管理者在复杂的结构中明显地感到不舒服，他们更喜欢基于战略业务单元结构中明确的职责与问责制。

因此，除非有强烈且明确的战略理由要求采取更复杂的替代办法，则组织设计者选择简单的、基于战略业务单元的结构是有道理的。相互依存的结构对于某些多重业务聚焦战略来说是必不可少的，但如果单一维度的业务聚焦能主导战略，则该结构将不如基于战略业务单元的组织结构。甚至有时选择一个较简单的结构并放弃一些取得竞争优势的机会，也许是有意义的。主张采用复杂的、相互依存设计的组织设计者应该承担举证义务，以证明为何需要采用这种设计。

这并不是说相互依存的结构不能发挥作用。反之，结构的选择应该反映赢得竞争优势的公司战略。GECS 和花旗银行都在公司银行市场进行竞争。花旗银行采用了广泛的相互依存关系的复杂结构，而 GECS 则选择了基于战略业务单元的简单结构。鉴于 GECS（和其他竞争者）的结构更为简单，花旗银行的复杂结构是否真的有其必要？

花旗银行在进行这一评估时要回答的关键问题是：

- 结构更简单的竞争者（如 GECS）是否比我们更成功？
- 我们的战略是否要求复杂的结构，而其他公司的战略允许简单的结构？

- 如果我们的战略确实需要一个复杂的结构，那么从我们的竞争地位和业绩来看，它是否得到了回报？

从财务业绩、市场价值和声誉来看，GECS 和花旗银行都是行业中的佼佼者。显然，无论是简单的结构还是复杂的结构，都有可能取得成功。

在第 104 页的文章中，我们分析了花旗银行选择其目前结构的原因。由于其取得竞争优势的战略依赖于全球客户关系和共享的全球基础设施，因此花旗银行被推向了一个相互依存的结构。GECS 的战略并不依赖于这些优势来源，因此它可以采用更简单的结构。结构上的差异反映了基本战略差异。

对花旗银行来说，它的战略似乎确实在发挥作用。因为它在全球覆盖面和客户关系方面具有独特的地位，也因为花旗银行已经学会了处理复杂结构的挑战，它现在正在其市场上获得回报。

因此，花旗银行复杂的结构设计似乎是合理的。但这并不意味着 GECS 的结构是错误的。鉴于 GECS 的战略，简单的结构是合理的。这也并不意味着其他在公司银行业务中具有复杂结构的金融机构做出了正确的决定。其中许多机构并未从复杂结构中获得太多好处，因为其所涉及的成本并没有从更大的竞争力和卓越的盈利能力中得到回报，这些公司的复杂结构是没有道理的。即使对花旗银行来说，也应该自问，对其战略而言，到底有多少额外的复杂性和成本是真正必要的。

阿什比（Ashby）的必要复杂度法则表明，任何系统都需要足够的复杂度才能应对其所处的环境[17]。但我们认为组织的复杂度不应超过必要程度。这是一个与我们所有设计测试应用都相关的基本主题[18]。默认的立场应该总是倾向于分权化、自我管理和人际交往解决方案，而不是复杂设计中的矩阵结构、协同机制和管理流程。只有在能通过设计测试的特别需求下，才应创建额外的结构、机制和流程。这样一来，结构化的网络就可以取代过于复杂的矩阵，作为实施需要多重维度业务聚焦战略的手段。

清晰度

妨碍相互依存结构运作的一个主要障碍是部分管理者对于如何运作缺乏清晰的认识。他们知道自己有一定的职责，且必须与其他单元合作履行这些职责。但他们往往不清楚他们应该与其他单元建立何种的关系、如何处理重大决策、什么状态下权力将会相对平衡以及如何评价他们的绩效。

组织设计者说："我们将成立一个新的单元，其职责为……你将负责它。"他们的意图是更多地关注所讨论的相关职责，但他们没有说明新单元将拥有什么权力以及它应该如何与其他重叠职责的单元连接起来。在相互依存的结构中，对单元角色的规定不充分时常导致混乱、挫折和摩擦。

另一方面，当管理者明晰自己的角色时，就会减轻相互依存结构的许多弊端。只要他们知道自己的主要职责和问责制是什么，并理解与老板和同事合作的精神，则他们通常会更有能力处理面临的组织挑战。明晰这些问题，可以使传统矩阵结构的混乱被一个大致上能自我管理的网络力量所取代。

下一章的主题是清晰度的重要性，清晰度是在组织设计中作为自我管理网络的前提条件。在这一章中，我们提供了一个有助于实现其所需清晰度的单元角色分类法。

第5章 单元角色分类法

在上一章中,我们认为,清晰度是优质组织设计的一个重要特征,特别是在复杂、相互依存的结构中。如果对于不同单元的职责范围或它们在履行职责时应该如何合作不明确,那么这个结构就会陷入模糊和争议之中。

在这一章,为了做到清晰可见,我们要对设计所需细节的丰富程度做出取舍并进行评估。我们提出了单元"角色"的概念,它传递了单元的主要职责、关系和问责制,可以作为厘清设计意图的一种实用手段;我们还提出了单元角色的分类法,相信它能极大地帮助组织设计者明确设计方案。

清晰度、细节和设计意图

如果管理者不清楚各自在组织设计中的职责,那么组织就不可能良好运作,在关于谁应该主导何种活动的问题上会有冲突,在共享职责的领域对决策过程会产生争执,并且可能会忽略某些重要任务。在复杂的、相互依存的结构中,这些问题尤其具有破坏性。清晰度不足的网络很容易导致混乱。

我们与一家专业服务公司合作,该公司正在扩大其服务范围并建立一个国际化的办事处网络。这要求合伙人们领导特定的业务领域,如信

集团层面的组织设计

息系统和亚洲区域市场。但公司的一线部门仍然是客户团队,由负责相关客户关系的合伙人为特定项目组建而成。各个业务领域和地域的职责有些模糊,其领导者在与负责客户关系的合伙人打交道时的权力和权威程度也不清楚。尽管大多数合伙人都认识到同时管理业务领域和地域两个维度的必要性,但由于这样做导致客户关系合伙人、业务领域负责人和地域负责人之间不断产生摩擦,以及管理费用较高、决策速度较慢等问题,对于新的结构,人们普遍感到不满。此外,还有人抱怨说,业务领域和地域的实践并未有效地提升公司在这些维度上的组织能力,也不足以负担上述不足之处。对于一家基本理念需要得到所有人共识的组织,角色和职责的模糊正在破坏着它的基石。

对于组织设计缺乏清晰度的问题,显而易见的答案似乎是更详细地规定职责。例如明确业务领域和地域各自的职责,设计相应流程——借助这一流程,客户关系合伙人、业务领域和地域负责人能就优先事项达成共识,以及在公司范围内设立区域管理团队的角色等。更详细地划分职责通常是有帮助的:事实上,一位首席执行官告诉我们,在设计和实行网络结构的过程中,他所得到最重要的经验就是需要在一开始就提供更为详细的蓝图。但是,组织设计者能够或尝试强加于组织的设计细节是有上限的。

正如所有实践中的管理者所知道的那样,规定了谁负责什么的重要手册鲜少有人使用或根本没有用处。在编制手册的过程中,可能会对角色和职责进行一些有价值的讨论;但一旦手册完成编制,通常就会被束之高阁并被遗忘。它并没有成为制定决策的重要参考指南,任何试图利用它来做决策的管理者都会被扣上官僚的帽子,他们更关心的是遵循流程而不是将工作做好。我们询问了许多结构复杂的公司,问他们是否使用职责图表和手册指导日常决策,几乎无一例外地得到了否定的回应。

对职责手册采取这种明显的卢德式(Luddite⊖)态度是有其充分理由

⊖ 反对新技术或新方法的人,源自 19 世纪初的工人内德·卢德,他和其他一些工人认为机器会夺走工作而将工厂机器捣毁。

的。首先，无论多么详尽的手册都无法预料到所有可能性。就手册没有（也不可能）预见的问题和没有明确职责和流程的问题，人们也要做出决定。市场和技术的发展不可预测，新的通信技术、政治或监管环境的变化以及舆论氛围的改变都会给公司带来新的挑战。而且在更日常的层面上，不断出现的细节问题并不完全符合预定义的流程或职责分配。在一本写作手册中，我们列出了本书两位作者各自的职责，但在过去的三年里我们几乎每天都需要对此进行修改！

因此，职责手册不可能全面。更糟糕的是，试图使其全面的做法将使这些手册变得对用户不友好。当增加手册的内容，"如果"和"但是"的数量激增，对一般管理者而言其可理解性和可用性将会下降。追求无所不包的手册不仅徒劳无功，而且效果还会适得其反。

避免过于详尽地分配职责的第二个且更为有力的理由是，允许较低级别的管理者能灵活地决定如何随着情况的变化进行协同工作。知识与胜任力原则表明，在大多数细节问题上，低级别管理者比高管们更适合做出决定。适应性原则意味着，所有组织都需要能够随着情况的变化而改变职责。因此，灵活的结构要比僵化且烦琐的设计更为可取。对于较低层级的管理者，前者使其能根据新环境和个人学习情况演化而改变各自的职责和关系，而后者只允许管理层自上而下地执行和固化每一项职责。现在，许多组织专家[1]强烈认为，公司需要摆脱过度依赖于强制施行的等级化结构和系统，而赋予一线管理者权力，使他们能够根据更宽泛层面的企业目的做出自己的决定。

因此，组织设计者面临一个难题：明确组织的工作方式至关重要。但是，自上而下、非常详细地设计一个组织既不可行也不可取。在不陷入过度细节的情况下，组织设计者如何才能阐明其意图呢？

需要清晰说明的内容

根据我们的研究得出的结论是：对于组织设计者来说，最需要明确的是每个单元的基本目的或角色，以及与其他单元之间的关系类型。对

于每个单元而言,要厘清设计意图,就需要详细说明以下内容:

- 广义的职责范围。
- 规划中,与上级管理单位报告关系的性质。
- 与公司其他单元横向关系的性质。
- 它的主要职责。

虽然可能还要更详细地阐明一些关键的决策流程(见第 7 章和第 8 章),但明确规定广义的职责、关系和问责制提供了一个背景和方向,在大多数情况下,单元管理者可以在自我管理的基础上为自己制定详细的决策。

广义的职责

需要以一种清晰界定单元广义职权范围的方式,对其职责进行详细说明,但需要留给单元空间以决定其中大部分细节。例如,产品事业群需要知道什么样的产品和市场属于其职责范围,而哪些则不在其中。比如说,一个汽车零部件事业群应该知道故障服务并不在其职责范围内,但它可以自行决定是否在减震器和刹车片方面展开竞争,就所提供的特定减震器产品,它可以自行做出相关决定。同样,一个欧洲制造单元明确负责运营欧洲的制造设施,但对于采用的流程和设备甚至对欧洲工厂的整体配置都有高度的自由裁量权。

此外,还应该具体说明该单元承担何种职责。聚焦于服务某一特定市场的职责,是否既要包括对目标细分市场所产生的收入负责,同时也要对相关成本负责?如果是这样,该单元可以是一个利润中心,其角色是决定如何为目标细分市场服务。或者只聚焦于生产活动的职责,没有外部客户,在这种情况下,它就是个成本中心,其角色是尽可能以最具成本效益的方式开展活动。

此外,该单元需要知道它将拥有什么样的资源和权力来履行其职责。概括地说,单元内部将包括哪些资源?单元的管理团队有多大的决策自由度,以及该单元对哪些关键决策有"最终决定权"?各单元需要明确自身职责的主要领域,以及履行这些职责的权限范围。

汇报关系

明确规定各单元向谁报告以及该汇报关系的本质也很重要。报告关系的本质为接受单元汇报的高管(们)在很多方面都拥有最终权限,其中包括任命和奖励单元总经理、批准单元预算、规划重大投资、监督绩效以及在特殊情况下或危机中进行干预。上级不能下放这些职责,因为这些职责是他们行使尽职调查控制权所必需的。但他们可以保留一系列其他职责和权力,并对单元施加或多或少的影响。

不需要在组织设计中阐明上级拥有的权力与保留下来的职责,以及上级行使影响力的相关细节;但应明确在受层级制度影响的情况下,单元可以预期的自治程度。

在我们的研究中,上级对向其汇报的单元产生各种程度的影响。一方面,在各主要运营职能部门制定决策时,听取他们汇报的业务单元总经理通常密切参与决策过程中。对于有关业务研发、运营、销售和营销等职能上的重要决策,他们通常希望下属咨询其意见,并拥有最终决定权。他们具有强大的影响力,因为他们的职责是努力整合所有职能模块,以实现业务总体目标。

另一方面,有些母公司对向其报告的单元采取了放手的态度。除了尽职调查所必需的事项外,他们很少涉及其他问题,不用期待他们知悉单元内的决策,以及这些决策对单元造成何种影响。他们更希望各单元拥有高度的自治权,并认为除了少数几个方面的问题以外,上级没有足够的知识来进行有效干预。除非是涉及整体品牌定位的问题,否则理查德·布兰森(Richard Branson)很少干预维珍集团(Virgin)的业务运作。

其他母公司的参与度更高些。为了增值,他们认为自己需要与向其报告的单元建立更多亲力亲为的关系。事必躬亲的母公司意识到,向他们汇报的管理者主要负责单元内的事务,但他们为母公司保留了更多的权力,使得他们能够在更广泛的议题上具有更积极的影响力。在第 4

章中，我们介绍了事必躬亲型的母公司花旗公司和孟山都公司的母合风格。

因此，从密切参与的总经理到事必躬亲的母公司再到不干涉的母公司之间，存在着许多可能的汇报关系。当然，在这种集权化/分权化的范围内有诸多变量，在职责下放或保留方面也有许多细节上的差异。但是，明确预期的报告关系类型是很重要的，因为它有助于明确单元将有多大程度的行动自由[2]。

横向关系

平级单元之间的横向关系甚至比汇报关系更为多样。但在相互依存的结构中，各单元必须了解它们应该与其他单元建立什么样的关系。这在某种程度上涉及关键共同决策中的相对权力和影响力，同时也涉及应该普遍存在的合作精神，以及合作在何种程度上是可以选择的还是强制的。

在研究中，我们发现主要有五种类型的横向关系，在每一种中，合作的基础都有着根本的不同：

- 互惠互利。
- 利益相关者/主导单元。
- 服务提供者/客户。
- 资源所有者/用户。
- 团队。

互惠互利关系类似于第三方的市场关系。如果双方认为有利益关系，平级单元就会合作，若没有则可以不合作。比如客户与供应商的关系，双方都可以在公司外自由地开展业务，就可以利用互惠互利的关系来管理双方的互动。在家庭氛围浓厚的公司，可能会有一种合作上的文化压力，因而希望找到能够合作的共同利益，但由各方自愿决定合作的基本原则依然存在。互惠互利关系会对各单元形成自我管理的准市场压力，需要满足对方的商业目标，若非如此各单元将不会合作。

当一个单元对某项决定有最后决定权,而另一个单元要对结果施加影响时,就存在利益相关者/主导单元的关系。作为利益相关者的单元大力宣扬自己的观点,并试图说服具有最终权力的主导单元接受其观点,但无论最后做出什么决定,都要接受和支持。主导单元有义务听取利益相关者单元的意见并试图满足它们,但也有权做出自己的决定。主导单元拥有最后的决定权。正如我们在本章后面所要论述的那样,叠加单元和项目单元通常与合作的业务单元存在利益相关者/主导关系。

在服务提供者/客户关系中,依据公司首要的指导方针,服务提供者必须致力于积极满足客户提出的需求。换句话说,服务提供者必须把其他单元当作自己的客户,努力通过提高服务的质量、响应性和成本效益来赢得他们的业务。客户单元的义务是明确地提出自己的要求,并尽可能使服务提供者容易满足这些要求。在有些公司,双方如果达不成协议将可以自由地离开,在这种情况下,双方的关系就会走向互惠互利。在另一些公司,则有着更多的限制。客户只有在满足规定条件的情况下,才能停止使用该服务提供者,如给予适当通知、获得低于现有价格 $x\%$ 的外部价格等。有时,公司管理层会授权客户单元与内部服务提供者合作。但即使是这种紧密的关系,服务提供者也有义务努力让客户单元满意。

资源所有者/用户关系类似于服务提供者/客户关系,但有一些重要区别。资源拥有者不仅要响应用户所提出的要求,还要代表公司开发和培育资源。对于宝贵且稀缺的资源,如熟练的研究人员或软件程序员,资源所有者的首要职责是加强资源的深度和质量,并保证资源得以物尽其用。这可能意味着优先处理不同用户的请求,而不是试图回应所有用户的需求。同样,用户单元必须认识到,他们是在为资源竞标,不能总是期望每次都如愿以偿。此外,除非在特殊情况下,否则用户单元可能不得不与内部资源所有者合作。因此,资源所有者需要在对用户的响应能力和关注更广泛的公司优先事项之间取得微妙平衡。

在团队关系中,从属于某一更高层级的所有单元都必须密切合作,实现其上级单元的目标。团队成员必须共同努力,充分了解彼此的关注点，能够就团队前进的最佳路线达成共识。除非有一个明确的领导者，能够将决策强加给团队，否则，这是一个代价高昂的决策过程。在任何情况下，所有的团队成员最终都要与团队的决策保持一致。因此，业务单元内的所有职能负责人都应该在业务单元总经理的指导下，为实现业务单元的目标而共同努力。职能负责人最终必须将业务单元需求置于其职能需求之上，必须努力与团队其他成员就如何合作达成共识，以及在必要时需要接受业务单元总经理的权威，解决争端并强行规定前进的方向。

以上五种原型关系的价值在于它们能够捕捉到每个单元对其他单元的预期方向。当然，在每一种关系中都存在微妙的变化。例如，资源所有者单元的自由裁量权优先于用户请求，其性质就有很大差异。此外，在具体问题上，单元的主要关系还可能有不同的次要关系作为补充：例如，通常作为利益相关者的叠加单元可能在某些问题上拥有最终的权力。然而，我们认为，在相互依存的结构中，上述的五种关系提供了一种简捷而有力的手段，明确了预期中的横向关系的大多数情形。

我们承认，在许多公司中，存在着一些关系败坏的例子，例如，业务单元没有意愿听取叠加单元的意见，服务提供者对客户的要求不闻不问，同一业务内部的子单元彼此抗争，而不是作为一个团队彼此合作。但这些都是已然出了问题的不正常关系，而不是一个组织有意设计的关系。

了解预设的横向关系有助于一个单元为自己找到解决问题的方法，即它应该如何处理与其他单元的具体合作问题。预设的关系应该为每个单元如何行事提供指导，而不是强加一个详细的流程设计。

主要问责制

单元角色的最后一个部分涉及其主要问责制。将使用哪些主要的绩效评估标准呢？它们是强调底线盈利能力，还是侧重于其他目标呢？它们是针对单元的还是更为广泛的范围呢？在密切监督、强有力的奖励措施和严格控制方面，单元的经理们将如何承担责任呢？

控制和承诺原则充分体现了单元问责制的重要性：绩效评估标准中，"评估什么，就得到什么"这一规律至关重要。单元问责制在本质上有助于管理者决定，对于"待办事项"清单上的不同任务，应该给予什么样的优先度，从而塑造他们履行职责的方式。一个业务单元经理如果紧紧抓住单元年度利润业绩不放，他就不会关注到那些对单元利润带不来直接收益的合作。一个以销售增长为评估标准的叠加单元，和一个以利润为评估标准的单元，他们看待自身的角色一定有所不同。所以，单元主要问责制为解释分权化职责提供了进一步的基本背景。

详细说明设计意图

组织设计者需要概括规定该单元应该做什么（广义的职责），如何与其他单元合作（报告与横向关系），以及如何评估其绩效（主要问责制）。这样一来，在面对特定情况时，单元的管理层就可以完成大量细致工作，并与其上司和其他单元制定出权宜之计。同时它还提供了足够详细的说明，使单元管理层能够做出符合组织设计者意图的明智抉择。

明晰了广义的职责、关系和问责制，并不能防止所有的组织冲突和混乱。难以接受组织设计，或对个人在组织中的地位不满，这些掣肘之人可能会试图夸大组织设计背后的意图。管理者可能会以正当理由拒绝设计决策，在这些决策中规定了他们单元的范围、职责、相对的权力和影响以及应该如何合作。上述情况仍然可能会出现。但是，只要管理者愿意接受设计者的意图，明晰这些关键问题将确实能够解决大多数争议，尤其是对于避免出现混乱局面至关重要，混乱局面经常破坏相互依存的结构。

单元角色分类法

虽然从理论上讲，职责、关系和问责制可以有许多不同的组合，但我们在实践中发现，大多数单元都选择了一个相对组合较少的角色。每个角色代表了一种对职责、关系和问责制的不同组合。与这些组合相对应，我们设计了包含八种不同单元角色的分类方法：

- 业务单元。
- 业务职能单元。
- 叠加单元。
- 子业务。
- 核心资源单元。
- 共享服务单元。
- 项目单元。
- 上级单位。

在下面的章节中，我们将列出每一种单元类型的主要特征，并展示如何使用它们来描述组织设计。

我们认为该分类法为描述和分析组织设计提供了一种有用的共同语言。更重要的是，它为管理者提供了实用且有用的构件，可以用来设计和详细说明分权化的职责。

我们提出的单元角色旨在强调各单元之间在目的上的根本差异。它们只是在通用的层次上传递了关于职责、关系和问责制的基本信息。每个业务单元的具体职责、关系和问责制都有所不同，其他类型的单元也是如此。因此，这些角色是"理想中"的原型，我们接受在它们之间存在着灰色地带。例如，在概念上，核心资源单元和共享服务单元之间的区别是明确的。但在现实中，可能有一些单元具有中间特征，因此很难分类。尽管如此，我们认为这一分类法作为研究和设计组织的框架，其价值远远超过了过度简化所带来的潜在风险。

业务单元

业务单元是公司结构中的基本构件。它们的设立是为了在选定的目标产品/细分市场提供服务时实现重要收益。理想的情况是，目标市场的选择应使业务单元管理层的工作聚焦于那些对实现竞争优势最重要的事情。因此，业务单元代表了组织中业务聚焦的首要维度。表5-1总结了业务单元的角色。

表5-1 业务单元的角色

目的	通过聚焦于对竞争优势最为重要的产品/细分市场来实现收益
职责	培养专家技能并且对齐价值链活动来服务目标产品/细分市场
汇报关系	向母公司汇报，得到在日常决策上很大的自治权，但其权限低于战略业务单元
横向关系	与其他业务单元互惠互利；与其他类型单元相互依存
问责制	对底线业绩，包括利润，负有明确责任，但问责程度低于战略业务单元

在决定哪些客户确切地说是属于自身产品/市场范围，以及如何为自身的目标细分市场提供服务方面，业务单元有着相对较高的自治权。它们对最大限度地提高服务这些市场所能创造的价值负责。

业务单元向上级管理者汇报，而上级管理者则将大部分决策权交给业务管理层。上级管理者可能会或多或少地亲力亲为，并保留着或多或少的权力，但无论如何，业务单元都会期望上级不要对日常事务进行干预。

业务单元与其他单元的关系一般都是以互惠互利为导向的。但是，这一关系本质上也取决于其他单元的角色或与之相关单元的角色，如同我们将在本章后面看到的一样。

最后，问责制强调单元的具体业绩。业务单元管理者要对单元的业绩底线，特别是盈利能力，负有明确的责任。

在第4章中，我们广泛讨论了战略业务单元。战略业务单元是较为自成一体且具有高度自治性的业务单元。在相互依存的结构中，业务单元的独立性较低，因为在许多领域当中，它们的职责会与其他单元重叠。这意味着业务单元为了实现自身目标必须与其他单元进行更多的合作，并且与战略业务单元相比，母公司的参与程度可能会有所加强。处于相互依存结构中的业务单元，由于受到更多来自横向关系和层级关系的决策影响，因此在如何为目标细分市场提供服务的问题上，它们无法自由地做出单边决策。但同样，由于它们的自治权较低，因此，也不能像战略业务单元那样对单元盈利能力承担明确的责任。例如，壳牌公司的结构更加相互依存,因此,它很难像英国石油公司那样,为绩效合同建立强有力的问责制。

业务职能单元

在业务单元内部,通常有一个职能结构[3]。例如,可能有物流职能单元、运营职能单元、销售职能单元和研发职能单元。每一个职能单元的设置都是为了聚焦于特定的价值链活动。业务职能单元的职责是实现职能卓有成效和成本效益,以促进业务单元的整体成功。表 5-2 总结了业务职能单元的角色。

表 5-2 业务职能单元的角色

目的	通过专注于业务单元内的重要职能(价值链活动)来实现收益
职责	以高成本效益的方式开展职能活动,并为业务单元的成功做出贡献
报告关系	向拥有最终决策权的业务单元总经理报告
横向关系	作为业务单元管理团队的一部分,与其他职能单元合作
问责制	对提高职能效率和对业务单元的绩效贡献负责

在业务单元内部的职能单元设计,包括对职能单元的权力下放程度,通常由业务单元总经理决定,这些职能单元向其汇报。总经理可能会保留关键领域的职责,并对大多数重大职能决策产生影响。例如,总经理将帮助制定市场战略,并参与对主要信息技术的投资决定。总经理需要与职能决策保持足够近的距离,这样他们的指导才会是积极且有益的。

作为总经理领导的统一团队的一部分,业务职能单元共同制定和实施业务单元的战略。总经理的权力和影响力意味着,即使在需要克服困难的情况下,也应该更容易推动职能单元之间的合作。例如,总经理可以坚持要求产品设计师考虑到对制造方面的影响,并确保那些没有考虑这一影响的人其职业生涯不会得到进一步发展。

鉴于这些汇报和横向关系的本质,销售或研发等业务职能单元的自治权不大。销售人员或研究实验室的工作人员不可能各自为政。这意味着各个职能单元在建立自己独特的专家文化方面自由度较低。我们遇到过几个业务单元,在其中的一个职能单元,例如制造单元,感到被其他职能单元(例如创新和营销)所主导的业务单元文化所扼杀。这是业务单元总经理需要防范的危险。

就问责制而言,仅针对具体职能的绩效评估是不够的,因为这些评估可能无法体现出对业务单元总体成果所做贡献的重要程度。例如,如果为了帮助实现业务单元的利润目标,要求销售职能大幅削减广告支出,那么因销售职能未完成收入目标而对其进行惩罚显然是错误的。对于业务职能单元来说,简单的、以产出为导向的并且针对单元的绩效评估都是不合适的。但幸运的是,业务单元总经理很可能对所有职能单元的情况都有足够的了解,从而能够对其绩效做出整体判断。

为了良好地运作,业务职能单元依赖于业务单元总经理,他听取各单元报告并有支配权,依赖于他所具有的知识和胜任力。在大型且复杂的业务单元中,可能存在着总经理负担过重的风险。在这种情况下,最好是将业务单元分解成若干个较小的业务或子业务单元。

叠加单元

可能存在各业务单元都没有给予足够重视的产品—细分市场,设立叠加单元的目的就是使管理层的注意力聚焦于这些市场。叠加单元的目的是使产品—市场事业群获得业务聚焦收益,这些事业群跨越了业务单元所服务的产品市场。表5-3总结了叠加单元的角色。

表5-3 叠加单元的角色

目的	实现额外的产品/市场聚焦收益
职责	为目标产品/细分市场服务,发展专家技能并影响价值链活动,这将由业务单元的不同维度来定义
汇报关系	向母公司汇报,在日常决策上有极大自治权,但有时可能需要母公司对与业务单元间的纠纷进行仲裁
横向关系	作为目标产品/细分市场的叠加部分,担任利益相关者的角色
问责制	为所服务的目标产品/细分市场的成功负责,通常包括对利润负责,但由于自治性不强,不承担主要的责任

在其职责性质上，叠加单元类似于业务单元。它们也是市场导向的，负责选定的产品细分市场。但是，叠加单元所负责的细分市场代表了业务聚焦的备选维度。如果业务单元聚焦于国家或地域，则叠加单元能以产品事业群或渠道为业务聚焦。如果业务单元围绕着产品或技术设计，则叠加单元可以针对客户群体甚至主要客户。叠加单元的目的是创造更多维度的业务聚焦，从而发现主要业务单元可能忽视的竞争优势来源。

叠加单元在专业服务公司中很常见，在这些公司，可能围绕着业务专长、客户群体和地理区域来寻求业务聚焦的收益。在麦肯锡（McKinsey）和波士顿咨询公司（The Boston Consulting Group），报告主线和业务单元是按本地办事处或区域等地域关系来界定的。然而，也有一些叠加单元关注实践领域，如价值管理或组织发展，或者关注于客户分组，如医疗保健或金融服务。在博思艾伦等公司，主要业务单元是以客户群来定义的，其围绕着全球行业的专业性，而地域关系或业务实践领域则作为叠加单元。WPP 公司是营销服务集团，它的叠加单元将其广告、市场研究、公关和其他服务集中在一起，为特定的行业单元提供服务：例如，一个名为"共同健康（The Common Health）"的单元就专注于医疗保健行业客户。同样，一些消费品公司，如联合利华和 3M 公司，其业务单元是围绕产品来定义的，它们也设立了叠加单元，专注于与沃尔玛或家乐福等主要零售客户的关系。

叠加单元横跨汇报主线。他们可能需要与几个业务单元合作，也可能属于一个业务单元。在玛氏（Mars）公司，欧洲零食业务是围绕一系列国家的子业务单元组织而成的。这些子业务的主要产品是巧克力糖果，但也销售冰淇淋。不过，冰淇淋也有一个专门的管理团队，其职责为横贯各子业务的泛欧洲业务。玛氏公司的一位经理建议应将其称为"托底"单元，而不是叠加单元，因为它属于欧洲零食业务。

对服务于目标市场所需的价值链活动，叠加单元的影响程度各不相同。通过给予叠加单元预算支出权和对某些决策的授权，可以使其更加强大。但与业务单元相比，叠加单元不可避免地拥有较少的预算和只对较少数决策负有的最终职责。

在与其他单元的横向关系中，叠加单元其实是代表其目标产品—细分市场的利益相关者。它应当努力积累资源并影响决策，以改善对目标市场的服务并提高其盈利能力。在推动该单元事业发展方面上，优秀的叠加单元管理者会不断地投入精力。

但是，叠加单元最终必须接受这样的现实：大多数问题的决策取决于其他单元，特别是它们所跨越的业务单元。业务单元有一定的义务听取叠加单元的意见、认真对待这些建议，并且努力达成双方都能接受的共识。业务单元不能简单地否定叠加单元的顾虑。由最高管理层设立的叠加单元，目的是为了促进对更多维度的业务聚焦，因此在重要的、有争议的问题上，他们有一定的向高管们申诉的权利。如果业务单元的行为不合理，则高管团队支持叠加单元并进行干预，但在大多数问题上，业务单元有最终决定权。玛氏冰淇淋业务单元必须与零食业务合作并借助零食业务才能成功。叠加单元的定义之一就是它不像业务单元那样自成一体，并且始终存在着这样一种风险——叠加单元将变成专家文化主导的单元。

与业务单元一样，叠加单元向母公司管理层报告，通常不参与日常决策，但有时可能需要仲裁叠加单元与其他单元之间的纠纷。在执行职责的过程中，叠加单元可以游说上级以及试图影响的其他单元。母公司必须确保叠加单元的意见得到倾听和考虑，同时也要意识到业务单元仍然是主要决策者。这并不是一个容易保持的平衡。

叠加单元通常可以评估其所服务目标市场的盈利能力。可以追踪这些市场的收入，也可以评估与服务这些市场有关的成本。但是，母公司的管理者并不总是选择对叠加单元的盈利能力进行评估，一部分原因是这可能涉及业务单元和叠加单元之间棘手的成本分配，另一部分则是盈利能力对叠加单元来说是一个不太合适的绩效评估标准。由于缺乏自治权，无法对目标细分市场制定和实施战略，利润底线可能不是衡量其业绩的最佳标准。事实上，如果叠加单元管理者过于追求利润最大化，甚至可能是不可取的行为，就会导致业务单元的盈利能力下降。在一些公司里,是通过销量或客户满意度等目标,而非利润,对叠加单元管理者进行激励和控制。

叠加单元在问责制测试中的分数通常不高。往往很难找到简单的、以产出为导向的绩效衡量标准来概括它们的工作情况,而且由于它们的自治权有限,并受制于通过平级单元开展工作,因此不能严格地对它们进行绩效问责。

最后,值得一提的是,叠加单元可以成为组织设计中灵活性的来源。可以通过在叠加单元和业务单元间转移相对权力,来逐步适应新环境。考虑到他们在服务于共同客户(如 Tesco)方面的共同利益,这个流程可以从建立产品业务群管理者之间的非正式人际网络开始。然后,可以建立一个权力小、预算低但拥有一个专门管理团队的叠加单元。接着,在诸如折扣政策、分销或销售代表等方面,可以慢慢增强叠加单元的权力。最终,对于定义业务单元的整体基础,可以围绕着客户而不是产品进行重新设计。叠加单元为组织设计演进式变革创造了可能性。

子业务

子业务提供了一种手段,将更广义和更狭义业务单元的聚焦收益结合起来。与业务单元相比,它们围绕着更狭义、更细分的产品—细分市场部分提供额外的聚焦收益。例如,如果有充分的理由在产品事业群的层面上建立主要的业务单元,且特定的产品线也有专业化的优势,那么值得为每个产品线建立单独的利润中心,向主要的产品事业群业务单元报告。这些利润中心或子业务可以将广义业务单元及狭义业务单元两者的收益相结合,可以集中精力发展专业技能,比起更广义的产品事业群,可以使用更为专一的方式为各自产品线配置资源,同时作为产品事业群管理团队的一部分,向产品事业群总经理汇报。表5-4总结了子业务的角色。

表 5-4　子业务的角色

目的	结合更广义市场和更狭义市场的聚焦收益
职责	发展专家技能并影响价值链活动，以服务于所选定的产品/细分市场，其定义比业务单元更加细分
报告关系	向业务单元总经理报告，总经理拥有最终决策权，但在与其细分市场业务完全相关的事项上，需要将一定的独立性授权给子业务
横向关系	作为业务单元团队的一员，与其他子业务合作，同时促进子业务目标产品/细分市场的收益（准团队）
问责制	对业绩底线包括利润负有责任，但由于自治性不强，不承担明确的责任

与业务单元一样，子业务单元的职责是根据重点市场来确定的。子业务是在业务单元内设立的，有着相同的市场聚焦，但细分程度更高。例如，如果相关业务是一个全国性的单元，则可以针对局部区域或地域设置子业务。在帝亚吉欧（Diageo）的美国饮料业务中，在 1999 年建立了一个新的、聚焦于本地业务的子业务结构，正如公司战略总监吉姆·格罗弗（Jim Grover）所解释的那样：

"我们认识到，佛罗里达州和美国东南部各州的气候要温暖得多，而且有庞大的拉美社区，因而他们的饮酒偏好与新英格兰或美国中西部地区完全不同。所以你需要不同的产品组合和营销活动。对此我们决定，聚焦于这些不同的市场，制定和实施战略的最佳方式是将整个美国业务拆分，成立几个独立的以本地业务为重心、对利润负责的子业务。"

子业务对如何服务于目标市场有一定的影响，并对一些活动负全责。但它们要向业务单元报告，而业务单元通常保留关键决策和共享资源的职责。子业务的一个共同角色是在销售和营销策略方面发挥主导作用，同时借力于业务单元层面共享的研究、产品开发甚至制造能力。

在伦托克公司（见第 63 页），业务单元是国家单元，负责不同的服务项目，如虫害防治、热带植物或安全。在这些单元内部，有着本地分公司层级的独立的、负有利润责任的子业务[4]。国家单元保留了大多数重大决策的职责，如确认提供的服务、定价和对支持系统的投资。但本地分公司管理层可自由招聘、培训和激励其员工，并在属地范围内进行市场营销和提供服务。

通常由业务单元做出设立、重组或解散子业务的决定，该单元选择将其部分职责下放到较低层级。子业务认识到，该业务单元总经理将继续与他们的业务保持密切联系，并可能决定进行干预，以使个别子业务的决策与范围更大的业务单元利益相一致。子业务不会也不应该具有业务单元所享有的酌情处置权和自治权。

子业务单元管理者是业务单元管理团队的一部分。他们通常在业务单元总经理的领导下定期开会，以协同和对齐所有子业务的决策。每一个子业务都要争取自己的位置，以及有利于其特定的聚焦市场的决策。子业务需要有足够的独立性，以追求它们想要实现的聚焦收益，但更重要的是所有子业务共同合作，并接受为了更广泛的业务单元整体利益所做出的决定。太过独立的子业务会给业务单元总经理带来问题，在必要时，总经理应该有权力将其坚决地拉回原地。伦托克分公司的管理者必须遵从事业部的政策和决定，并与同事分享想法，同时也要力争在分公司业绩排行榜上名列前茅。在子业务之间的关系中，需要协作和团队精神，也需要保护自己的利益和独立性。这是团队关系的一种变体，我们称之为"准团队"关系。

鉴于其与业务单元总经理的关系，子业务缺乏自治权，存在的风险是它有可能无法捍卫其特殊利益和优先事项，抵抗来自业务单元层面的标准化压力。但是，反过来说，由于各子业务都向总经理报告，借助总经理的影响力和权威，子业务之间更有可能实现困难连接。

盈利能力是衡量子业务的关键绩效评估标准：事实上，企业内部的子业务经常被称为"利润中心"。但与业务单元相比，子业务对业绩的责任较小。业绩很可能受到业务单元决策和子业务决策的影响，可能受子业务决策的影响更甚。子业务缺乏自由裁量权，这意味着母公司管理者和业务单元管理者不能对它们取得的成果进行严格的问责。但是，可以根据其他可比子单元的相对业绩来评估子业务。在伦托克,盈利能力排行榜可以对每个分公司的业绩进行对标,首席执行官克莱夫·汤普森(Clive Thompson)认为,优秀的分公司管理者可以对分公司的盈利能力带来超过100%的改变。在一个相关的同侪群体中,即使是子单元拥有的自由裁量权相当低,也可以因其业绩和盈利能力而得到奖励和激励。

通过设立子业务,组织设计者鼓励下层管理者,使他们感到更有自治权和利润责任。子业务管理者应该秉承企业家精神,以使他们的机会最大化,而不仅仅是执行上级的决策。但是,子业务管理者也必须是优秀的团队成员,为整体业务成果做出贡献,并在业务单元管理层制定的政策范围内工作。这并不容易,因此,了解子业务所要扮演的角色至关重要。

核心资源单元

核心资源单元的目的是使管理层重点关注选定资源,这些资源对若干业务单元的竞争优势至关重要。例如,许多公司都有代表多个业务的公司层面或部门层面的研发单元,为了整体利益,对于某些稀缺和有价值的研究能力,这些研发单元的存在是公司拥有开发和有效利用上述能力的最佳方式。表5-5总结了核心资源单元的角色。

表5-5 核心资源单元的角色

目的	通过专注于选定的资源、胜任力或活动来实现收益,这些内容是若干业务单元的核心竞争优势
职责	将资源开发成公司的优势资源,并根据公司的优先级分配资源
报告关系	向母公司报告,在如何开发和分配资源的决策方面有一定的自治权,但也对公司的需求和优先事项有影响
横向关系	作为其他用户单元的资源提供者
问责制	对开发以及利用核心资源负责,对其向公司整体的贡献承担责任

核心资源单元的职责为培育资源,并代表集团对这些资源的使用进行优先考虑和分配。在,如阿斯利康(AstraZeneca)或辉瑞(Pfizer)等制药公司,公司研发单元是一个核心资源单元。同样,孟山都的胜任力

团队（见第 4 章第 98 页的文章）也是核心资源单元。在 3M，不同的技术平台都有核心资源单元，如黏合剂、光纤和薄膜等。我们还遇到过信息技术、制造、销售、分销和电子商务的核心资源单元。核心资源单元的管理团队负责将相关资源开发成公司的优势资源。他们的职责是招募合适人才，发展其技能并给予其必要的支持，使得该单元能够实现竞争优势。将资源集中到一个单元，可以更容易地实现重大突破及规模经济，并发展所需的专家技能和文化。

核心资源单元必须确定使用其稀缺资源的优先次序。如果该单元没有足够的技术人员或预算来应对所有请求，那么应该如何分配资源呢？在做出这些判断时，对公司资源利用优先级，核心资源单元需要形成自己的看法。事实上，设立一个单独单元的部分原因是鼓励它对优先事项做出独立判断。

核心资源单元向母公司管理层报告。母公司给予核心资源单元一定的自治权，让其对资源的开发和使用做出决定。但母公司也需要对决策有相当的影响力，既要对公司级的优先事项提出自己的意见，也要解决核心资源单元与其他单元之间的任何争端。因此，母公司在与核心资源单元之间的关系上需要亲力亲为。这可能是一个挑战，因为它要求母公司掌握一些困难的、往往是技术上复杂的取舍和判断。例如，对于一家制药公司的首席执行官来说，插手公司新药研发优先级的决定，从来都是好事多磨。但是，对于核心资源单元来说，要是母公司放手而不干涉其业务，它就会远离公司其他单元的商业需求，而过于追逐自身特殊兴趣。

资源使用者通常要与核心资源单元合作。理想情况是核心资源单元将指导其他单元如何充分利用资源。因此，资源所有者/使用者的关系至关重要。如果运作良好，核心资源单元将因其提供高质量资源的能力，以及对何时和如何使用资源的判断而受到尊重。如果运作不好，核心资源单元将被视作傲慢和偏狭，这对帮助业务单元成功没什么好处。在某些极端情况下，核心资源单元会成为一个非常独立的"帝国"，对其他单元的需求不闻不问，并且不愿意改变或适应对它提出的新要求。核心资源单元与其他单元之间存在很多潜在的冲突，这也解释了为什么明确核心资源单元的作用，并有个亲力亲为、知识渊博的母公司来仲裁是如此重要。

核心资源单元对其所提供的公司核心能力以及资源的质量与成本效益负责。这些通常很难评估。客观的、基于产出的评估标准需要辅以核心资源单元对公司整体贡献的更全面且主观的判断。3M 的技术平台不仅需要向市场提供可衡量的新产品系列，也需要保持领先于业界的技术能力。后一个目标更难衡量或评判，同样需要母公司和核心资源单元之间消息畅通且紧密联系。

对于某些公司而言，核心资源单元提供了一种重要的手段，使其能够专注于跨业务单元的关键活动。正如帝斯曼（DSM）的企业战略总监海因·施鲁德（Hein Schreuder）所说：

"我们认识到不同的客户群体有着不同的需求。但对我们来说，针对某些关键技术（尤其是生物技术方面的技术）采取一体化方法，这对于竞争优势至关重要。对我们来说，这是组织设计的基本前提，也意味着我们不会将这些技术方面的资源分散到几个业务单元。"

但核心资源单元对母公司提出了特殊的要求，并涉及与其他单元的一些潜在困难连接。组织设计者需要明晰核心资源单元的角色，使其发挥最大作用。

共享服务单元

共享服务单元的目的是将注意力聚焦于公司其他几个单元所需要的服务上，从而实现收益。这一目的与核心资源单元的目的类似，但关键区别在于共享服务单元提供的服务不是关键的竞争优势。与核心资源单元一样，建立共享服务单元的目的是为了实现规模经济和专业化的收益，如果这些服务不是集中由一个专门的单元提供，就会丧失这些收益；但这些服务不太可能提供重要的竞争优势。表 5-6 概述了共享服务单元的角色。

集团层面的组织设计

表 5-6 共享服务单元的角色

目的	通过聚焦于若干单元所需要的特定服务来实现收益
职责	以高成本效益和反应迅速的方式提供服务，满足其他单元的需求
汇报关系	向母公司汇报，在遵守公司政策和准则的前提下，在如何提供服务的决定上有很大的自治权
横向关系	充当其他"客户"单元的共享服务提供者
问责制	对"客户"的满意度和服务单元的成本负责（如果建立在准市场基础上，还需要看盈利能力）

共享服务单元的职责为以成本效益高、反应迅速的方式提供服务，满足其他单元的需求。他们应以"客户"的需求为动力，而不是被如何最好地培育和分配资源的看法所推动。这些服务可能是标准的、以流程驱动的交易活动，如工资发放或对外支付处理，也可能是更复杂的、由专业驱动的专家服务，如应用软件开发或商业情报。只要能满足客户需求，共享服务单元就可以自行决定如何提供服务。

共享服务单元向母公司管理层报告。除非共享服务存在明显问题，否则母公司不太可能进行干预，因为母公司的优先事项通常在其他地方。然而，可能会有一些公司准则和政策选择不使用共享服务单元，该准则和政策通常涉及诸如服务水平协议、转移价格以及业务单元自由与否等方面的事情。此外，在母公司内部可能有一个共享服务负责人，他对于共享服务单元的事务有着更加事必躬亲的兴趣。

共享服务单元成功的关键在于与其他单元的横向关系。共享服务单元应该把自己看作赢得了其他单元客户的业务，其他单元基本上应该把共享服务单元视为第三方供应商。在一些公司，共享服务单元被设置为准业务单元，目的是在与外部供应商的竞争中，通过服务内部客户获取利润。另一些公司则更倾向于共享服务单元与客户之间更紧密的关系，在这种关系中，减少了对耗时费力的合同谈判的依赖，降低了客户单元外包其需求的自由度。然而，无论哪种情况，共享服务单元都需要理解并接受自己的义务，那就是把用户当作有价值的客户来对待，用户也需要明确自己对共享服务的期望。在这种情况下，共享服务单元与其他单元之间的合作应该能够顺利进行。

共享服务单元要对客户的"满意度"和单元成本负责。这两个目标都可以比较容易地评估。通过与第三方提供的服务和成本水平进行对比,就可以进一步检查绩效。事实上,如果共享服务单元是作为一个准业务单元建立的,它也可以对其盈利能力负责。然而,盈利能力不应成为主要的绩效评估标准,因为对业务单元来说,向客户提供良好的服务比从客户那里获得最大利润更为重要。

因此,共享服务单元可以有相对简单的关系和问责制,因此很少遇到复杂的相互依存单元的典型问题。事实上,具有基于自成一体的战略业务单元结构的公司,如通用电气资本集团,往往很容易建立共享服务单元,因为它们不需要牺牲结构的简单性或战略业务单元的问责制。

过去,许多公司一直担心其共享服务是否真正具有成本效益和响应能力。职能单元的负责人往往将共享服务作为其部门帝国的一部分,而不是作为响应业务单元需求的客户服务部门,对此业务单元管理者抱怨说他们的需求被忽视了,并认为应该能从第三方供应商那里购买更好、更具成本效益的服务。因此,许多公司的首席执行官试图通过外包来缩小共享服务的规模和范围。

最近,削减共享服务的趋势已经开始逆转。由于成本竞争力、服务改进驱动力和新技术应用的压力与日俱增,使得公司重新考虑从集中式服务中所能获得的潜在收益,特别是如果由组织上独立的单元提供共享服务,由专人管理并且与其他职能或单元活动分开。这样的单元与传统公司总部的职能单元有着很大的不同,其工作方式更加专一,对客户的反应更加迅速,并且以业绩为导向。许多共享服务的支持者,其中包括ABB、杜邦和壳牌公司,认为只有在这种方式之下,共享服务的好处才会显现。

对共享服务重新产生热情的理由是——作为专门的单元,共享服务能够产生巨大的绩效提升。例如,节省 20%~50%的成本以及改进服务水平,一些共享服务单元支持者引用了上述信息[5]。这些绩效改进的主要来源似乎是,共享服务单元能将管理层的注意力聚焦于以前被忽视或管理不善的活动。例如,在其新的业务支持中心(财务和信息技术)中,汽巴特种化学品公司（Ciba）能够减少 50%的人员，同时对增加的销售量进行更快、更无误的报告。

因此，与其说是服务集中化，不如说是成立一个具有明确角色的共享服务单元获得了相应的规模经济。如果服务只是职能单元负责人职责的一部分，这些负责人很可能更愿意向首席执行官提供咨询意见和制定公司职能政策，而不是提供服务，如此一来这些服务就不会得到其所需的重视。同样，如果将服务强加给业务单元，却很少尝试将其与外部供应商进行比较，也不考虑业务需求或者评估其绩效，那么这些服务就不可能快速响应客户或具有成本效益。不受市场压力的影响，地位低下、不受重视、自成一体、庞然大物般存在的共享服务仍然是裁撤或外包的好对象。但是有着明确且专一角色的共享服务单元可以更高效地工作。

项目单元

设立项目单元的目的是将注意力聚焦于横跨单元间的具体任务或项目，从而实现收益。例如，一个涉及几种业务和一个核心研发资源单元的新产品开发项目，或者一个要利用几种业务的产品和服务的成套项目，可以由一个专门设立的、拥有自己管理团队的项目单元进行处理。这些项目通常有一定期限，因此项目单元的寿命受到时间限制。表 5-7 总结了项目单元的角色。

表 5-7　项目单元的角色

目的	通过聚焦于横跨其他单元间的特定任务或项目实现收益——通常有时间限制
职责	用于执行规定的任务或项目。对资源的掌控权取决于项目单元的状况
汇报关系	向母公司报告，项目单元可能在如何执行任务方面具有不同程度的独立性
横向关系	代表项目发挥利益相关者的作用。影响力取决于地位，但通常依赖于合作的单元，项目单元成员来自于这些单元，也与其共同工作
问责制	对项目交付和业绩负责

项目单元的责任与设立它们的任务有关。例如，佳能公司使用不同类型的项目单元，处理新产品开发不同阶段的工作，公司因此著称于

世。[6]ABB 会大规模地使用专有的项目单元，为重大的建设项目，如建设新机场或水电大坝，创造一套综合的方法。[7]专业服务公司总是设立项目单元来处理特定的客户任务。如果足够重要，跨越其他单元的任务可能得益于专门的项目单元对它关注。

项目单元的权力取决于"重量级"高管们对它的期待。项目单元有全职的管理者，有大量的预算并且有足够的能力去完成项目。至少在诸如定价或客户联系的某些决策上可以凌驾于其他单元之上，而最高管理层的全力支持则代表着对组织结构重要的、正式的补充。相比之下，没有全职员工、没有什么权力和承担周边任务的项目，更适合将其看作是促使不同单元合作的非正式机制，而非独立的组织单元。重量级项目单元通常向母公司管理者报告，而母公司管理者根据个人技能和兴趣，可能或多或少地参与单元的工作。

与叠加单元一样，项目单元通常以利益相关者/主导关系与其他单元合作。在这些关系中，他们的权力和影响程度取决于从最高管理层得到多少支持，但通常，他们必须依靠来自其他单元的合作和善意，项目单元成员来自于这些单元，并且与其共同工作。因此，如果项目单元发现自己与其他单元有矛盾，那么他所能完成的工作就会受到限制。佳能（Canon）的新产品开发团队运作良好，因为所有单元都认识到与他们自由合作对自己和公司都有好处。

项目组通常有明确的、以项目交付为导向的绩效评估标准。但他们必须避免因对目标过度承诺而损害其他单元的业绩，而且由于对资源的自由裁量权有限，他们的问责制也被削弱了。鉴于这些原因，上层管理者对其的控制并不容易。

强有力的协同机制和正式的项目单元之间显然存在着灰色地带，但我们的研究表明，组织设计者需要认识到设立专门的项目单元并配备全职管理者的潜在好处，它能处理横跨其他单元的重要问题，若非如此，那么这些问题可能就得不到足够的重视。使用项目单元还可以提供一种灵活的手段，在出现新的机会时，将组织的资源重新聚焦在这些机遇上。

上级单位

在第 4 章中，我们回顾了战略业务单元和相互依存结构中的上级单位的性质，我们将用整个第 6 章的篇幅来全面阐述复杂结构中母公司更具挑战性的角色。这将包括讨论处于中间的事业群或部门层面的上级单位，以及公司层面的上级单位。因此，我们将不在本章详述上级单位的角色。

然而，表 5-8 总结了公司层面上级单位的角色，指出其职责为法定的母合和增值活动。在公司层面，尽管董事会在某种程度上发挥了这一作用，但实际上母公司管理层没有需要向上报告的老板。同样，除了与其他公司的合资和联盟，母公司也没有其他同级可以建立横向关系。在问责制方面，母公司要对整个集团的业绩和盈利能力负责。我们将在第 6 章更全面地解释母合作用的性质。

表 5-8　公司层面上级单位的角色

目的	通过聚焦于公司层面的任务来实现收益
职责	履行法定的母公司母合任务，对其他单元产生影响并起到增值作用
汇报关系	最终向董事会报告，董事会将权力广为下放给母公司
横向关系	互惠互利，与合资公司和联盟伙伴合作
问责制	对业绩底线和整体公司的盈利能力负责

单元角色总结

表 5-9 提供了我们所描述的八种不同类型单元的概况。很明显，每一种类型的单元对其职责和关系的看法都有所不同，也因此会对如何执行这些职责做出不同的决定。

表 5-9　单元角色分类法

单元类型	职责类型	关系		主要问责制
		汇报	横向	
上级单位	法定的与增值的母合作用	董事会/上级单位	互利互惠	公司业绩底线
核心资源单元	聚焦于资源	亲力亲为的上级单位/单元	资源所有者/用户	资源开发与利用

(续)

单元类型	职责类型	关系		主要问责制
		汇报	横向	
共享服务单元	聚焦于服务	上级单位/单元	服务提供者/客户	服务成本—效益
项目单元	聚焦于项目	上级单位/单元	利益相关者/主导关系	项目交付
叠加单元	聚焦于市场（横跨的）	上级单位/单元	利益相关者/主导关系	服务目标客户的有效性
业务单元	聚焦于市场	上级单位/单元	互利互惠	业绩底线（强）
子业务单元	聚焦于市场（细分的）	总经理/单元	准团队	业绩底线
业务职能单元	运营职能	总经理/职能	团队	运营效益与贡献

图 5-1 展示了传统组织结构图上的不同单元类型，通过对每个单元类型使用不同的符号来表达不同的角色。但这些线条和方框过于强调传统的层级观点。因此，我们开发了一种新的、不为人熟悉的诠释方式（见图 5-2）。我们认为，这种诠释方式更有帮助，因为它意味着对组织设计的一种新的思考方式，和对明确的角色区分的全新重视。

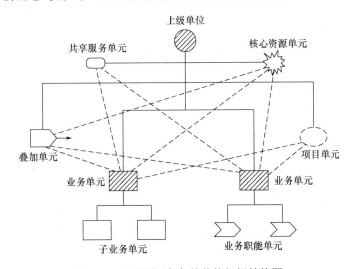

图 5-1 显示不同角色的传统组织结构图

有些组织安排可能很难在八种角色之间进行分类。例如，如果首席执行官要求一位管理者领导一个工作小组，为服务好大客户制定新的战略，这些客户从多个业务单元采购产品/服务，那么，这究竟是个叠加单

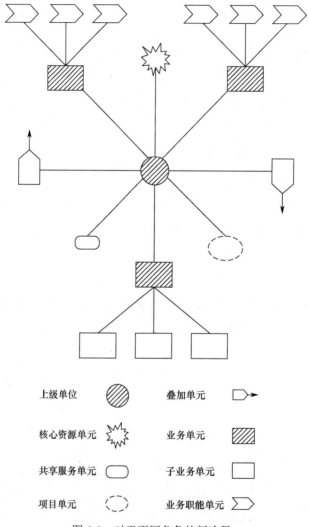

图 5-2　对于不同角色的新诠释

元、项目单元，或仅仅是个协同机制呢？或者，如果把大部分时间花在管理轮岗的管理者的职业生涯上，那么公司人力资源单元应该是个核心资源单元（开发和分配关键人力资源）、共享服务单元（为管理者所在的业务单元提供服务），还是上级单位的一部分呢（通过影响公司人力资源的质量为企业增加价值）？如果有了关于这些单元的更多确切工作信息，我们无疑可以做出如何将其进行最佳分类的判断。工作小组是否有时间限制，是否有利润职责，其经理是否全职工作？人力资源部门是否对国际管理干部有自己的议程，还是仅仅为应对业务单元的行政需求，还是向 CEO 通报高管任职和职业发展？诸如此类的问题将有助于确定单元的真正角色。

但我们也应该认识到，可能会有一些灰色地带本质上是很难分类的，可能是大客户专案小组，它介于叠加单元、项目单元和协同机制之间，也可能是公司人力资源单元，在具备一些核心资源单元特征的同时，也有些许类似共享服务单元或母公司支持单位的特征。在这些情况下，没有一个角色标签完全适用。

不过，原则上，各单元类型之间的差异是明确的，在绝大多数情况下，只要理解了单元预期的职责性质，对单元进行分类是没有什么问题的。事实上，分类法的价值恰恰在于传递了组织设计者的意图。

具体说明组织设计工作

在更明确地说明组织设计希望如何开展工作时，我们发现分类法很有价值。在提出设立新单元和修改组织结构图的建议时，往往没有充分说明新单元应该如何运作。例如，一家零售集团可能会设立一个中央品类管理单元，协同其中不同的零售业务，但没有明确说明该单元的工作方式。新的品类管理团队应该在多大范围内看待自己的职责，并且在做出哪些决策（如果有的话）时将拥有最终权力呢？它与以前主要承担利润责任的零售业务单元的关系如何？公司层面的管理者将如何被引入，并影响他们所面临的决策？将用什么关键的业绩指标来评断其业绩？通常，这些重要问题的答案都模糊不清并最终导致混乱。关于单元要扮演何种角色的讨论，迫使组织设计者解决这些模糊不清的问题。

如果品类管理单元打算成为一个叠加单元，那么除了组织设计者分配的具体决策外，它还必须克服对零售业务单元带来的影响和压力。主要的利润问责制仍由零售业务单元承担，而品类管理单元将承担不同的责任，其中可能包括品类利润，也可能强调诸如品类市场份额等指标。但是，如果品类管理单元定义为业务单元或是母公司的支持单元，那么将会产生不同的影响。角色语言有助于阐明该单元的运作方式，而无须深入探讨所有细节。

由于许多组织常用术语中固有的模糊性，我们需要一种更精确的语言来说明组织设计。例如，就我们的分类法而言，"产品事业群"可以是一个业务单元、子业务、叠加单元或上级单位。"国家单元"也是如此。同样地，"公司的研究单元"可以是一个核心资源单元、共享服务单元、项目单元或支持母公司的职能单元。除非更明确地界定各单元的角色，否则使用这些术语进行的组织设计必然会引起混淆。

在相互依存的结构中，角色的清晰度尤为重要。"矩阵结构"一词可适用于许多不同类型的结构和关系，不同的公司对它的使用也大不相同。当壳牌公司在 1997 年转向业务价值链结构时，它声称已经放弃了矩阵型组织架构，但它保留了本地国家组织和共享的制造部门。职责可能没有那么多的重叠，所以也没必要达成共识，但组织仍然是多维的、相互依存的。给组织贴上矩阵标签（或不贴标签）是没有用的，因为它没有提供关于不同维度应如何合作的有用信息。罗列出不同单元的角色是有帮助的，因为它明确了这些单元都应该如何解释自己的职责以及相互之间的关系。在下面的文章中，我们展示了角色分类法如何用于厘清第 4 章所描述的花旗银行的组织变化。

使用角色分类法描述花旗银行的结构

1996 年，花旗银行全球公司银行业务群的重组创造了一个复杂的、相互依存的结构。正如一位经理所描述的那样："矩阵式管理要把人搞疯了"。然而，这些变化的背后却有着合理的战略逻辑。挑战在于如何与所设立的各个单元沟通，说明其所代表的不同角色以及彼此之间的预期关系。花旗银行通过制定主要职位的岗位职责、界定一些管理流程（包括通过决策网格商定不同个人和单元在这些流程中的角色）以及规定一些关键行为来应对这一挑战。

随着时间的推移，在 1997 年进行了进一步的组织变革之后，花旗银行的管理者已经学会如何在新的结构中运作，现在对新的结构感到满意。但是，我们认为，如果使用分类法来描述新结构，可以更迅速且有效地阐明新结构的预期性质。

表 5-10 总结了重组前后不同单元的角色。分类法揭示了一些关键点：

- 1996 年以前，区域和国家是主要的业务单元，主要职责为服务客户与创造利润。
- 1996 年后，客户业务单元群成为拥有最大权力的业务单元。但是，它们必须与所有其他单元合作，才能有效地服务客户并获得利润。

表 5-10 全球公司银行业务中单元角色的转变

单元	1996 年以前	1996-1997 年	1997 年后
国家/区域	业务单元	叠加单元	叠加单元
客户/行业	（非正式网络）	业务单元（全球）	业务单元（全球）
产品	子业务（本地）	核心资源单元（全球）	业务单元（全球）
基础设施	业务职能（本地）	共享服务单元*	共享服务单元*

* 从区域到全球的渐进发展

- 1996 年后，各国和各区域继续聚焦于在本地的影响，但作为叠加单元，在与全球产品和客户的相关问题上，它们必须接受自己并不拥有最终决策权，必须通过影响力（作为本地的利益相关者）来工作。因此，它们对于本地利润所负的责任不大，而更多的义务是在全球客户和产品的战略范围内工作。

> - 1996年后，基础设施单元的角色从作为本地业务单元团队的一部分，转变为支持全球客户和产品的单元。作为共享服务单元，它们应当对来自客户和产品单元的"客户"需求做出反应，并力求以尽可能高的成本效益来向他们提供服务。
> - 1996年后，产品单元不再是受区域业务单元负责人领导的子业务，而是成了全球核心资源单元，开发和提供对全球客户业务单元的成功至关重要的产品。1997年后，它们的作用进一步加强并成为业务单元，与客户单元具有同等的地位、权力和利润职责。它们认识到，无论客户还是产品维度的市场聚焦都至关重要，但需要"后端"产品业务与"前端"客户业务相互合作，并想办法解决它们之间的利益或优先级冲突，只有如此才有利于整体集团。
>
> 为沟通组织变革背后的意图，角色分类法可以提供一个有效的捷径，并为管理者在履行职责时的行为提供指导。也为帮助管理者了解新组织的基础提供了有用的背景。虽然仍要界定一些关键流程，如关系规划和业务平衡记分卡审核等，但设计的基础应该是明确了。

分类法还有助于对比不同的设计方案选项。例如，所谓的"前—后"结构越来越流行[8]。在前—后结构中，单独的后端产品或技术单元通过一个或多个前端客户单元进入市场，这些客户单元销售部分或全部后端单元的产品。采用前—后结构的公司包括利乐公司（Tetrapak）、宏基、宝洁，当然还有花旗银行。但前后端标签可以涵盖许多不同的可能性（见图 5-3）。角色分类法有助于呈现前—后结构可能性之间的差异，并厘清可能的设计选项范围。如果没有这样的厘清工作，那么对前端和后端应该如何协同工作，就有可能产生误解。

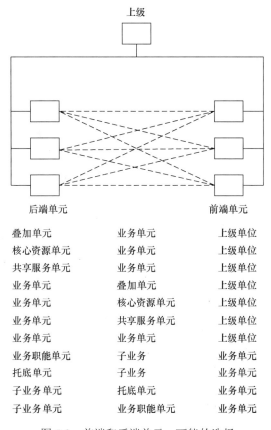

图 5-3 前端和后端单元：可能的选择

在第 7 章、第 8 章和第 9 章中，我们将展示如何测试和完善基于分类法的设计概念，并根据需要增加关键职责、关系和问责制的细节，使其通过设计测试。特别是，需要明确说明哪些协同机制和管理流程需要细化，以便在设计中创建恰到好处的细节。我们还将展示如何将分类法作为开发和选择设计方案流程中的一部分。但是，首先我们将在第 6 章中更详细地讨论母公司在复杂结构中的角色。

第 6 章

复杂结构中的母公司

正如我们在前言中所解释的那样,为了探索阿什里奇的母合概念在复杂的、相互依存的公司结构中的相关性,我们着手进行研究并最终促成了本书。

在《公司层面战略》一书中,我们集中讨论了在业务单元之外和之上的公司层级结构中管理层的作用,我们把这些管理层称为"母公司"。我们注意到,借由产生间接成本、减缓决策速度、做出一些基于错误判断的干预动作,母公司不可避免地毁损一些价值,而许多母公司并没有创造出足够的价值来弥补这一点。在这些公司中,母公司活动的净效益是负的,这样下去还不如解散集团公司。因此,为了证明其存在的合理性,我们认为,多业务公司中母公司的管理者需要有一个理由,用以说明他们的活动能够增加价值,同时他们也要清晰地阐明这一理由。这是任何有效的公司战略的一个必要组成部分。

大多数管理者和公司战略专家现在都接受母公司需要增加价值的观点,至少在基于战略业务单元的结构中是这样。在这些结构中,战略业务单元根据定义是自成一体的,也因此可以在没有母公司的情况下独立运作。分拆、买断或撤并是有实际可能性的,母公司也只能以增值逻辑来维护集团公司的继续存在:只有当母公司能为战略业务单元增值时,集团才应继续保留。但在更加相互依存的结构中,情况则大不相同。

在相互依存的结构中，有着较多重叠和共享的职责。业务单元和其他类型的单元必须相互协作，各单元的独立性降低。上级主管单位经常与运营单元分担职责，并协助引导各单元之间的相互依存关系。"业务单元"和"母公司"之间的区别较不明显，更难设想和实行业务分拆或剥离的方案。因此，盯住母公司并质疑其增值的意义就不大了。

由于现在对相互依存的结构的运作方式有所了解，我们可以对母公司在这种结构中的角色进行更全面的说明。我们认为，这些结构对母公司管理者提出了一些特殊要求，并倾向于要求母公司采取更加亲力亲为的方式。我们还研究了母公司职能支持人员所执行的不同任务，认识到在大公司中母公司通常存在多个层级。我们得出的结论是母公司和企业之间的鲜明差异确实被消解了，在相互依存的结构中，母合活动的分布更为广泛。尽管如此，我们仍然认为，关注上级主管单位的技能和增值是组织设计的必要原则和关键要素。特别是母公司对结构化网络的成功至关重要。

母合角色

上级主管单位有两个必不可少的角色。第一个角色是管理和维持公司实体存在所需的最低限度的法定性任务。第二项任务是为公司内部的运营单元增加价值。

最低限度的公司母合角色

所有的公司管理团队都必须执行一些不可避免的任务，如履行强制性的法律和法规要求以及基本治理职能。例如，遵守法律和法规的任务，其中包括编写年度汇报、提交纳税申报表、确保遵循相关的健康和安全或环境法规等。任何公司实体都必须履行这些合规职责。

母公司还必须承担基本的治理任务，并代表股东的利益进行尽职调查。最高管理层必须为公司建立一个结构，任命高管人员、筹集资金并且处理投资者关系。它还必须实施某种形式的基本控制流程，以便能够授权重大决策，防范不适当的风险或欺诈性决策，并对授权下去的职责进行审查，看其能否得到圆满执行。严格的法律要求是有限的，所以为了满足对股东的信托责任，首席执行官更多的是去做其认为有义务要做的事。

我们把这些不可避免的活动称为最低限度的公司母合角色。它们是维持任何公司实体存在最基本的必要条件。

增值的母合角色

我们认为，任何有效的公司战略都需要包含母公司如何进行增值的明确构想。我们将母公司增加价值的主要方式称为母合主张，这应该决定了母公司所保留的职责以及它所发挥的影响。

不同的公司专注于截然不同的母公司主张。陶氏（Dow）强调卓越的制造能力并拥有强大的公司制造职能，能够影响其业务单元并协同多业务制造基地。力拓（Rio Tinto）通过利用其公司技术人员的专业知识来改善采矿作业的规划，并因此增加重要价值。英国石油公司（BP）通过在业务单元负责人和首席执行官之间签订弹性绩效合同，努力在全公司营造一种高绩效文化。维珍公司利用其广为人知的品牌进入从航空公司、金融服务到互联网接入服务等诸多业务。母公司的角色需要反映了增值的母合主张的本质。

在复杂的、相互依存的结构中，在最低限度的母合角色和增值的母合角色两方面都面临一些特殊的挑战。下文将讨论这些问题。

相互依存结构中的母合挑战

在相互依存的结构中，母公司管理者面临一些苛刻的挑战。与基于战略业务单元结构中的母公司管理者相比，他们：

- 保留更多职责或与其他单元分担更多职责。
- 更多参与到指导各单元之间的协同工作当中。
- 较少能够通过针对特定单元的、客观的、基于产出的绩效评估进行控制。
- 需要更加重视组织的设计工作和日常工作。

更多职责

在不太强调业务单元自治、自成一体的公司中，母公司可能保留或分担更多的职责。例如，母公司可以发挥积极作用，利用总部的经验、技能或资源，制定一个被整个公司所接受的综合战略，并就政策和行为约束制定"道德守则"，用以规范所有单元的决策。

例如，在许多专业服务公司中，管理合伙人和执行委员会密切参与服务线延伸、地域扩张、合伙人晋升和调动以及定价政策变化的提案。独立办事处或业务领域意识到，在这些问题上，他们必须与整个公司的管理层分担职责，也意识到管理合伙人往往会主导上述议题方案并推动决策。

在相互依存结构中，有关母公司职责的经典案例，是一家中等规模的特殊化学品公司英飞凌公司（Infineum）。该公司由埃克森和壳牌共同投资组建而成，向石油和石化行业出售一系列添加剂，是这一领域的全球领导者。它分为三个产品事业群，而这三个产品事业群又被细分为总共约 15 个独立的利润中心。然而，产品事业群和利润中心主要关注的是营销战略和战术，因为研发、制造和销售都是中央化的职能单元，也就是我们所说的核心资源单元。公司的结构如图 6-1 所示。

显然，英飞凌的利润中心绝非自成一体。关于开展哪些研究项目、如何合理安排在世界各地的生产基地、销售人员如何接近共同客户等决定，都是由利润中心、产品事业群、核心职能单元和公司管理层共同做出的。尽管所有相关方之间都有协同的流程，还是会经常需要公司首席执行官来主导协作。他最能洞察及做出全公司的取舍决策；他在行业内有更为深厚的经验和人脉；所有的单元都指望他为集团提供一个一致的方向。虽然首席执行官坚持把利润职责下放给产品事业群和利润中心，但他仍然无法避免在做重大决策时发挥关键作用。即使母公司管理者热衷于权力下放，在这种结构中他们也被迫分担或保留一些重要职责。

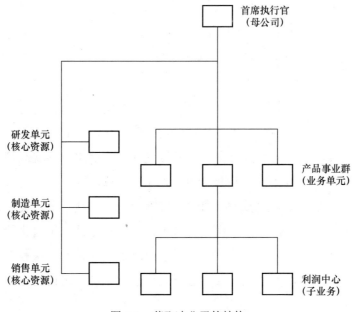

图 6-1　英飞凌公司的结构

如果组织设计使母公司必须履行某些职责才能使公司正常运转，那么最低限度的母合角色发挥作用的范围就比较广泛。同样地，如果母公司对自成一体的战略业务单元的自治性承诺较少，其可能会注意到并愿意追求更为广泛的增值机会。

指导协同

随着各运营单元之间的相互依赖性越来越强，母公司也需要在指导各单元之间的协同和人际交往方面发挥更积极的作用。在第 4 章中，我们对花旗银行全球公司银行业务的描述表明，产品事业群、以客户为中心的行业事业群、本地办事处和共享基础设施之间的协同，有赖于集团层面一些积极的母合活动，集团管理层界定各单元之间关系的性质，确定合作的关键流程，并在必要时直接参与进来促进连接以及仲裁纠纷。除非母公司愿意为合作制定明确的基本规则，并在必要时以仲裁人的身份进行干预，否则关于客户优先级或服务折扣的决策很容易陷入不同单元之间复杂关系网的沼泽之中。

母公司对指导各单元之间相互依存关系的作用程度，取决于各单元之间联系的重要性和难度。目前是联想集团一部分的摩托罗拉（Motorola），在1998年成立了一个通信集团（简称通信企业）。这个集团包括了摩托罗拉所有的通信产品和服务，其组织围绕着个人通信（消费者）、网络解决方案（运营商）以及政府、商业和工业等主要客户事业群。这些面向客户的业务单元取代了基于产品的业务单元，其设立的目的是为客户[5]的通信需求提供更多的一体化解决方案。然而，这些业务之间需要在多个领域进行协同，例如标准和系统架构、协调用户需求和系统基础设施，以及平台开发等。尽管不同的业务单元在每个领域都发挥着主导作用，通信企业管理层负责监督所有这些领域的横向协同流程。成立通信企业的目的是为了更加强调客户一体化解决方案，并在摩托罗拉的通信业务之间建立更好的连接。这些协同挑战对摩托罗拉来说非常重要，因此有理由设立一个新的集团管理层级来应对这些问题。

在相互依存的结构中，母公司在创造条件方面扮演着最为基本也是必不可少的角色，这些条件能使通过自我管理网络来进行的协同蓬勃发展，而母公司很可能需要更多地参与增值工作中，以促进各单元之间的困难连接。

控制问题

在相互依存的结构中，平级单元之间的紧密关系会减少自我校正的压力。此外，母公司与运营单元之间以及各运营单元间的职责分担，使得针对特定单元绩效目标的强烈问责变得更加困难。孟山都公司高度相互依存的结构，其目的就是支持母公司作为生命科学公司的雄心，因此，首席执行官鲍勃·夏皮罗认为将单元管理者的责任完全集中在特定单元的业绩上是不合适的，可能会破坏跨单元合作的意愿，并使他们更难为了抓住生命科学领域中不确定的、长期的"空白地带"的机遇而共同努力。

在相互依存的结构中，针对特定单元的绩效评估需要以相互合作的各组单元绩效评估来补充。此外，还需要对不同单元对集团整体成果的贡献进行评判。夏皮罗不仅要评估制药业务的业绩如何，还要考虑该业务对孟山都在生命科学领域中更广泛目标的贡献程度如何，这个目标较难评估。孟山都公司需要一个更复杂的控制流程，在这个流程中，母公司需要密切了解各单元的表现，其中也包括了它们对彼此的贡献（关于孟山都公司的更多细节，请参阅第4章）。

此外，对于叠加单元、项目单元、核心资源单元和共享服务单元来说，将盈利能力作为绩效评估标准可能较无关联或不太重要，但也很难找到其他合适的底线绩效评估标准。例如，对于药物研究核心资源单元来说，每年要开发的候选新药数量是一个简单的、可客观衡量的、重要的目标，但它并不能囊括该单元良好绩效的所有方面。这就意味着母公司必须使用更广泛的绩效评估标准，并且应该更关注单元的细节工作，可以随时评估的"产出"目标可能必须与需要更多主观评估的"投入"措施相结合，才能对其进行适当的控制。绩效合同不能仰仗简单的、可客观衡量的产出目标。

因此，在相互依存的结构中，母公司的控制工作更为复杂。母公司必须有足够的知识和时间来评估每个单元对其他单元的贡献，处理更为多样的绩效评估标准，并在密切了解每个单元情况的基础上对业绩做出主观判断。最低限度的母合作用在尽职调查的控制方面要求更高，通过控制流程带来增值，这样的机会需要母公司对于自身的绩效有更为深入的了解。

对组织设计进行微调

所有的母公司都需要监测他们所选择的组织设计运作情况。但是，在相互依存的结构中，更需要对设计不断地进行微调，以确保其达到设立目的。为了辅助自我管理的决策和人际交往，职责、关系以及绩效评估标准是否足够清晰？各单元之间的关键连接是否管理到位？母公司是否应该在建立协同机制或影响各单元协作方面发挥更积极的作用？绩效评估和控制流程是否应在简单和复杂之间取得适当平衡？叠加单元的相对权力及职责是否应根据情况变化而调整？是否应该考虑采用更简单、相互依存度更低的结构？

至少，母公司必须确保组织设计不会导致无法操作的冲突和混乱。更积极的情况是，母公司可以通过组织设计方案增加实质性价值，在这一设计中，相互依存的关系使整体价值高于各部分的总和。

"亲力亲为"的母公司

这些挑战的结果是，母公司成为公司结构运作中不可或缺的一部分。母公司必须履行更广泛的最低限度职责，并有可能扮演更有影响力的增值角色。母公司要改变与自成一体运营单元之间已建立的基本上互不相干的关系，要与向其汇报的单元建立更密切、更亲力亲为的关系[2]。为了有效地发挥作用，母公司需要对各单元有更多的了解，并且对各单元的运营及关键成功因素更有感觉。

如英飞凌一样，在规模较小或业务比较集中的公司，公司首席执行官可以扮演亲力亲为的角色。但在规模较大或比较多元化的公司中，亲力亲为的角色很可能使公司层面的管理层负担过重，而扮演亲力亲为角色的应该是母公司的中间层级，如事业群或部门。例如，在飞利浦公司，照明部门对集团照明业务做了大量积极的母合工作；在摩托罗拉公司，通信企业是通信业务亲力亲为的母公司。在对母公司影响程度的调研中，我们发现，总体而言，集团业务组合的关联度越高，母公司试图发挥的影响就越大[3]。

如果有适当的母合能力，亲力亲为可以增加高价值。但亲力亲为也会面临一些毁损价值的陷阱。如果技能不足或员工支持度不够，则可能会阻碍而不是帮助业务单元。如果太乐于发声干扰业务，可能会抑制单元管理者的积极性，并且使其承担一些不适合的任务。在我们研究的一家公司中，首席执行官以赞助协同举措而闻名，大家都知道这些举措的回报有限，却占用了管理者大量的稀缺时间。他亲力亲为地推动这些举措，导致管理者们在其他更重要的优先事项上分心。《经济学人》一篇关于首席执行官道格·伊维斯特（Doug Ivester）的文章记载，他在 1997～1999 年任职于可口可乐公司，公司因过于集权而受到严厉的批评。可口可乐在欧洲的负责人查理·弗雷内特（Charlie Frenette）做了一个形象的评价："如果我想在波兰推出新产品，则必须向亚特兰大提出产品批准申请。那些没去过波兰的人将会告诉我是否能这样做。[4]"在误导的情况下，亲力亲为母公司的危害比不干涉的母公司还要大。

但是，相互依存结构中的一个主要母合陷阱，是不愿意在需要的地方发挥实际作用。我们曾与一家大型纵向一体化的、多业务化工公司合作，该公司经营着许多共享的生产基地，其客户经常从其中一个以上的业务单元中购买产品。该公司的组织结构分为业务单元、核心资源单元和叠加单元，并有复杂的定价转移机制，能够利用各单元之间的相互依存性。各单元之间就"不公平"的转让价格或稀缺产能分配等问题发生纠纷的情况并不少见。当发生这种情况时，母公司几乎总是拒绝介入，声称各单元最了解情况，应该自己解决。结果就是无止境的争吵，长久以来不能令任何人满意的妥协决定，最终各单元均渴望母公司做出更果断的领导。比起基于战略业务单元结构的要求，母公司必须认识到，相互依存结构对母公司的要求将更高，他们必须能够并愿意发挥所需的作用。

母公司的职能单元

母公司由首席执行官、首席运营官和各部门负责人等高级业务管理者组成，并由员工提供支持。尤其是在复杂结构中，母公司的职能支持单元可以发挥各种作用，其中一些作用与运营单元的作用重叠。母公司职能单元还经常参与提供共享服务和公司资源的活动中。在一些公司，主导的业务单元承担了一些本应由上级职能单元履行的职责。

最低限度的母公司员工

母公司职能单元中支持性员工的一个重要作用，是发展与最低限度母合活动相关的专业知识，并协助高层业务管理者开展活动。在阿什里奇战略管理中心进行的研究，使我们能够估算出发挥最低限度的母合作用所需的员工数量。这些数字可能低得惊人。例如，一家共有 1 万名雇员的公司仅需约 15 名员工就可以处理最低限度的母合活动，而一家拥有 5 万名雇员的公司只需约 43 名员工就可以完成这些任务（见下文，最低限度的母公司员工人数）。表 6-1 显示了 1998～1999 年四家进行总部精简的公司（BAT、ITT、Ocean 和 Nucor）中与最低限度母合活动有关的部门（如综合管理、法律、财务报表与管控、财务以及税务等）员工总数。由于这些部门的员工还将开展一些超出最低限度母合活动的工作，因此这些数字可能高估了每种情况下最低限度母公司员工的真实规模。

表6-1 精益母公司中母合部门员工最低限

	公司规模（雇员人数）	公司母合部门最低限的员工数量
BAT	141500	44
ITT	58497	55
Ocean	11400	17
Nucor	6800	17

此外，在最低限度的母合活动实现显著的规模经济也是可能的。公司规模每增加一倍，最低限度的母公司员工的规模往往增加不超过 50%。与小公司相比，大公司的最低限度母公司员工比例应该更低。

聚焦于最低限度的母公司员工可以达到三个目的。首先，它显示了一个真正精简的公司总部可以有多小。从阿什里奇的调查中得出的基准数据对大多数公司来说都是一个挑战：我们如何才能以专业的方式使用不超过 20 人规模的员工，完成公司总部所需的最低限度必要任务？这就迫使人们对企业总部的规模进行一些艰难的思考。

其次，减少最低限度母公司员工数量的原则也减少了无意的价值毁损。尽职调查往往是检查业务单元的计划或行动，即使是善意的、有能力的、有时间的公司员工，也很容易将这种职责转为无益的干涉和猜测。为了避免这种价值毁损，应该严格限制单纯履行最低限度母公司职责的计划和控制活动。

第三，最低限度母公司员工数量为设计公司总部提供了良好的基准标杆。只需要少数人就能完成任何总部必须执行的法定性任务，这些人只占大多数公司总部员工人数的一小部分。因此，任何超出了最低限度母公司任务所需的人员安排，都必须有正当的、合乎情理的增值理由。

最低限度的母公司员工人数

阿什里奇战略管理中心的调查收集了位于美国、英国、法国、德国、荷兰、日本和智利的 600 多家公司总部员工的规模、成本、角色和部门构成的详细数据，此外还收集了公司整体规模、各公司业务的性质（如关联性、地域分布等）和公司总部的政策（如影响程度、各业务之间的联系等）。

借由统计分析，我们能够确定公司总部员工最主要的驱动因素。从上述分析中，我们生成了一个"简便估算器"，可以估算公司总部员工总数，和公司各部门的"标准"（即中位数）员工人数，并能根据反映其规模、业务性质和公司总部政策的各种因素进行调整[*]。

最低限度母合活动的标准人员配置可以通过聚焦于公司综合管理，与财务、税务汇报和管控以及法律等部门共同来评估。这些都是与最低限度母合活动有关的主要部门，存在于90%以上的公司。这些部门的员工数量在美国、英国、法国、德国和荷兰等地都是相似的，为了与参与最低限度母公司活动的员工数量相对标，我们用简便估算器来预计这些部门的标准员工配置，前提是这些部门并不试图影响业务，对业务的影响时常与带来增值的母公司角色有关，而不是与最低限度的母公司角色有关。由于这些部门执行的其他任务（如提供服务）超出了许多公司中最低限度的母合作用，我们使用较低的四分位数字作为基准。

> 欧洲公司的基准结果如下。美国基准约高 25%。
>
> | 公司规模
（雇员数量） | 发挥最低限度母合作用
所需的员工数量 | 每 1000 名雇员所需的
最低限度母公司员工数量 |
> |---|---|---|
> | 2000 | 5 | 2.5 |
> | 5000 | 9 | 1.8 |
> | 10000 | 15 | 1.5 |
> | 20000 | 23 | 1.1 |
> | 50000 | 43 | 0.9 |
> | 100000 | 65 | 0.6 |
>
> 其他常见的部门（存在于 80%以上的公司中）有业务策划、政府和公共机构关系、内部审计和人力资源等。在简便估算器中对这些自由裁量权较大的部门使用类似的假设，对于员工人数为 10000 人的公司来说，会增加约 5 名员工，而对于员工人数为 50000 人的公司来说，会增加约 15 名员工。
>
> *关于简便估算器的完整描述，见 Corporate Headquarters: An International Analysis of Their Roles and Staffing，David Young 等人，Financial Times Prentice Hall，2000 年；以及 Corporate Headquarters Staff，David Young 和 Kay Dirk Ullmann，Ashridge Strategic Management Centre，1999 年。

母公司员工的增值

有些母合主张在很大程度上依赖于职能单元员工的支持。对于陶氏公司来说，制造职能单元的高素质员工群体在帮助母公司资深管理者创造和交付价值方面发挥着至关重要的作用。力拓的采矿技术职能单元也是如此。但其他的母合主张则与公司员工关系不大。在英国石油公司，绩效文化对各级管理人员的依赖程度远远高于财务或策划人员。而在维珍公司，品牌价值的提升更多的是来自理查德·布兰森个人而不是一小队公司员工的活动。母公司职能单元的员工可以通过发展与母合主张相关的专业知识来帮助公司增加价值。

鉴于母合主张的多样性，阿什里奇对公司员工的调查显示，增值型的母公司员工规模和构成存在较大差异,这并不足为奇。由于各公司的增值战略不同,所需的母公司增值型员工也必然不同。

然而,阿什里奇的研究清楚地表明,连接和相互依存程度高的公司,其公司员工人数是相互依存程度低的公司的两倍多。此外,公司职能单元影响的程度和性质也是塑造总部员工的一个驱动因素。例如,由公司总部指导做出大部分信息技术决策的公司,比起采取较为分权化方式的公司,其 IT 部门的规模是后者的 10 倍以上[5]。美国公司的母公司职能单元往往比欧洲的公司要大得多,这主要是因为美国公司一般在信息技术、采购、营销、研发等领域拥有更具影响力的职能部门,因而规模也更大[6]。

然而,总部员工的规模只是衡量其发挥预期影响力的一个指标。事实上,调查显示,大型总部的员工在支持公司战略方面的效力一般不比小型总部的员工高。员工技能和他们的活动所带来的附加价值比他们的人数或成本更重要。

庞大的母公司职能单元可能是完全合理的,但前提是真正需要这些职能来支持价值创造的母合主张。陶氏公司或力拓公司削减对其公司战略至关重要的员工群体显然是错误的。但是,如果增值理由含糊不清或无法使人信服,或者有证据表明其对业绩的实际影响有限甚至是负面的,那么裁减或撤销母公司职能单元的时机就成熟了。

母公司职能单元的角色

因此,母公司职能单元的目的是在与最低限度的母合任务或母合主张有关的活动中发展专业知识。它们应协助母公司高管团队履行法定的合规义务和尽职调查任务,并对运营单元施加影响和增加价值。表 6-2 概述了母公司职能单元的角色。

表 6-2 母公司职能单元的角色

目的	通过聚焦于与最低限度母合活动和母合主张相关的专业知识来实现收益
职责	协助母公司管理层履行法定的合规义务和尽职调查任务,以及影响和增加运营单元的价值
汇报关系	向拥有最终决策权的母公司高管人员汇报

(续)

横向关系	作为母公司管理团队的一部分，与其他母合职能单元合作，对运营单元产生影响并增加价值
问责制	对母公司的有效性和增值贡献负责

母公司职能单元要向母公司的业务线高层管理者汇报，若没有他们的支持和授权，就不应采取行动。母公司员工如果独立于其业务线高层管理者，并且追求自己的议程，那么即使他们认为自己是在增加价值，也可能在运营单元中引起不满和抵制。作为母公司管理团队的一部分，母公司职能单元应紧密合作，并与其他单元建立良好的关系，以便发挥富有成效的增值影响。要在充当政策制定者和警察与依据深入的专业知识提供有益的建议之间取得微妙的平衡。

母公司职能单元应当对母公司的高效和增值贡献负责。然而，令人惊讶的是，很少有公司明确尝试去评估母公司职能单元增加了多少净值。我们认为这是一个错误，应该要求公司职能单元负责人定期汇报其部门增加的价值，至少每年一次。壳牌公司最近在其公司总部采用了这种规范，它加深了一些关于母公司增值的真正来源以及支持母公司增值所需员工资源的思考。在对增值的评估中，业务单元管理者的意见应该得到高度重视，并能对过于乐观的母公司员工的意见起到有益的平衡作用。

有时，母公司职能单元的作用与叠加单元或项目单元重叠，或至少有助于它们的工作。如果母公司的价值主张是有关跨业务单元的问题，例如帮助它们更好地服务于共同客户或联合新产品开发，那么母公司员工可以主导召集协同委员会，就重叠的问题提出建议，并提供特定的专业知识。但首席执行官的另一个选择是成立一个叠加或项目部门，集中精力处理相关问题。根据这一方案，原本属于母公司员工的管理人员现在很可能成为叠加或项目单元的一部分，或至少与他们密切合作。因此，母公司职能单元与叠加或项目单元之间的区别可能变得模糊不清。

在第 5 章中，我们讨论了核心资源和共享服务单元（见表 5-5 和

表 5-6 以及第 133-138 页），将它们视为运营单元，承担业务单元本应自己履行的职责。另一种选择是将这些单元视为母公司的一部分，帮助业务单元增加特定的价值。将核心资源和共享服务单元视为母公司的一部分，对它们的基本职责影响不大，除了它们应该与母公司管理团队的其他部分更为密切地合作。

在信息技术等单一职能部门发挥多种作用的情况下，公司更倾向于将核心资源和共享服务单元视为母公司的一部分。例如，如果信息技术人员帮助实施基本的公司汇报流程（最低限度母合角色），为公司中的重大信息技术投资提供专家建议（增值母合角色），开发和运行对公司竞争优势来说至关重要的系统（提供核心资源），并提供某些类型的基本交易处理系统（提供共享服务），那么该部门显然扮演着多重角色。事实上，该部门的个别成员可能会在其中的两个或多个角色之间分配时间。在这种情况下，自然而然地会将发挥核心资源和共享服务作用的员工视为母公司的一部分。

然而，职能单元扮演多重角色是危险的，因为不同的角色和关系可能会相互干扰。在一家公司，一位深感困惑的公司信息技术职能单元的员工向我们抱怨说，上午，他应该告诉业务单元该怎么做（通过制定公司政策来增值），下午，他又向业务单元推销他的服务（共享服务）。在这种情况下，员工和业务单元都很难避免信息混杂、关系模糊的情况。

我们认为，公司各部门员工的不同角色需要明确区分，以避免失焦。至少，员工个人需要明确自己所扮演的不同角色，从而明确在什么时候适合采取什么行为。最好是将不同的角色划分出不同的单元，每个单元都有自己的特色和凝聚力[8]。

综上所述，母公司职能单元有助于实现公司最低限度的母合活动和增值母合主张。也可以将核心资源单元和共享服务单元视为母公司的一部分，我们需要认识到，叠加单元和项目单元的作用可能与母公司职能的作用重叠。图 6-2 显示了在母公司内和母公司周边可以找到的所有类型的员工和单元。

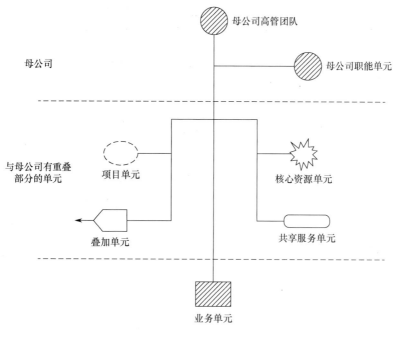

图 6-2　扩展的母公司

主导业务单元

特定业务单元有可能代表母公司在产品开发或客户联络等问题上发挥主导作用。在某一领域拥有特别强技术的业务单元可能被赋予相应的职责与预算，用以帮助公司其他单元开发应用该技术的产品，或者，面对一个关键客户，销售能力最强的业务单元可以代表其他单元发展与这一客户的整体关系。因此，主导的业务单元可以作为核心资源或共享服务的提供者，也可以承担原本应由母公司职能单元承担的增值母合任务。

这种扩展已经得到了广泛的讨论，也被苏曼特拉·戈沙尔和克里斯·巴特利特等作者所提倡，这些作者深信"跨国企业"需要从公司总部将权力分配出去，建立较少的层级关系。我们自己的研究表明，主导业务单元可以发挥有益的作用，但也可能在自己的业务单元和主导单元的角色之间产生混淆。一家公司的德国子公司被赋予了开发某项特定技术的领导角色。尽管该子公司在技术方面非常出色，但由于在德国的总经理几乎总是坚持优先考虑自己单元的利益，而不是全球范围内这一技术理想的发展，因此它并未发挥有效的主导单元作用。这导致了子公司与其他国家单元和公司总部的摩擦。这位总经理这样做，是因为他坚信对他个人业绩的评估更多是基于德国业务的利润，而非基于德国子公司作为全球技术主导单元所发挥的作用。

组织设计者需要明确主导单元的职责与问责制的本质。否则，主导单元就会面临混乱和相互冲突的优先事项。因此，它们最终会与其他单元或母公司发生势力范围争夺战，并且虽有所妥协，但也无法履行无论是业务单元或是主导单元的职责。

我们还发现，尽管人们对主导业务单元表示了兴趣，但英国只有约 1/4 的公司采用。在那些公司，这种做法通常只限于单一的职能领域，而且似乎并没有出现增加主导单元应用的显著趋势。主导单元尚没有像其倡导者所期许的那样，盛行于世并具有相当的影响力[9]。

母合层级和汇报关系

在一些公司，可以见到不止一个级别的母公司：例如，公司、事业群和部门可能各自作为业务单元之上的独立层级。在少数公司中，母公司的角色被划分为两个不同的汇报线，从而形成了上层的矩阵结构。主要母合关系由所谓"虚线"或次要母合关系来补充是相当常见的。需要理解所有这些安排，才能评估复杂结构中母公司的性质。

母公司和中间层级的母公司

在大公司中，母公司的角色往往由两个（或更多）管理层级共同承担。运营单元向事业群或部门等中间层级的母公司汇报，中间层级母公司向公司总部汇报。拥有许多业务单元的复杂的大型跨国公司，如飞利浦公司，可能会有几个层级的母公司管理层（见下文：飞利浦的母公司层级）。

飞利浦的母公司层级

飞利浦是世界上最大的跨国公司之一,业务范围从消费电子到专业系统再到照明。其总部设在荷兰,2000 年的销售额为 168 亿美元,营业利润为 19.2 亿美元,它在 60 个国家有 22 万名员工。图 6-3 显示了飞利浦的组织结构,聚焦于照明部门,以及该部门内部的灯具(Lamps)业务事业群。

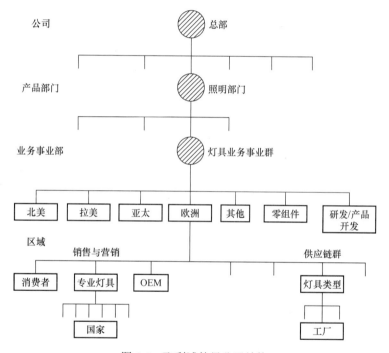

图 6-3 飞利浦的母公司结构

公司层面管理层约有 400 人。它集中于最低限度的母合活动、投资组合变动(包括并购),以及选定的公司母合主张,如公司品牌管理和高管团队发展。

照明是六大产品部门之一,共有 47 000 名员工,其中 50 名员工在一级部门工作。该部门管理团队涉及财务审查和挑战、规划流程、人力资源、信息技术/电子商务平台、采购、通信和质量管理等,这些问题与整个部门息息相关。

照明部门有四个事业群，其中灯具业务事业群是最大的，共有28000名员工，但只有5名员工在业务事业群层面工作。灯具业务事业群层面的主要任务是改善跨区域单元的协同工作。在大多数情况下，区域单元应该自己解决协同问题，但有时业务事业群管理层必须进行仲裁或做出决定。灯具业务事业群要为其业务的长期价值负责。

区域单元（欧洲、北美、拉美、亚太、其他）实际上就是业务单元。此外，还有一个零部件业务单元——其销售额约80%为内部客户，以及一个核心资源单元用于研发。这些区域单元按销售和营销渠道及供应链群组（采购、制造和物流）组织起来。出于跨区域单元协调的目的，各区域单元销售和市场及供应链群组的代表组成了委员会。这些区域单元主要对利润负责，该利润值以净资产回报率来评估。

销售和营销部分则由三个基于区域性渠道的组织组成，分别为零售商、专业灯具和原始设备制造商（OEM）的客户提供服务，并且在每个国家都设有子单元。这些子业务负责跟踪当地的利润和成本。在供应链中，该组织按灯具类型进行细分。供应链群组是一个成本中心。然而，不同类型灯具的利润率和资产利用率，包括销售和市场以及供应链群组，是可以通过会计系统来进行跟踪的。

因此，在飞利浦的结构中，有三个层级的母公司（公司、产品部门、业务事业群），每个层级都有其独特的角色，并且高于区域灯具业务单元。此外，还有针对特定渠道、跨国家和灯具类型的利润责任子单元。像飞利浦这样的大型、多业务的跨国企业，拥有四级或更多的利润责任管理层并不罕见。

母公司管理团队的每一个额外层级都会带来风险，包括重复、冗余、额外开销和矛盾的母合影响等。一系列层级当中，每个层级都会重复低层级的工作，与此同时对其所涉及领域的了解却逐渐减少，这样必定会破坏母合价值，所以应该尽量避免。而对不同层级角色进行区分的方式则更具合理性，以保证各级都要完成不同的、互补的增值任务。

理想的情况是，公司总部集中在最低限度的母公司角色和一些高层级的母合主张上，而中间层级母公司则主要关注更多与其特定业务相关的亲力亲为的母合主张。以 GE 为例，杰克·韦尔奇（Jack Welch）集中在"群策群力""无边界"以及最近的"destroyyourbusiness.com"等少数公司范围内的母合主张，而 GECS 等主要事业群则对自己的业务起到更近距离的母合作用，用与自己行业领域具体相关的术语来诠释公司母合主张。当公司总部的详细知识和核心能力不足以满足运营单元的所有母合需求和机会时，就需要中间层级的母公司。

中间层级母公司的亲力亲为角色，意味着事业群或部门应由具有类似母合需求的单元组成，其通常具有高度的相互依存性。然后，中间层级母公司可以培养处理各单元特定母合需求的技能，并引导各单元之间的相互依存关系。在飞利浦公司，对区域灯具业务单元之间的协同进行详细仲裁，这样的职责由灯具业务事业群的管理层承担，该管理层比公司总部低两级，如果这些问题由公司总部处理就太遥远了。在业务组合相对集中的情况下，亲力亲为的母公司将会更容易且有成效。

但是，事业群和部门的产生往往是出于一些原因，这些原因与其内部各单元的母合需求没有什么关系。权力政治、个人野心、管理层接班、地理位置或历史的偶然性都是影响事业群形成的因素。在这种情况下，中间层级母公司通常并不比母公司更具凝聚力，也并非同质的业务组合。这样一来，中间层级母公司就很难发挥与母公司相辅相成的、独特的、亲力亲为的增值作用。

特使

组建事业群的另一个常见原因与突破管理跨度有关。特使存在的目的是在公司层级中扩大一级母合角色的管理范围。

传统观点认为，任何管理者向其汇报的直接下属都不应超过一定数量。一些管理者认为这种"管理幅度"不应超过 4~6 个；另一些管理者，如杰克·韦尔奇，则认为管理幅度要大得多，直接下属的数量应达到 20 个或更多。在我们的研究中，发现管理幅度从 3 个以下到 30 个或更多不等[10]。

我们认为，管理幅度应该由所执行的母公司任务本质所决定，而不是由任何机械化公式来决定。如果上级只限于完成最低限度的母公司任务，那么就有可能出现相当宽的管理幅度，拥有 10 个或更多的直接下属。事实上，在这种情况下，相对狭窄的管理幅度导致事后批评和不必要的干涉，只会让上级管理者忙得不可开交。然而，如果上级管理者发挥更亲力亲为的作用，保留大量的职责和增值影响，母公司管理者很可能需要更密切地了解向他们汇报的每个单元。对此他们将不得不在每个单元上花费更多的时间，并且能够管理的直接下属也会减少。汇报跨度超过 6~8 个单元的亲力亲为型母公司，可能确实是不堪重负。

关于管控权的适当跨度，如果设计标准导致各事业群的规模过大，那么将各事业群打散并且设置特使管理者可能是合理的。比如，与其让 24 个单元都向首席执行官汇报，不如建立三个子事业群，每个事业群都有自己的"特使"，特使再向首席执行官汇报。特使并没有扮演与首席执行官不同的母公司角色，而是代表首席执行官扩大其影响范围。实际上，首席执行官和特使代表了一个单一的管理层级。因此，特使应避免建立额外的审查层级和独立的人员与管理费用。在一家公司，特使被称为"巡回主席"，经常在各业务单元之间奔波，自己仅拥有一间小办公室和"半个秘书"。特使应尽可能地与首席执行官一起工作，成为一个统一的母合团队。

在实践中，特使往往会成为一个独立的层级，并建立自己的审查和影响过程。特使自行"建立帝国"是一种常见现象，但这通常是因为没有足够清楚地告知特使，他的角色不过是首席执行官的延伸。在任何情况下，如果特使建立一个独立层级，将会有很大的价值毁损风险。最好的情形是他们会成为一个额外的审查层级，拖慢决策的速度，增加成本。更为严重的情况是，他们可能开始与首席执行官背道而驰，导致各单元间出现混乱。

为了保证特使高效地工作，有必要设计汇报和影响的流程，将首席执行官和特使的角色紧密结合起来。对于事业群和部门管理者，也有必要向他们明确，其角色是具有独立增值作用的中间层级母公司，还是纯粹与首席执行官密切合作的特使。

分别汇报

在多维结构中，业务单元管理者有时会向一个以上的老板汇报。例如，在 ABB 公司，国家运营单元负责人过去既向总经理汇报，又向全球业务领域的管理者汇报。在这种情况下，两个老板共同承担母合任务。例如，总经理可能是预算审批和月度监控的首要汇报对象，而全球产品部门的老板则可以主导战略和投资分配。职责分工应反映出上级管理层在不同维度的独特能力和关注重点。

这种分别汇报的方式通常被称为矩阵汇报，可以加强组织内部多重维度的业务聚焦。但绝不是所有的多维度组织都有不同的汇报线。业务单元和跨部门的单元，如叠加或项目单元，都可以向同一个母公司管理者汇报。相互依存结构不一定意味着分别汇报或矩阵汇报。

分别汇报并不容易。要想行之有效，需要就谁对什么事情负有主要职责达成明确的协议，并就老板之间分担的母合职责达成共识。原则上，这样的协议或许可以达成，但在面对特定问题和危机时，就有可能失效。管理者没有完成利润目标，是因为战略有缺陷（业务领域职责）还是因为执行不力（国家职责）？在分别汇报的情况下，即使两位老板已经原则性地同意了如何划分职责，也往往难以决定采取什么样的母合干预措施。而就如何干预达成共识的过程，往往会导致干预速度较慢或不够果断。

分别汇报也会给运营单元管理者造成潜在冲突。要同时对两个老板做出回应比较困难，因为每个老板都有不同的议程，有时甚至还朝不同的方向发展。大多数管理者更倾向于明确他们的主要汇报线，并将分别汇报或矩阵汇报视为一场噩梦。因此，分别汇报已经成为一种相对罕见且不受欢迎的母公司形式。只有不到 10%的美国和英国公司采用矩阵汇报方式[11]，就连长期以来倡导平衡矩阵的 ABB 公司也放弃了这种汇报方式。大多数公司都选择了明确的汇报主线，但即便如此，还是会有一些次要的或者说虚线的汇报关系。

虚线汇报

"虚线"汇报关系是组织设计中常见的模糊术语的典型例子，在不同的情况下可以有不同的含义。因此，我们需要明确"虚线汇报"这个术语在本书中是如何使用的。在虚线汇报中，有一个明确的汇报线，即向拥有最高权威的主要老板汇报，但还有一些其他的次要或虚线汇报关系。例如，业务职能单元负责人可以向业务单元总经理汇报，但同时也与母公司职能单元负责人有虚线关系；特定国家的业务管理者可以向全球业务负责人汇报，但同时也与当地负责人有虚线关系。虚线老板关注的是特定且明确的问题，并对这些问题有一定的影响，但主要老板显然仍是主要权威。虚线汇报可能被设计到正式结构中，也可能通过人际交往和个人影响等更非正式的方式演化而来。

虚线或次要汇报比分别汇报更容易且常见，是实施某些类型的职能影响并使之合法化的好方法。例如，业务单元的财务人员主要是业务单元管理团队的一部分，但同时也与公司财务总监有次一级的汇报关系，财务总监可以利用这种关系来检查整个公司是否使用了共同的报告标准，以及财务管理者是否培养了相应的技能完成工作。职能虚线有助于提高职能单元的专业性，通常也不会引起相关职能管理者所担心的冲突。人力资源、信息技术、财务、规划等职能单元的员工对其职能单元表示忠诚并不罕见，与此同时这些员工还会通过虚线的方式向母公司高层职能管理者以及他们所在的运营单元汇报。

虚线式汇报也可以帮助业务单元实现其目的。业务单元会沿着所定义的主要维度（如国家到地区再到全球公司总部）形成主要汇报关系，但也可能沿着不同的维度（如产品事业群）形成次要汇报关系。虚线关系意味着本地单元必须与产品事业群保持联系，听取其建议和劝说，甚至接受其在某些有限领域的权威（如全球品牌的产品定位）。这就为各单元提供了更多的母合影响，但又不会从根本上影响汇报主线。

因此，虚线汇报可以成为主要汇报关系的有益补充。然而，虚线汇报也会带来一些与分别汇报相同的危险。虚线老板越强大或要求越高，与主要汇报线发生冲突的风险就越大。但虚线老板越弱，这一关系的影响就越小。虚线汇报如同走在棘手的钢丝上，需要明确规定虚线老板的职责范围（见下文"国家经理"）。

国家经理

许多跨国公司，如 ABB、嘉吉、飞利浦和壳牌等，近年来都削减了国家经理的权力。随着公司的竞争范围越来越区域化或全球化，全球产品这一维度已经成为汇报主线，国家单元负责人的作用已然式微。然而，大多数跨国公司仍然拥有某种区域或国家管理结构。区域或国家经理在全球公司中能扮演什么角色呢？

一种可能的做法是，国家经理与全球产品负责人分担母合任务，采取某种形式的分别汇报或矩阵汇报关系。例如，国家经理可能会关注运营问题和预算执行情况，而全球产品负责人可能会在战略问题和重大投资方面发挥主导作用。但由于这种安排有可能造成含糊不清和混乱，已不再受欢迎。

第二种可能是由国家单元负责人担任次级或虚线汇报的角色。虽然汇报主线显然是向全球部门负责人汇报，但国家经理可以通过聚焦于特定的本地问题来增加一些价值。通常，他们所扮演的角色能够帮助运营单元与政府机构和本地大客户保持良好关系。他们还可以帮助确认本地的业务发展机会，尤其是当这些机会可能位于各部门之间或没有得到全球部门管理层的充分关注时。在遵守本地法律、财政政策等方面，国家经理也有一些最低限度的母合作用。

第三，国家经理可以领导为国内运营单元提供服务的共享服务单元。设施管理、工资服务和履约服务是向本地国家经理汇报的常见服务实例。更为罕见的是，国家经理也可以管理核心资源单元：例如，

> 在壳牌化学公司（Shell Chemicals），本地运营公司管理者代表壳牌化学公司所有全球业务单元管理共享的制造运营业务。
>
> 最后，国家经理可以为本地单元提供亲力亲为的指导，这些本地单元需要得到的关注往往比能从全球产品部门获得的更多。在一家公司，一位国家经理将他的角色描述为"参与到托儿所（小型新业务）、孤儿院（没有明显归属的业务）和医务室（重病业务）的工作中"。
>
> 综上，国家经理可以扮演几种不同的角色，"国家经理"的头衔因此可以有不同的含义。所以，组织设计者必须明确国家经理所要扮演的角色。国家经理的角色从来都不是一个简单的角色，但如果没有适当地阐明所涉及的职责范围，就会使其变得更加困难。

母合概念的相关性

在复杂的结构中，我们看到，由不同级别的业务管理层组成母公司，并得到不同类型员工的支持。与简单结构相比，母公司，特别是事业群和部门层级的母公司往往更加亲力亲为，并且与运营单元一起分担更多的职责。因此，存在通用管理层级上的一个范围，从公司首席执行官到中间层级的母公司，再下沉到业务单元，最后到子业务。一个不干涉业务的公司层级首席执行官和一个深度参与的业务单元总经理，虽然他们之间的角色差异很明显，但在这一范围内有些许灰色地带（见表6-3）。特使的存在，以及分别汇报与虚线汇报关系，将使得情况更加复杂。

表6-3 通用管理角色的范围

	权力/影响/自治权	问责制
放手型母公司	在少数领域保留职责或发挥增值影响力，并实行尽职调查控制，但不干预大多数的问题	对公司整体的利润负责
亲力亲为的中间层级母公司	保留实质性职责，发挥广泛的增值影响力，引导各单元间的相互依存关系，并实行尽职调查控制，但也接受其不应干预日常运营大多数问题	对事业群或部门利润负责

(续)

	权力/影响/自治权	问责制
业务单元总经理	除非是在母公司保留职责或认为其可以增值的问题上，否则能够在母公司有限干预下自由运营且不与其他单元协商。愿意与其他单元合作并帮助其他单元，但前提是不损害自己业务单元的成果	对业务单元的利润负有首要责任
子业务负责人	有一定的运营自由，无须咨询业务单元总经理和其他单元；但在业务单元战略和绩效问题上，必须接受业务单元总经理的权威性，并且必须作为业务单元管理团队的一部分与其他子业务合作	对于子业务的利润负责，取决于对业务单元整体盈利能力的贡献

公司或部门职能单元也可以扮演各种角色。除了支持最低限度与增值的母合角色之外，它们还可以作为核心资源和共享服务单元，并可以承担或叠加与项目单元重叠的任务。此外，主导业务单元可以承担一些本应由核心资源/共享服务单元或者由母公司职能单元/部门层级扮演的角色。

由此可见，"母公司"和"运营单元"之间的区别往往是模糊的，母合职责在组织中的分布往往更为广泛。这是否意味着母合概念不再有效或有用？

我们的结论是，在复杂的结构中，简单化地使用母合概念可能不太合适，也没有帮助。准确地确定管理单元是否为母公司的一部分并非总是可能或有用。强调为什么我们需要上级单元的问题也不会有什么启示，因为母公司（广义的定义）是组织的组成部分，而母公司中的各个独立部分显然不可能单独运作。同样，坚持认为只有母公司才能给大体上自治的业务单元增加价值的情况下，它的存在才是合理的，势必会扭曲母公司在相互依存结构中的角色，因这一结构并不是以自成一体的自治单元为基础的。

另一方面，在相互依存的复杂结构中，母合概念中有很多内容是相互关联且有效的。

- 母合优势，即比起其他任何人，母公司可以从一个事业群的业务组合中创造出更多价值，这个目标仍然是一个核心概念。追求母合优势应该而且仍然是公司战略和组织结构的基本驱动力，母合优势测试是高度相关的。公司战略所依托的价值创造源泉是什么？如果选择了相互依存的、具有多个层级的母公司结构，这是否体现了公司战略对母合优势的追求？还是因为这一原因比其他原因更为突显？只有在需要创造尽可能多价值的情况下，复杂结构和汇报关系才有意义。

- 冗余层级测试在多层级组织中至关重要。每个层级是否都有独特的、互补的、价值创造的职责？是否具备知识和胜任力来有效地履行这些责任？事实上，由于母公司的上层管理者在复杂的结构中承担着更为繁重的职责，因此，他们是否具备必要的母合技能就显得尤为重要。在相互依存的结构中，母公司的价值毁损是一个非常现实的风险。没有母公司可能无法工作，但错误的母合方式将会造成严重的毁损。对上级的价值毁损进行现实的评估，如何将其降到最低，仍然是一门非常有价值的学问，对管理层具有强大的实际意义。

- 尽管在实践中存在着一系列的通用管理层级，母公司、业务单元和子业务之间的区别不太明显，但仍然值得认识到它们之间的角色在本质上的差异。原则上，业务单元与向其汇报的母公司和听取其汇报的子业务之间的职责和义务大不相同。特别是，业务单元比母公司拥有更多的自治决策权，后者通常必须通过对业务单元的影响来开展工作，而子业务则必须接受在许多重要问题上业务单元总经理有最终决策权。即使是亲力亲为的母公司也必须认识到，大部分决策的主要职责落在业务单元管理者身上。即使是有独立思想的子业务负责人也必须认识到，他们的主要任务是作为业务单元总经理团队的一分子开展工作。否则，"业务单元"就会连同主要的利润问责制一起上移或下移一级。关于哪些单元拥有主要决策权和利润问责制，以及其他管理层级应如何与之合作从而优化结果等问题，仍然值得组织设计者思考。

- 由于母合任务分散在各处，各个单元都在为整体母合任务做出贡献，因此，有必要对参与母合任务的所有单元的具体职责进行详细思考。为了明确不同管理层级和单元的角色和职责，不妨明确列出它们各自对整体母合任务的贡献。而且，由于一些职能部门和主导业务单元扮演着多重角色，因此，对于如何承担这些角色，为了避免混乱以及由此带来的价值毁损，区分这些角色至关重要。

- 在设计和管理相互依存结构，并使之成为有效的自我管理网络方面，母公司的角色至关重要。由于知识和胜任力的限制，母公司应该试图将大部分的决策分权化。但是，为了使网络运行良好，它也必须保留一定的职责，并愿意对单元之间的纠纷进行仲裁。它的影响力和权威性对于建立明确的单元角色、保护专家文化、促进困难连接、行使控制权以及调整组织以适应所面临的变化至关重要。

虽然在相互依存的结构中，明确区分母公司和运营单元往往不太可行，但母合概念所提示的许多问题仍然具有相关性和影响力。

如果觉得"母合"的概念有误导性，那么这些问题可以从公司增值、层级关系以及不同管理层级和单元角色等方面来重新表述。但是，对相互依存的复杂结构的调查，使我们更加相信这些母合相关问题至关重要，而母合概念如果运用得当，就能提供解决这些问题的最佳途径。优秀母合能力是结构化网络的必要条件。

第7章

设计流程概述

在管理者目前用来解决设计问题的方法中,我们认为存在两个缺陷,本章要谈谈组织设计决策的问题[1],以弥补上述缺陷。

第一个缺陷是管理人员不掌握进行组织设计决策的规范分析方法。大多数管理者觉得有必要在项目开始时就制定设计标准,却发现这是很困难的。大多数管理者没有足够的创造性,也很难提前敲定几个比较令人满意的决策方案。大多数管理者没有有效工具去挑战和测试他们提出的想法或概念。最后,大多数管理者没有令人满意的方法将他们设计出的方案传达给执行者或下游用户。因此,决策流程往往非常主观,可能更多地受到高层管理人员的权力和偏好的影响,而不是经过严格分析做出决策。

例如,在一家大型电力公司,首席执行官认为,对公司经营所在的行政管辖区关注不够。该公司在组织架构上分为发电业务单元和送电业务单元,但其大部分销售业务仍受四个不同的管辖区监管。该公司不仅要在组织架构上为每个监管机构设置对接部门,而且要为每个辖区规划战略,协调两个业务单元,以确保战略实现。从与社区和监管机构的关系来看,行政管辖区这一维度是一种经营挑战,而从优化该地区业绩的角度来看,这也是一种战略挑战。

这家公司的首席执行官将一个艰巨的任务分配给他的一位高级管理者。是否有必要在组织架构中增加一个维度,如果有必要,负责管辖区的管理者需要什么权力？这些管理者应该向谁报告？有多少工作可以由现有的总部职能部门（如法律和财务部门）完成，或授权给其他业务单元？她采取的方法很彻底。她定义了所有需要完成的任务，并针对这些任务需要集中还是分散询问了大量管理人员，在收集众多被咨询者意见后构建了一个庞大的职责网格。接着，她面临的任务就是从这个分析结果中抽选出一个解决方案。随着最后期限的临近，她开始依靠个人直觉和判断力，评估哪个方案在公司政治的维度是可接受的；但并不相信她提出的解决方案是现有方案中的最佳方案。她问道，"除了把这个解决方案向高层管理团队作演示，看看他们是否觉得可行之外，一定有什么办法可以检验一个解决方案的优劣"。

第二个缺陷是管理者们没有建立"结构化网络"的方法。他们并不知道什么时候已经做了足够的设计。当管理者面对公司范围内的设计问题时，现有的设计工具——流程图、职责网格、审批层级和工作描述等流程再造工具，让他们陷入更多的细节中而无法自拔。结果，他们可能忽略这些细节，认为"这些问题随着时间的推移会自行解决"，或者制定过多的流程和详细的结构，扼杀了主动性和个性。

一位管理者带领一家大型零售商的再设计项目，他正试着决定所需设计细节的详尽程度。他特别关注的是负责零售业态开发及品类管理开发的部门和负责店铺、供应商和运输的运营部门之间的关系。不难想象，这两个部门需要合作，必然涉及的问题包括为某一个品类配置多少货架、如何利用门店管理者对顾客的反馈等。问题在于，要决定有多少这样的流程需要在设计环节就予以规划好，而不是让相关管理人员自己在工作中进行开发。此外，这位管理者也不确定的是，在确定提议的设计解决方案是否可行之前，是否先要把这些流程定义好。

他经过分析后认为，在选择设计方案之前，确实需要定义好流程，但事实证明这是不切实际的。要做太多的工作。因此，他得出了相反的结论。"我可能是个叛逆者，但我认为我们应该让他们慢慢解决流程问题。我们应该先按照这个设计，试着运转三个月，然后把流程记录下来。"但他还是不放心，"麻烦的是，我们怎么知道自己是不是忘记了某些重要的事情,当大家都把注意力放在自己单元内部的事情上时,我们怎么能让业务继续向前发展?"

我们的设计流程解决了这两个问题。整个流程的步骤包括定义标准、开发方案、测试和沟通,这些步骤并不是全新的(见图 7-1),但其严格性是新的。我们用契合度驱动因素开发设计标准;单元分类法帮助管理者们开发设计方案;测试确保每一个建议的解决方案都得到充分的挑战和质疑;而沟通步骤则确保设计成果能够为管理者提供足够的指导,他们必须使设计方案发挥作用。虽然最终必须得到高管们对其提案的承诺,但负责设计项目的管理者需要一个严格的设计流程,以便在他们试图向其他人推销之前,先说服自己,他们已经有一个优秀的解决方案。此外,这一流程还可以让尽可能多的管理者参与讨论各种方案,避免设计工作中经常出现的神秘性。

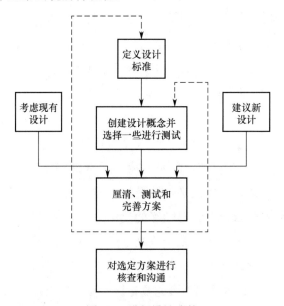

图 7-1　进行设计决策

这个流程的第二个好处是帮助管理者在结构和网络之间找到正确的平衡点:帮助他们设计"结构化网络"。在这里,分类法和测试起到了至关重要的作用。分类法帮助管理者创建可以作为网络运作的设计概念,其中明确定义了各单元之间的关系。测试引导管理者设计"恰到好处"

的附加结构和流程，使多个单元构成的网络作为一个有目的的组织共同发挥作用。那位来自零售公司的管理者与其让员工"试着运转三个月"，不如利用分类法更清晰地界定开发部门和运营部门之间的关系（它们是否都是业务单元？其中有一个是叠加的吗？开发部门是否应该作为核心资源单元？），并通过测试来确定少数几个需要额外设计投入的"困难连接"。

因此，我们所描述的流程并不只是几个惯常的步骤，而是一个解决设计问题的系统性框架[2]。在本章中，我们会着重阐述设计流程以及我们在研究设计流程中频繁出现的一些问题。在第 8 章，我们将重点介绍测试，因为测试是这个设计流程中最重要的部分，在没有其他步骤的情况下它也可以单独使用。在第 9 章，我们将通过一个详细的例子来跑通整个设计流程。

我们所建议的设计流程应该由面临重大组织架构问题的管理者们使用，它包括重新设计整个公司，重组一个包含若干业务单元的部门，引入一个新的组织层级。当管理者想改变汇报关系、集权化程度或者业务单元的定义时，这个设计流程是最合适的。重新设计的需求可能源自组织机构并购或拆分，或来自于环境或战略的重大变化。重新设计也可能是因为目前的组织没有按计划运转。

例如，巴克莱商业银行的首席执行官大卫·罗伯茨（David Roberts）希望把一个主要按地域和产品构建的组织转变为一个更加注重"为客户提供金融解决方案"和在基础设施领域（如交易处理）形成规模经济的组织。他希望建立一个以产品、市场和基础设施为三个轴心相互依存的组织。

另一个例子是嘉吉公司在全集团范围内的重新设计。嘉吉公司经营范围广泛，包括农产品、食品配料和食品。设计团队的任务是对组织进行全面重新设计，以更好地适应新的公司战略。其目标是成为"为经营农副食品连锁店的客户提供解决方案，助力其业务成功，并使嘉吉成为这一领域的全球领导者"。该项目涉及将现有的部门分解为 100 多个运营单元，将这些单元组合成集群，明确这些集群或"平台"的角色，重新评估公司总部的角色，并为这些单元制定协作流程和绩效评估流程。

第三个例子在第 9 章中被广泛提及，涉及一家我们称之为全球食品的公司。该公司的欧洲零食部门担心业务增长问题，它的核心产品已然成熟，而且该部门已经在其他相关领域开始多元化发展，这些新产品品类并没有像管理者们所希望的那样取得很大的进展。该部门希望给予它们更多的关注，即把它们置于增长战略的中心。部门的高层管理者决定，要实现这一目标，需要进行一些重组。

这类性质的组织设计挑战，即企业或组织架构的挑战，可以与诸如重新设计一个业务单元内的市场营销和制造职能之间的关系、设计一位产品管理者的工作岗位、或设计从订单到交付的流程等挑战对比。对于这些"运营"挑战，流程再造的工具比我们的工具更合适。我们的原则和测试也许能够对运营设计的问题做出一些贡献，但它们不是本书的重点。

设计流程该从哪里开始

设计流程有三个可能的起点：从当前的设计开始，从定义设计标准开始，从一个新提出的设计开始。

从逻辑上讲，流程应该从定义设计标准开始，这也是大多数顾问公司解决这个问题的方法。如果不首先确定目标，就很难选择新的设计。然而，在实践中，管理者往往喜欢从不同的立场出发，在某些情况下，这是有意义的。例如，管理者可能会担心当前的组织是否是问题的一部分。通过评估目前的情况，他们可以决定是否需要新的设计。

其他管理者们一开始就有一个明确的想法，他们认为那就是答案。他们的设想可能是基于直觉、经验、对竞争对手的模仿或最新的组织概念。他们关心的不是理论，而是他们的新概念是否可能奏效。

无论出发点是什么，"厘清、测试、完善方案"都是整个设计流程的核心。如果设计有缺陷，问题就会暴露出来，设计团队就需要进行完善，生成一些新的方案，或者回到起点。虽然没有任何一个流程能够保证管理者做出正确的选择，通过指出选项的优缺点，测试可以呈现出设计者个人的偏见和自身利益，从而减少政治和权力斗争的影响。

定义设计标准

对于管理者来说，这个步骤涉及使用四个契合驱动因素——产品—市场战略，公司战略，人员，限制因素——来制定设计标准。例如，对于"产品—市场战略"，分析的内容应为：

- 列出竞争优势的来源和为每一产品—细分市场规划的运营举措。
- 对于每一个优势和举措的来源，注意来自组织的影响，并把它们转化为设计标准。

在某些产品—细分市场，优势来源可能是通过更胜一筹的应用技术获取与客户的密切联系，换句话说，该公司期望通过与客户合作解决他们的问题来赢得市场。这对组织有以下影响：

- 可能需要设立市场导向的单元，聚焦于有着不同问题的客户群体。这将使不同的单元能够发展出处理不同类型客户问题的技能。
- 市场导向的单元可能需要是业务单元，因为这些单元将有很高的积极性，在给每个客户提供多少免费支持的问题上做出困难的商业取舍。
- 市场导向的单元需要在其内部配备技术专家，而不是从集团的技术职能部门抽调人员。这将进一步鼓励各个单元注重技能发展并确保有高度的响应能力。

从这一分析得出的设计标准将是：确保市场导向的单元是业务单元，针对不同的客户类型拥有自己的应用技术。

与一系列细分市场密切相关的一项运营举措大概是建立与客户和供应商互动的电子商务系统。设计的标准将是"确保组织设计能够对电子商务项目给予特别关注"。

集团层面的组织设计

对于涉及四五个产品—细分市场的情况，所需的分析至关重要，但也是可以实现的。在嘉吉公司，涉及 100 多个不同的产品—细分市场，对所有产品—市场战略的设计标准进行彻底分析成为一项繁重的任务。解决的办法是根据需要进行分析（即只有在某项测试提出问题时才进行分析），或者对产品—细分市场进行抽样分析，直到额外的分析不能提供任何额外的设计标准。因为在契合度测试中会重新审视四个契合驱动因素，所以在这个阶段需要注意避免"过度分析"。在生成设计标准的过程中，会在测试步骤发现方案的不足。将注意力集中在少数重要的优势资源和运营举措上，是避免过度分析的方法之一。

对于"人员"，分析的内容是：

- 列出在新组织中担任重要职务的高管名单，无论选择何种设计，都要评估他们的优势、劣势和偏好。
- 列出其他管理者名单、他们具有相关的优势或技能。
- 列出在组织可聘请的人员类型上可能存在的任何限制。
- 列出优势、劣势、偏好和招聘限制的清单，注明来自组织的影响，并将其转化为设计标准。

如果首席执行官更喜欢一对一的工作，而不是领导一个团队，这也需要被转化为一个设计标准。"确保足够的权力下沉，避免在组织的最高层建立一个依赖于团队或委员会的决策流程"。如果在欠发达国家很难招聘到市场营销管理者，设计标准可能是"确保营销或营销招聘工作充分集中于总部，以此克服本地技能的缺失"。

设计标准需要对组织设计的某些方面给予具体指导。诸如"最大限度地减少组织边界""最大限度地提高组织学习能力"或"缩短决策时间"等标准过于笼统，并不实用。它们没有被转化为足够精确的组织含义。另一方面，标准不能成为一种桎梏，它们不能太过束缚手脚，以至于设计标准就定义了解决方案。我们发现，从契合驱动因素出发制定设计标准是最佳方式，在不至于太过细致也不会太过笼统之间，找到中间地带。

四个契合驱动因素提供了关于组织的具体情况、环境以及组织要做的事情等信息。为了制定出反映特定组织特定情况的设计标准，管理人员需要从四个契合驱动因素中得出这些标准。

在制定设计标准的流程中，可能会产生大量需要予以考虑的因素，其中一些可能会发生冲突。一旦产生了完整的清单，就需要确定优先次序以解决冲突。在整个设计流程中，必须牢记那些最重要标准的简短清单。然而，完整的标准清单将有助于在下一步对方案做出选择。

创建和选择设计概念

有两种方法可以创建设计方案，一是直观地在分组流程中创建，二是利用设计标准进行分析。分析流程包括五个步骤。

（1）用最重要的设计标准来定义"职责分组"——需要管理层重点关注的职责集群。

（2）选择职责组合的一个维度作为首要的汇报结构，并利用角色标签，围绕这一结构主干来匹配合其他分组。

（3）用同一个结构主干创建几个不同的"设计概念"。

（4）选择另一个维度作为结构主干，再生成一些设计概念。

（5）对上述步骤生成的设计方案进行审视，检查它是否至少包括一个简单的和一个较复杂的备选方案。

"设计概念"不是完整的组织设计。它包括方框（单元）、线条（单元向谁汇报），以及最重要的单元角色（其广泛的职责和问责制以及对横向和纵向关系的指导）。它并不包含最终设计中所需要的所有流程和协作机制。

重要的是产生设计概念，而不是完全可行的蓝图。这是因为制定完全可行的蓝图非常耗时费力，而且所需的时间投入会使管理人员迟疑，而不愿意考虑更多的方案。可以快速开发出设计概念，使得列出众多备选方案变得可行，而不需要在每个方案上投入大量时间，应该对多个设计概念做出选择之后，再开发一个完全可行的蓝图。在我们的决策流程中（见图 7-1），最后两个步骤"厘清、测试和完善方案"和"对选定方案进行核查和沟通"会帮助将设计概念转化为完全可行的蓝图。

开发出一定数量的设计概念也很重要，这样才能保证创造力，克服盲目思维。在大多数设计项目中，管理者在做出选择之前并没有考虑足够的选项。例如，在电力公司，考虑管辖区设计问题的管理者只提出了两种选择——集权化模式，以及分权化模式。我们注意到，这种情况很普遍，是因为许多管理者没有适当的语言清晰地表述不同选择之间的微妙差异。幸运的是，角色分类法是定义和阐明不同选项的有力工具，可以用来创造微妙的变化。例如，业务聚焦的次要维度，如管辖区维度，可以是一个叠加单元、一个项目单元、一个业务单元、一个共享服务或母公司的一部分。因此，思考管辖区项目的管理者可以很容易地清楚阐述六种不同的模式：

- 分权化模式，把大部分管辖区的职责分配给发电和输电业务。
- 集权化模式，将职责分配给总部职能单元，它处于业务单元之上，有着"母合"权力。
- 叠加模式，将职责分配给一个单元，该单元负有非主导的利益相关者职责，负责最大限度地提高管辖区的收益，但几乎没有权力。
- 共享服务模式，将职责分配给一个为业务单元和母公司提供服务的单元。
- 项目单元模式，即职责在现有业务单元之间分配，需要成立一个项目小组，以便制定一个管辖区的计划。
- 业务单元模式，即将各管辖区作为业务单元，向发电业务和供电业务单元购买服务。

单元类型分类法提供了一组构件，用来简化创建一整套初始方案的任务。但是，角色标签不应成为限制因素。在每个通用方案中，可以创建更多的变化。例如，可以将每个管辖区内的关系管理职责设定为共享服务，而将规划职责设定为母合职能。还可以设立一个叠加单元，它对某些明确的决策有一定权力,例如,改变服务水平或资本投资决策。

使用角色分类法的一个好方法是刻意给单元贴上不同的标签。例如,在一个按地域设立组织架构的公司中,如果想更多地强调产品的维度,那么产品可以是"业务单元""子业务""叠加单元""核心资源单元""项目单元"或"母合单元的一部分"。每一种选择都会对组织的其他部分产生影响。通过尝试每个选项,管理者可以确信他们已经充分考虑了不同的解决方案。尝试不同的角色标签并不是激发创造力的唯一方法,但根据我们的经验,这种方法是很有效的。

我们的研究显示,管理者们对生成方案的耐心相对有限。一旦创造出一个看起来可以完成工作的方案,管理者们就想进入下一阶段——分析-测试方案。我们不推荐这种做法,但也不想过于教条主义。我们建议可以选择一个方案进行测试,如果发现不合适再创造另一个方案。换句话说,并非一定要在一个时间点创建所有的方案,然后在下一步进行测试。可以进行一个迭代的流程。把时间花在创建方案选项的好处是,它有助于创新思维。在试图开发多个方案时,管理者被迫思考在不同情况下,他们可能会产出的解决方案。假设分析按照我们的建议进行,管理者通常会开发出 3~7 个通用方案,每个方案有 2~5 种变化。既然有这么多的方案,管理者应该如何选择评估哪些方案呢?答案是使用小组认为舒适的方法。选择流程并不重要,因为测试将有助于发现任何不足的选项。因此,一个直观的流程,包括选择高层管理人员认为最合适的设计,可能就足够了。

在各个设计概念之间进行选择时,一个引导深入分析的流程是根据设计标准清单对各种方案进行评分,选择总分最高的方案进行测试。在实践中,通常采取混合了分析、直觉、强制排序并与最有权势的管理人员的偏好相结合的方法,决定对哪些方案进行测试。

让直觉在流程中占主导地位,就会为政治和权力打开大门。管理人员很有可能选择一个小组中职位最高的人可以接受的方案。或者,他们可能会受到过多的影响,选择一个明显为最资深的管理者提供工作机会的方案。虽然对这种情况应予劝阻,但这不是关键问题。在测试阶段,选项中的任何弱点都将被发现。

厘清、测试和完善方案

在对一个设计概念进行测试之前，需要对概念作进一步厘清。这到底是什么意思呢？如果方案是在"创建和选择"步骤生成的，那么它就已经足够清晰了。但如果正在对当前的设计或其他一些提案进行测试，在测试开始之前，往往需要厘清方向。在这里，角色分类法是必不可少的，方案需要转换成一个设计概念，包括方框（职责如何分组）、线条（汇报关系）和角色（横向和纵向关系的本质）。

我们经常发现自己在审核一个建议的设计方案时，不得不问一些基本的问题，如"这样的单元是否是一个业务单元？"在前面提到的零售商案例中，在项目负责人向一组高管人员成功地介绍了设计方案后，我们才与他见面。设计已然获得批准，他的介绍也是向更多人进行前期沟通的一部分。然而，当我们问到开发部门究竟是一个业务单元、一个叠加部门还是母公司的职能单元时，他觉得这个问题很难回答。"我们还没有决定。我预计每个品类都需要对盈利能力进行衡量，所以我想它们会是业务单元。"他接着说："但重要的是，它们是不是需要与业态和运营单元合作？我们一直在强调需要合作，而不是各个单元各自为政。"

我们的回答是：一个组织中的各个单元总是需要以某种方式合作。在设计概念中，重要的是思考组织要想有良好的表现，需要存在什么样的关系。因此，就要用到我们的角色分类法。仅仅强调协作是不够的。在一个品类单元和一个业态单元之间的关系被指定为"团队""服务提供者/客户"或"互惠互利"之前，我们认为设计概念的工作还远未完成。

当管理者明确了设计概念后，就可以运用九项测试了。关于如何执行这九项测试，在第 8 章中会有描述，并在第 9 章中进一步说明，所以在此我们不讨论其中所涉及的分析流程。然而，作为概述的一部分，我们需要了解测试的目的以及如何最好地使用这些测试。

设计概念是一个组织大纲，它并不界定使其发挥作用所需的流程和机制。它包含了对职责和关系的详细描述，但需要在测试流程中做进一步补充。因此，测试不仅仅判断方案是否可行，还为了帮助设计者对方案进行补充、调整和润色，将一个设计概念变成一个可行的设计，变成一个"结构化网络"。测试也可以用来完善和改进现有的设计。

测试可以帮助管理者实现"恰到好处"的设计。正如我们在本书中所指出的那样，优质设计所面临的一大挑战是如何平衡自我管理和秩序的目标：促进自我组织的人际交往，但又要有恰当的结构，使组织运转良好。测试是解决这种紧张关系的关键。结构和流程应该被添加到设计概念中，恰好能满足测试的需要，不多也不少。如果困难连接测试表明，这一连接将不能通过自我管理网络有效地工作，那么就需要对设计进行调整和补充，以解决这个问题。但是，一旦进行了足够的补充，通过了测试，就不需要再进行补充。测试不仅可以评估设计是否可行，还可以指导管理者开发出"恰到好处"的设计。

例如，在零售公司中，领导某个项目的管理者可以通过应用以下测试进一步推进设计工作。

- 困难连接测试可以帮助他确定那些需要特殊解决方案的协作问题。例如，组织如何决定新零售空间的开业或撤店。
- 专家文化测试可以帮助他思考某些单元是否需要更多的区隔。例如，是否需要设计一个新的业务单元，以便在主体组织结构之外孵化全新的概念。
- 问责测试会帮助他思考"品类"和"业态"的绩效评估标准，接下来还会建议是否将这些单元设立为叠加单元或业务单元，而不是职能单元。

每一项测试都会引起管理人员的注意，注意到设计中需要进一步厘清的部分。然后，设计团队就可以针对测试提出的问题进行补充和完善，因为他们知道，当完成这些工作时，他们就将完成"恰到好处"的设计。例如，一旦对所有的困难连接都制定了"解决方案"，设计团队就会知道，单元之间的其他关系可以留给相关管理人员自己去解决。同样，问责制测试也能帮助管理者聚焦于那些难以控制的单元，鼓励管理人员寻找衡量业绩的创新方法，或找到担负责任的其他方法，例如，确保该单元向对其问题特别了解的母公司管理者汇报。

设计概念的"丰满"有多种方式。大多数管理者认为协作机制是将组织的不同部分联系在一起，并在各单元之间建立有效关系的黏合剂。然而，在实践中，还有更多需要完善和补充之处，可以用来解决测试提出的问题。协作机制并不是在"网络"中创建"结构"的唯一方式：

- 可以改变职责分配，以便进一步自我校正尴尬的关系。例如，可以将强制性的服务关系改为双方都有选择的关系。
- 可以改变母公司层面的角色、技能或资源，使母公司管理者有时间和能力在必要时进行干预。例如，为了解决如何在区域化结构中协调全球定价的问题，可以任命一位公司级别的营销副总裁，当区域单元的定价达不到最优时，他能够明智地进行干预。
- 绩效衡量和奖励措施可以用来确保管理者没有相互冲突的动机。例如，可以根据集团的业绩而不是各个单元的业绩发放奖金。
- 可以任命不同的人担任重要工作。例如，可以任命以前成功合作过的管理者们一起工作，确保即便存在潜在的尴尬关系也有机会进行有效合作。
- 文化杠杆，如行为规范和领导风格，可以用来为单元之间的互动设定合适的基本规则。

下一章将用大量篇幅讨论可以进行的各种改进和补充。从这一章中得到的重要信息是，有一系列办法可以解决测试中提出的问题。为了使设计概念或现有设计更好地通过测试，协作机制是引入的众多优化手段之一。

我们建议管理人员首先采用契合度测试，因为这一测试往往能发现导致某一方案被否决的原因。契合度测试缩小了需要考虑的备选方案范围。优质设计测试应该在契合度测试之后进行，其价值更多的是帮助管理者完善和美化设计概念。优质设计测试可能会发现颠覆因素；但更为常见的情形是，它鼓励设计者开发流程、机制，并做出使方案可行的其他调整。

当测试显现出颠覆因素时，就应该放弃设计，并选择测试另一个设计方案。如果测试否决了一个方案，就应该回到"创建和选择"的步骤，选择另一个方案。如果这个流程是从当前的设计或一个广受欢迎的方案开始的，下一步则可以从定义设计标准开始，作为方案开发的初始步骤。

不同的测试之间有一些重复。此外，为检查对设计的调整或补充，我们经常需要重复进行测试。这种重复和反复是健康的：这是全面工作的一部分，需要从不同角度重新审视分析。我们从不觉得花在测试上的时间被浪费了。

选定的设计方案应该是在测试中表现最好的方案。根据我们的经验，管理者们很少对超过一个或两个方案进行细节测试。通常，首选的设计方案很快就会出现，而测试是用来完善和改进设计的。有时，两种设计方案之间会出现难分高下的局面，每种方案都有不同的优势与劣势。在这种情况下，领导者需要做出决定，但必须让尽可能多的管理者参与测试讨论和评估取舍之后才能做出决定。如果人们看到"已经完成"正当程序，那些持反对意见的人就更有可能支持最后的决定。

核查和沟通设计

一旦一个方案通过测试、完善和选择，就基本完成了设计流程。然而仍有一些工作要做。需要将人员分配到主要的工作岗位上，需要核查设计是否清晰，需要对设计方案进行沟通。

这一步需要对每个单元进行检查，如果还没有任命该单元的高管团队，则要决定如何进行选拔，并评估该团队是否得到足够的指导，是否可以开始运营。关键问题还是沟通。角色定义、政策、流程和机制的描述是否能让管理者在没有进一步指导的情况下开始工作？这一步的误区在于要提供额外的细节而不是更有力的沟通。上一步的结果将产生"恰到好处"的设计,这一步则是要找到一种方法来帮助相关管理者理解其意图。

只要一项设计方案经过彻底的测试,而且对于解决测试中提出的问题所需的改进和补充,管理人员都进行了过长时间的认真思考,那么设计就会包括"恰到好处"的细节,它将是一个"结构化网络"。然而我们发现,管理者们对我们的建议信心不足。"难道我不需要为每个岗位制定工作说明书吗?""难道我不需要对目标设定流程的细节进行定义吗?""在上一家公司,我们还制定了一份公司政策手册,这难道不是我需要做的一部分工作吗?"

在大多数情况下,答案是否定的。如果已经做了足够的设计来解决测试流程中提出的问题,那么设计工作就完成了。例如,如果总部有一个人力资源职能单元,该单元负责管理整个公司的高管人才库,那么,人力资源职能单元需要制定哪些政策来完成其工作,这不是由组织设计者去定义的工作,而是人力资源管理者们需要和业务负责人一起完成的。

一位管理者坚持说:"但是,如果我在测试流程中遗漏了什么怎么办?"这是一个合理的担忧。我们的解决方案是对设计进行最终审核。这需要我们站在运行每个重要单元的管理团队立场上,来审视新设计。理想情况下,应该通过每个管理团队的眼睛来检查设计,但这些环节所需耗费的时间,往往使将这一工作聚焦在重要单元上更为务实一些。

在选择了聚焦某一个单元之后,分析环节就需要审核管理团队在该单元之外的所有重要关系。该清单应包括与客户、工会、供应商和其他利益相关者等外部群体的关系,还应该包括所有内部关系,包括横向和纵向关系。目的是要仔细检查设计的最终形式,是否为管理者开始工作提供了足够的信息。针对每种关系的问题是:"单元的管理者应该如何处理这种关系,是否存在任何限制因素?"

如果没有约束条件且单元能在不利条件下运行,那就没有问题。如果有限制因素,无论是以设计方案定义的关系形式,还是以作为设计的一部分而定义的协同政策或流程的形式，都会存在一个后续问题。那就是"职责、角色定义、政策或流程是否足够清晰，使相关管理人员在没有进一步指导的情况下就可以开始工作？"

如果答案为"否"，说明测试流程中有些地方还没有完成。也许是忽略了一些问题且现在应该解决掉，或者是问题的解决方案没有被定义得足够详细。不管是哪种情况，设计者都应该回到相关的测试中去，重新做分析。

沟通本身就涉及判断，最好是和相关管理人员一起进行。纸面上清楚的东西，在管理者的脑子里往往不清楚。事实上，管理者经常会从字里行间读出更多的限制和政策，而不是已经规定好的相关政策条款。尤其当这个设计比之前更分权化或更倾向"自我管理"时更是如此。尽管现在已经放弃了旧规则，管理者仍然会在设计中读出一些旧规则。反之亦然。在设计变得更加集权化和更加相互依存的情况下，管理人员经常低估或忽视一些新增加的限制。

沟通工具与设计工具类似，包括结构图、角色定义、流程图、决策网格、工作描述和政策手册。这里需要的技能是要避免误用这些工具，不要让它们引导管理者，从而对设计方案增加更多的细节。例如，作为新设计的一部分，制定工作描述是很常见的。一旦启动这项活动，它本身固有的官僚特征就会显现。制定工作描述的人员为了使管理者能够在新设计中有效地工作，试图定义管理者的所有职责，而非仅仅定义足够的职责。在这种情况下，"角色描述"是一个更有用的术语。同样的情况也会发生在决策网格上。决策网格往往不是关注那些令人困惑或"困难"的决策，而是涵盖了影响某个特定问题或关系的所有决策。这就导致了过多的定义而不是"足够"的细节。只要管理者熟悉所使用的术语，角色和关系分类法在沟通流程中也非常有用。

解释新设计的基本原理也很重要。我们将在本章最后一节中指出，让管理人员理解所做设计判断背后蕴含的思想，最好的方法就是确保他们参与到设计流程中。列出设计中的缺陷是一个很有用的举措，每一个设计都是一种对目标的妥协，它会使一些目标更容易实现，而另一些目标更难实现。界定那些现在看来会更困难的目标，那些更难经营的关系，以及那些更难衡量的责任，对推进工作来说大有裨益。

管理者对组织工作可能是短视的，他们可能直接表示反对，而不是去平衡某一项困难事情的消极因素和积极因素。如果在沟通流程中提供这种分析，不仅能使管理者感到充分分析了利弊得失，还能帮助他们看到取舍。正如一位顾问向我们指出的那样，"只有在加入下一家组织后，管理者才会了解当前这个组织的优势。他们的关注点往往是负面的，关注今天哪些地方做得不好。沟通艺术会帮助他们看到这些负面因素背后的取舍。"列出正在失去的消极因素和已经产生的积极因素，可以帮助劝阻那些准备破坏变革的愤世嫉俗者。

关于设计组织的问题和答案

在组织设计项目中，经常会出现一些问题。在本章的最后一节，我们对其中的一些问题做出解答。这也是我们建议的设计流程中一些关键节点的总结。

1. 设计项目该从哪里开始？

我们试图用图 7-1 来回答这个问题。分析方法是从定义设计标准开始的。然而，在实践中，有时从测试当前的设计或研究拟议的解决方案开始更好。

从现有组织入手的一个好处是，管理者往往对现有组织中那些束手碍脚的部分反应强烈，而没有充分认识到当前设计中好的部分，也没有充分认识到当初为什么要做这种设计。通过从对现有组织的审核开始，当管理者测试新设计时，可以更为平衡地看待他们将面临的问题。对于那些不确定从哪里开始的管理者，我们的经验法则是："从现有的设计开始，澄清它并测试它。"

2. 我们应该让谁参与？

这个问题的理想答案是让那些受到新设计影响的人参与进来，但这通常是不切实际的。项目团队超过一定规模就会变得不可行,大多数管理者需要关注的是保持当前组织的顺畅运转,而不是去策划组织内部的改变。因此,大多数设计项目都是由相对较小的项目团队推动的,这似乎并不令人满意。不仅大多数管理者们感觉对变革的投入比理想情形要少,而且设计团队对重要问题的理解通常也不深入。因此,我们认为应尽可能让更多的管理者们参与进来,而且要切实可行。

我们的设计流程的一个好处是,分析框架有可能呈现对设计的思考,并可以接纳来自组织中很多部门的输入。认识到分散整个组织注意力的危险,我们发现在三个节点上——产生方案、测试和审核——扩大参与面是很有好处的。

可以举办一系列研讨会,让大量管理人员参与对方案的产生和测试的讨论。这些研讨会不仅让管理人员了解组织的问题,还能确保将来自实践领域的知识带给设计团队。此外,研讨会还可以呈现合适的流程,有助于形成承诺。

当进行到"审核和沟通"这一步时,所有的管理人员都需要参与进来,判断设计蓝图是否为他们提供了足够的信息,以便开始工作。与所有重要单元管理者的会议是必不可少的,既要沟通设计,又要倾听他们的担忧和误解。如果工作已经做得很充分,这些会议将主要聚焦有关沟通的问题。然而,在大多数情况下,这些会议会出现新的问题,需要对设计进行一些小的调整。这些环节应该被视为一个好的设计流程中检查和平衡的一部分。

设计团队的管理人员(包括顾问)通常应限制在七人以下,但不应少于三人。为了防止思维的局限,这是设计团队的最小规模。此外,在新设计的头一两个月,设计团队应该持续运作,作为出现问题后进行询问的第一触点。

成立一个指导小组也有好处,小组由三名或三名以上高管人员组成,他们特别关注设计项目。通常,这个指导小组默认为公司的执行委员会,尽管这个小组经常过于庞大,而且由于其他议程而使得成员们负担过重。独立的指导小组可以保证项目得到特定的关注。在新的设计到位后的几个月内，指导小组还应该继续开会，充当设计完整性的维护者。

对于那些不确定让谁参与设计项目的管理者来说，我们的经验法则是："尽可能让更多的人参与到设计项目中来。"这样做是有危险的，新的设计会破坏现状和现有的权力结构。管理者们往往有隐藏的议程，追求自我利益。尽管如此，如果有一个强有力的设计流程，就有可能让大量的管理者参与进来。因此，一些公司仍在使用的秘密流程是毫不可取的。

3．我们应该在多大程度上进行组织设计？

对于参与自上而下设计工作的管理者来说，这是一个问题，我们是否应该只设计下一层级，是否应该由本层级管理者设计下一层级？还是应该向下设计两层或三层？

一些高管人员认为，他们应该只设计直接向他们报告的那一个层级，以此促进对更低层级设计的分权化决策。然而，大多数公司的组织设计涵盖了许多层级。

我们认为，组织设计应该向下深入到足够低的层级，以明确设计者的意图。对于自上而下全集团范围的设计，这可能涉及要界定清楚所有主要构件单元的角色，至少到业务单元一级，而且往往包括子业务单元——对于将设计下沉到什么程度不那么确定的管理人员，我们的经验法则是："设计要下沉到能传递你的意图所需的程度，而且在任何情况下至少到业务单元一级。"

4．我们应该详尽到什么程度？

我们在本章正文中已经充分论述了这一问题，答案是"只需足以解决测验中提出的问题"。不过，既然这是一个如此重要的问题，就值得再次强调。

有些组织设计者似乎想把组织中的每一项职责都罗列出来。理想的情况下，他们希望明确组织中每一个人的每一项行动——而在一些强调命令和控制的组织中，这往往是管理者们努力要做的事情！而且，在任务不断重复的情况下，达成这种详细程度是符合逻辑的。对时间和动作的研究、流程再造和技能培训的目的，也主要是为了创造这种机械化的结果。

然而，在动荡的环境中，这个目标不仅不现实，而且是不健康的。设计出组织所有职责所花的时间成本将是非常昂贵的。设计还没完成，世界就会发生变化！此外，富有创造力、特立独行的人，是当今组织的推动力，他们并不愿意被分配到机器般的任务之中，他们希望有广泛定义的职责，能够发挥自己的技能和聪明才智。找到恰如其分的详尽程度，已经成为良好设计的重要组成部分。

因此，对于不确定自己是否做了太多或太少设计的管理者，我们的经验法则是："做足够的设计满足测试要求，但不能再多了。"

5. 对于"软性"问题——文化、价值观和态度，我们应该怎么做？

高效组织不仅仅包括组织结构、角色、人员和流程，还包括愿景、态度、信念、行为规范、忠诚度、进取心、竞争、承诺和关系。因此，设计团队经常会问，对于这些"软性"问题，他们应该怎么做。

我们的回应分为三个部分。首先，我们建议的设计流程确实解决了其中一些"软性"问题。最重要的是，它解决了组织中各单元之间的关系问题，以及将用于评估进展的绩效评估标准。它还解决了管理者在特定的"关键"工作中需要具备的技能、态度和类型，以及使困难关系发挥作用所需要的行为规范。换句话说，虽然设计流程似乎集中在结构性问题上，但它确实解决了软性问题，因为这是解决测试提出的问题所需要的。

第二，我们认为组织的许多软性问题，如文化和承诺，是结果而不是输入。一个好的设计将有助于创造一个健康的文化和高水平的承诺，而不是相反。换句话说，对于一个热衷于构建和发展合作文化的公司来说，我们建议首先要注意组织设计。如果各单元之间的关系构建得很好，就会涌现出一种满足所需的协同文化。

第三，我们认为，组织的很多软性问题最好在实施流程中进行管理。提前设计是不容易的。最好的管理方式是"言出必行"和"以身作则"。如果公司想要建立一种高绩效的文化,那么领导必须不能容忍平庸的结果,并与员工建立共同的话语体系。

对于那些不确定要对软性问题给予多少重视的管理者来说,我们的经验法则是:"先把设计做好,然后在实施流程中关注那些额外的软性问题。"

第 8 章
组织设计的九项测试

在第 2 章和第 3 章中对组织设计原则的分析，使我们提出了九项测试，其中四项是"契合度"测试，五项是"优质设计"测试（见图 8-1）。这些测试是组织设计方法的核心[1]。它们不仅提供了严谨性——这是我们研究的大多数设计项目所缺乏的，而且在创建一个有着"刚好够用"的组织结构和流程的设计中，九项测试还帮助管理者实现了困难的平衡：结构化网络。

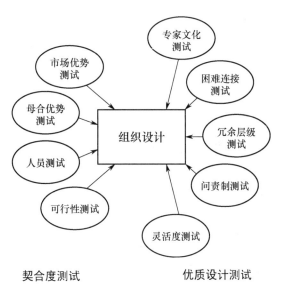

图 8-1 组织设计的九项测试

可以采取两种方式进行这些测试。对于提出的新设计概念，目的是测试该设计概念是否可行，如果可行，则对其进行完善和补充，使其成为一个完全可行的蓝图。本章主要讨论测试的方式。我们假设一个项目团队已经完成了设计标准和方案生成阶段的工作，选定了一个或多个设计概念，现在正面临着测试这些概念的挑战。

然而，这些测试还有另一种使用方式。它们可以应用于一个现有的组织，以识别出现有结构的优势和劣势，并帮助管理者决定是否对其进行变革。对于测试的两种使用方式，需要做出的分析是一样的。唯一的区别在于结论。如果管理者对现有组织进行测试，其目的是列出一张优势和劣势清单。我们在第 9 章中阐明了对现有组织进行测试的方法。

当应用于设计概念时，测试有三个目的：

- 确定设计是否有重大缺陷或"颠覆"因素。
- 帮助管理者了解设计的优劣，以便与其他设计方案进行比较。
- 帮助管理者完善和改进设计概念，使其具有"刚好够用"的结构、流程和定义。

上述三个目的中的第三个可能是最重要的。测试有助于确定需要解决的问题。然后，管理者需要找到解决这些问题的办法，以改进设计。寻找解决方案需要创造力和在相关组织中可能发挥作用的知识。因此，我们首先要看一看，当某项测试找出问题时，应该怎么办。

当找出问题时，该如何处理

测试的目的是找出设计概念中的薄弱点，并确保管理者对他们经常忽略的问题给予足够的重视。理想的结果是设计通过所有的测试。然而，在需要多维度组织结构的情况下，这是不可能的，因为每一个设计概念，从定义上来说都是一种妥协。它将更多地关注其中一个维度，与此同时牺牲了其他维度。它可能会确保一个特定的协同是成功的，但有可能面临专业化不足的风险。我们可以预期，几乎所有的设计都会找出一些问题。

当一项测试找出一个问题时，第一反应是考虑设计方案应增加或改变哪些内容，以减弱这个问题的负面影响。例如，基于产品业务单元的简单结构中，如果战略中包含向大型共有客户提供"一站式服务"的野心，市场优势测试就会指出这个问题。只有当组织结构包含一个聚焦于"大型共有客户"单元时，这样的设计才会毫无困难地通过这一测试。

然而，在简单的产品结构之外，还有一些方式可以实现接近"一站式服务"的目标。例如，公司可以通过设立"客户经理"来协同客户关系，无论是作为母公司的一部分或是作为产品单元的负责人，或者可以通过组建"客户团队"，让每个产品的销售管理者参与进来。事实上，在不影响设计理念的前提下，通常可以发展出几种方法来实现部分（如果不是大部分）的初始目标。我们将这些解决问题的方法称为"改进""补充""修饰""改变"或"解决方案"。图 8-2 显示了用这么多词来描述同一事物的原因。这些词本身都没有完全体现出解决问题的全部方法。因此，测试的过程主要是一个改进设计的流程。当对所提出的设计进行测试时，需要用相应的解决方案对找出的问题进行修正和提升。这往往需要在不同的测试之间来回比较，寻找能使产出达到最佳平衡的解决方案。没有一个解决方案是完美的，每个解决方案都会有一些不可避免的负面因素。但是，随着进程的发展，即使做不到完全消除，但某种程度上也会减少问题的影响，使之在最终的结果中不那么重要。因此，这些测试不仅有助于管理者完善其设计，而且还能提醒管理者注意每种设计的优劣势，从而使他们有可能在相互竞争的备选方案中做出选择。

在测试流程结束时，一个设计概念（线条、方框和角色）很可能已经得到了很大完善。完善的内容可能包括增加协同机制、对人员甄选提供指导、更详细地分配职责以及改变母合主张。图 8-2 列出了补充和变化的类型，通常据此来解决问题。目标是在不改变基本设计理念的前提下完善所有问题。对于某些问题，事实证明不可能找到一个"刚好够用"

的解决方案。当这种情况发生时,问题就变成了一个颠覆因素,在这种情况下,应放弃设计概念并且选择测试另一个方案。相较于优质设计测试,这种情况更容易在契合度测试中发生。如果设计没有对战略优先事项给予合适的、平衡的关注(市场优势测试),通常需要选择另一个设计概念。如果设计中的人才需要拥有稀缺或难以获取的技能(人员测试),这通常也是一个颠覆因素。另一方面,如果设计给某一单元的自治权太小(专家文化测试),或者将定价决策集中在组织结构的上层(冗余层级测试),通常可以在不改变整体概念的情况下,将一些解决方案嫁接到这一组织结构上。

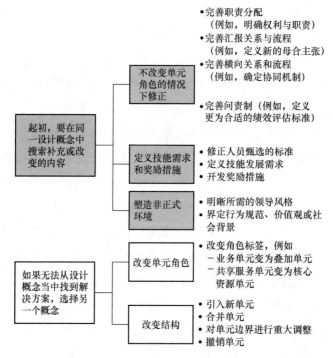

图 8-2　为解决问题所补充和改变的内容

基于麦肯锡公司的里斯托·彭蒂宁(Risto Pentinnen)首次制作的图表。

应首先进行契合度测试,因为这些测试更有可能确定颠覆因素。然后,优质设计测试可以用来完善和选择不同的方案,所有这些方案基本上都是契合的。但是这两套测试都应重复进行,以确保补充和完善不会引发新的问题。因此，测试流程包括以下几个步骤：第一，利用单元类型分类法明确设计概念；第二，利用契合度测试确认设计概念是可行的；第三，利用优质设计测试对设计方案进行完善，以便将提出的问题影响降到最低；第四，再次审视测试，以确保对设计方案的修改或补充没有引发其他的测试问题；最后，权衡完善后设计方案的优劣，决定它是否为最佳方案（见图8-3）。

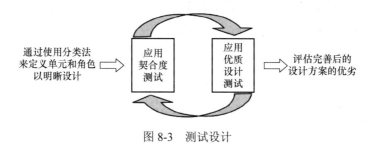

图 8-3　测试设计

契合度测试

契合度测试来自于第 2 章中描述的四个契合度驱动因素（见第 36 页的图 2-4）。

契合度测试在选择设计概念时特别有用。不符合一个或多个契合度测试的设计方案不太可能是可行的：最好的办法通常是放弃这个设计方案并尝试另一个方案。当我们讨论契合度测试时，特别强调的维度就是通过或失败。但契合度测试也可以用来完善和改进设计方案。我们将在介绍完所有四个测试后，更全面地讨论测试的这一方面。

市场优势测试

"每个产品—细分市场中，组织设计是否将管理层的注意力充分聚焦在运营的优先事项和规划的优势来源上？"

该测试的目的是检查组织结构是否足够重视以下方面：

- 每个产品—细分市场的客户需求。

- 优势来源和主要运营举措，管理层认为这将帮助他们在每个产品市场领域内取得成功。

市场优势测试确保设计是以客户为中心的，它涉及的是设计方案在多大程度上能帮助组织在其选定的市场上取得成功。

测试包括以下几个步骤。

1. 确保设计方案对所选择的产品—细分市场给予足够的重视

- 列出公司锁定的产品—细分市场。
- 检查是否有一个面向市场的单元，专门负责每一个重要的目标细分市场。
- 如果不存在专门面向市场的单元，则要确认目前的结构是否对细分市场给予了足够的重视。

产品—细分市场是一个宽泛的术语，可以用来描述"大众市场汽车"或"高性能的掀背车"这一细分市场。因此，列有各个细分市场的清单应该考虑到公司正在设计的那部分业务的多样性。如果公司的业务分布很广，如 20 世纪 90 年代的通用电气（GE），那么，这一清单可能会广泛到包含"航空发动机""白色家电""基于资产的金融服务"等。另一方面，如果设计的备选部门是金融服务部门，那么细分市场将是不同的金融产品，可能进一步按地域市场划分，如"欧洲的飞机租赁"或"墨西哥的应收账款融资"。

将由战略确定目标细分市场。因此，列出各个细分市场的清单可能只需从战略文件中摘录出来即可。在目标细分市场不明确的情况下，有必要事先进行一些战略工作。如果在战略不明确的情况下仍需要进行新的设计，则应在高管研讨会上确定目标细分市场。

在列出目标细分市场后，用测试来决定设计方案是否对每个细分市场都给予了足够的重视。如果这一细分市场有一个专门面向市场的单元，则说明该细分市场得到了足够的重视。面向市场的单元是业务单元、子业务单元及叠加单元。共享服务单元如果有外部客户，也可以是面向市场的单元。

如果一个重要的目标细分市场没有专门面向市场的单元,这可能是导致设计被否决的一个颠覆因素。然而,不同的管理者可能会有不同的意见。一个目标细分市场没有得到任何单元的关照,这显然是一个颠覆因素。一个目标细分市场(例如一个目前规模较小但正在成长的电子商务渠道),如果由一个拥有更广泛职责的单元来处理,则是一个值得担忧的因素:管理者的注意力可能被更广泛的职责所分散,因而这个细分市场没有得到足够的重视。由一个叠加单元负责的目标细分市场也是一个令人担忧的问题:叠加单元的管理者可能没有足够的影响力来确保这一细分市场得到适当的服务。然而,"足够的重视"终究不是一个科学术语。这一部分测试的目的是为了确保管理者考虑到设计方案是否有足够的市场导向。如果不是这样,就需要对设计方案进行一些调整,或者应该放弃该设计方案,选择另一种设计方案。

2. 确保设计方案给予规划中的竞争优势来源和运营举措足够的重视

- 列出为每个目标细分市场规划的优势来源和运营举措。
- 确认任何需要跨单元边界协同的优势来源或运营举措。
- 为确保这些优势来源和运营举措得到足够重视,决定设计是否要包含相应的解决方案。

优势来源是产品/市场战略的要素。优势来源可能是新产品开发、贴近客户、低成本制造、优越的政府关系等。如果这些都不清楚,就需要做一些额外的战略工作来明晰这个问题。同时,设计团队可以召集相关的管理者,尝试界定必要的信息,在最终完成设计前发出可能需要确认这些判断的信号。

主要的运营举措包括诸如推出新产品、实行新的信息技术系统、建立新的组织能力等。每个目标细分市场都会有一些与之相关的运营举措。显然,"竞争优势的来源"和"运营举措"之间存在重叠:大多数优势的来源都是通过运营举措实现的。这两个概念的价值在于完整性。有了这两个概念,与目标细分市场有关的所有最重要因素都将被记录下来。

一旦确定了优势来源和运营举措，测试的这一部分就涉及寻找需要进行跨单元边界协同的情况。例如，一个细分市场的优势来源可能是卓越的新产品开发。如果专注于这一细分市场的单元需要与总部的研究职能部门协同以开发新产品，那么优势来源就需要跨单元边界的协同。另一种情况是，如果优势来源是生产上的规模经济，那么，如果每个单元都集中在小的或本地的细分市场，则可能需要众多单元协同生产。

正如我们已经指出（见协同原则，第 41 页），一个单元内部的协同比跨单元边界的协同更容易。因此，任何需要跨边界连接的优势来源或运营举措都应是引发担忧的源头。要做出的判断是新设计方案中的管理者是否会对这种连接给予足够的重视。

3. 如果担心连接的有效性，应参考困难连接测试

在一个复杂的组织中，会有许多优势来源和许多依赖于跨界连接的运营举措，这就是组织的复杂性所在。市场优势测试并不是要对每一个连接进行详细审核，那是困难连接测试的作用。市场优势测试的目的是确保对优势来源和运营举措给予了"足够的重视"：实质上就是要确保各单元和汇报关系与战略大体一致。市场优势测试和困难连接测试之间不可避免地存在重叠，但这是一种健康的重叠，它鼓励管理者谨慎地看待单元设计和单元之间的连接问题。

正如我们在第 2 章中指出的，组织设计往往没有充分考虑成功实施战略的需要。因此，市场优势测试从市场战略的角度对运营单元的选择提出了挑战。其目的是确保单元的选择能够反映公司所选择的产品—市场战略。可以说，界定面向市场的单元既是一项战略任务，也是一项组织设计任务；但测试的目的是确保组织设计中没有忽视市场战略。

与所有的契合度测试一样，这项测试所需的分析与制定设计标准所需的工作有很大程度的重叠（见第 7 章，第 181 页）。一个经过精心设计、满足设计标准的方案通常会"通过"契合度测试，而不会引起尴尬的问题。

母合优势测试

"对于母公司预期的增值来源和战略举措,组织设计是否给予了足够的重视?"

这一测试的目的是确保组织结构充分重视从以下方面创造价值:

- 所选定的母合主张。
- 所规划的战略举措。

母合优势测试的重点是组织中的母公司和中间层级的母公司,目的是保证设计方案能使这些层级的人为运营单元增加价值。

分析的内容包括:

- 列出主要的母合主张和战略举措。
- 判断设计方案是否给予了它们足够的重视;

母合主张是指母公司层级为向其汇报的运营单元增加价值的一种方式。可能是"帮助处理政府关系""鼓励某类电子商务的发展""在公司核心竞争力领域提供职能支持如研究"等。

母合主张是公司层面战略的要素。公司往往没有明确的主张,因此需要进行分析以确定母合主张。(见本章后面的文章:定义母合主张)。

战略举措是指公司管理层计划采取的重大行动,如:计划出售在葡萄牙的业务;实施全公司的 ERP(企业资源规划)系统;进行收购以获得技术;决定是否将信息技术外包。

确定了母合主张和战略举措后,就要对设计方案进行审视,看是否给予了它们"足够的重视"。如果有一个上级单位专门负责母合主张或战略举措,那么是否给予足够的重视可能不是问题。但是,如果这个主张或举措被分配给了一个上级单位,而这个上级单位还同时负责其他五六个重大主张或举措,那么设计者就有理由担心了。如果由若干上级单位共同承担一项母合主张或举措的实施,设计者也有理由担心。不过,与市场优势测试一样,是否给予了足够重视是一个判断问题。

通常情况下，管理者需要先了解实施一项母合主张或举措所需的行动，然后才能判断是否给予了足够重视。如果没有这种程度的详细了解，可以采用比较的方式。在属于同一部门的业务单元之间促进知识共享，是否会比分散在不同部门中的业务单元之间分享更容易？如果将研究工作分散到各个业务单元，或设在核心资源单元，是否更容易创造一种绩效文化？如果将葡萄牙的业务独立出来，或作为西班牙部门的一部分，是否更容易出售？如果将收购团队设在技术部门或中心，技术收购会不会更容易？

做出判断的另一种方式是让相关管理者参与进来。问问将要领导实施新 ERP 系统的管理者，他认为这个设计会阻碍还是帮助他？低层管理者又是怎么想的？必须承担运营任务以确保新系统能在现场顺利运行的管理者们，通常是做出此类判断的最佳人选。

这使我们得出一个与所有测试相关的广泛观点。让中层和低层管理者参与判断是很重要的。首先，通过让他们从参与设计流程中获得收益，将有助于获取他们对最终决策的更多支持。其次，这是获得宝贵信息的好办法，通过任何其他方式收集这些信息或许也是可能的，但往往非常昂贵。

即使在中层管理者参与的情况下，判断也很少是非黑即白的：通常有不同的方法实现同一举措。然而，测试提出了一些问题，需要在对方案的选择做最后判断时加以考虑。

人员测试

"设计是否充分反映了现有人员的积极性、优势和劣势状况？"

这个测试的目的是确保组织中所需要的人员既能也愿意让设计方案发挥作用。由于将由在自我管理网络中运营的管理者完成绝大多数的职责，因此合作和热情是至关重要的。管理者不仅要有合适的技能，还需要对设计方案充满热情。

这一测试所需的分析数量将取决于设计的复杂程度。在一个简单的组织结构中，可能只需要测试少数高层管理者和主要单元负责人的技能和动机。而在一个复杂的组织中，则可能有必要扩大规模：包括公司职能单元的管理者和与单元之间关系有关的低层管理者。不过，一般来说，测试涉及以下分析：

- 列出最高管理团队的成员名单，判断设计方案是否符合他们的技能和喜好，以及是否能获取他们的承诺。
- 识别其他具有特别价值技能的人，并判断该设计方案是否利用了这些技能。
- 列出新结构中的"关键岗位"，判断公司是否已经或者有可能获取或发展所需的技能。
- 识别任何有影响力的管理者，他们可能失去地位或所珍视的角色，并且判断他们是否得到了适当的补偿或能使其保持中立。
- 评估目前或可能的对组织变革的热情，特别是对新设计的热情。

现在我们将更详细地解释每个领域的判断，并讨论需要进行的评估。

最高管理团队可以是两人，也可以是20人。列入最高团队的标准是最高级别的执行委员会或同等机构的成员。这些人是对设计而言最重要的人。

不需要细化对技能和偏好的判断。如果首席执行官是营销型的，而设计中又将他的角色限定在绩效管理上，那么很可能会出现问题。如果首席财务官更希望新业务单元的财务职能单元直接向他汇报，那么这方面的关系会很尴尬。如果信息技术核心资源单元向首席执行官汇报，而首席运营官认为这有损于他的效率，那么这一设计就有问题。

解决最高管理团队的问题通常需要一个更适合他们技能和喜好的设计方案。我们经常遇到这样的组织：执行委员会中的一半人在向一个方向努力，而另一半人在抵制。结果几乎总是不尽如人意。除了选择不同的设计方案，唯一的选项就是换掉最高团队的成员——而这通常不是一个切实可行的提议。

所有组织都有一些特别有价值的人。有时他们是最高管理团队的成员，但并不总是如此。判断的方法是确定这些人是否有能够利用和扩展其技能的工作。如果有几个人似乎没有得到充分利用，管理者也许可以做一些小的调整来改进设计。如果涉及人数众多，那么可能需要进行新的设计。

关键岗位是指最高管理团队之外的、对设计的成功特别重要的那些岗位。他们通常包括所有重要单元的负责人，以及涉及关键跨单元关系的职能单元管理者。判断不仅要看今天是否存在所需的技能，还要看这些技能是否能在未来得到发展和持续。它包括评估现有技能需要改变到什么程度、外部市场上技能的可获取性以及长期维系和发展这些技能所需职业发展道路的类型。找不到称职的管理者就任的设计应该被放弃。

所有的新设计都会产生失意者。这一部分测试的目的是确保充分重视失意者的负面影响：他们可能成为愤世嫉俗者，并且企图破坏新设计。分析时需要进行两个困难的判断。第一，需要将具有影响力的失意者与那些支持度较低的失意者区分开来。第二，必须评估这些有影响力的失意者在多大程度上得到了补偿或能变为中立。这两个决定都不容易。但是，只要考虑到失意者的问题，管理者就可以减少抵制新设计的危险。

人员测试的最后一部分是关于变革情绪。除非大多数管理者都支持某些变革，否则新设计就不太可能成功。这部分测试很少会成为一个颠覆因素，因为通过适当的宣传和论证——以证明这一设计是优质设计——人们观点是可以改变的。通过考虑管理者的意见，可以避免在一个没有意愿的组织中实行新的设计。知道将面临测试，也会鼓励管理者让那些没有参与项目的人做好准备，迎接即将到来的考验。

可行性测试

设计是否考虑到可能使方案无法实行的限制因素？

可行性测试的目的是确保能够实施设计建议的组织结构。和人员测试一样，可行性测试可能涉及大量的分析，也可能涉及很少的分析，这取决于限制因素的数量。

分析包括：

- 扫描环境以确定限制因素。
  - 法律和政府问题
  - 机构和利益相关者问题
  - 其他外部问题，如本地文化
  - 内部问题，如内部文化或系统
- 针对每个限制因素测试设计的稳健性。

在这里，并不适合描述出为支持这一测试可以开展的所有分析。不过，我们将对每一类限制因素做出解释，并对其中的一些判断做出评论。

法律和政府问题包括政府、监管机构和法律规定的一系列限制。在一些国家，如果不与本地合伙人建立单独的合资企业，就无法开展业务。这显然给设计的选择带来了限制。在公用事业行业，监管机构往往坚持将受监管的业务活动和不受监管的业务活动分别放在不同的组织单元，限制了通过建立一个单元来解决协同问题的能力。虽然法律和政府问题很重要，但它们通常不是设计的主要影响因素。

另一方面，机构和利益相关者问题可能对组织设计产生很大影响。拥有占主导地位大股东的公司将不得不充分考虑这些股东的偏好。有着强大工会的行业，如 80 年代的英国印刷业，需要特别重视这种关系。证券交易所对其会员实施一些监管，例如有关小股东的监管规则，不鼓励公司邀请小股东参与内部业务。在某些情况下，少数股东可能会为需要专家文化的单元提供额外的保护，这些规则就构成了限制因素。

内部问题包括公司文化和广义的组织能力。信息技术系统往往限制了组织设计。管理者可能希望从基于国家的结构转向基于产品的结构，但目前的系统可能无法按产品上报业绩。旧有系统的制约在金融服务领域尤为严重。另一个常见的内部限制因素是文化。有些组织觉得做一些别人觉得困难的事情很容易。虽然没有公认的理解文化的方法，但我们发现，识别出一个组织优势与短板的"根本原因"，这对理解组织文化是有用的。例如，在一个拥有强大绩效文化但各单元之间的协同性很差的组织中，造成这种文化的根本原因可能是其奖励制度对单元业绩给予大量奖金，对合作行为却不给予奖励。任何依赖于跨单元流程的新设计都需要改变奖励制度，并意识到管理者可能很难按照新规则行事。

可行性测试通常会引发一些实施问题。有些问题是对设计的严重打击，如法律问题或系统限制。另一些问题则较小，如需要对公司的激励系统进行微调，或在尼日利亚设立一个单独单元以遵守政府规则。这一测试对解决这些实施问题很有用。

可行性问题在哪些点上会变为颠覆因素？如果有疑问，最好将问题记录下来，并确保在最终评估中考虑到这些问题。然而，对比性分析也是有用的。如果有可能，设计出一个具有同样优势而没有上述可行性问题的组织结构，那么这些可行性问题就是颠覆因素。

契合度测试摘要

为了尽量精减对契合度测试的解释，我们把重点放在测试是通过还是失败上。我们已经说过，可能只根据一个测试的结果就会淘汰一个设计方案。但是，通常在管理者决定拒绝一个设计概念之前，至少要简单地进行契合度测试。

例如，一家大型公用事业公司正在考虑建立一个新的组织，使公司从职能结构转为业务单元结构。最高管理团队希望将商业思维植入到组织中，因为他们认为，要帮助负责发电设施或输电线路的管理者变得更加商业化，特别是在维护成本和资本支出规划方面。他们倾向于将组织划分为五个业务单元——贸易、发电、输电、供电和供应。

在对提出的设计进行测试后，他们决定推迟做出决策，直到解决了三项契合度测试中出现的问题。可行性测试提出了有关管理信息的问题。目前的会计系统可以按辖区提供利润数据，但不能按业务单元提供。此外，在讨论可能解决这个问题的办法时，他们意识到很难设计出一个不偏重商业判断的转让定价体系。他们认为，最好是等到体系和转让定价机制开发完毕后再改变组织结构。在人员测试当中，再次强化了这一担忧。出于对问责制的顾虑，不仅首席财务官和首席法务官抵制这一举措，负责新业务的管理者们也没有足够的热忱。此外，首席执行官还怀疑这些管理者是否有能力应对新结构带来的模糊不清的问题。在变革之前，为了使人员和技能就位，需要做更多的工作。

第三个担忧来自于母合优势测试。最初的计划是成立新业务单元，并随着其发展，逐步赋予其更多的权力和权限。但母合优势测试表明，这并没有定义母合主张。战略规划负责人解释说："根据目前的逻辑，我们会逐步给业务单元授权，直到把业务单元分拆出去。"

在对这些测试进行辩论后，公司执行委员会得出结论，认为应重新考虑或推迟实施所提出的新结构，他们确定了一份问题议程，需要在随后六个月内解决上述问题。事实上，解决这些问题的时间比预期的还要长，公司最终选择了分阶段实施向业务单元结构的转变。七个月后成立了一个负责购买燃料和批发电力的单元，又过了六个月，组织的其余部分被分成了发电和配电单元。契合度测试极大地帮助组织提升了规划能力。

契合度测试不仅仅用于决定是否使用新的设计，还可以用来帮助完善设计。例如，在第 2 章中，我们描述了嘉吉公司是如何利用母合优势测试完善公司总部在其新组织中的作用。显然，如果能够找到改进措施，可以解决测试提出的问题，就应该将其加入设计中。然而，通常情况下，契合度测试提出的问题很难解决，也会因此成为颠覆因素。

契合度测试是对所提议设计的第一道攻击。它们质疑的是，考虑到现有的资源和处于战略中心的机会，该设计是否大体上符合组织的目的。一旦一个设计通过了契合度测试，那么它就有合理的机会发挥作用。然而，在完成优质设计测试后，还需要重新审视契合度测试。可能已经对结构进行了调整，从而改变了早期的一些判断。所以，契合度测试往往要进行两次，首先是评估设计概念是否合理，然后是保证修饰后的设计仍然符合战略、人员和限制因素（见图 8-3）。

优质设计测试

优质设计测试来自于第 3 章的优质设计原则（见第 74 页的图 3-3）。正如我们已经解释过的，这些测试对于完善设计概念和明确其优劣势是最有帮助的。如果测试提出了一个问题，结果通常是增加或改进设计，以减少或消除负面影响。测试对设计流程的帮助就像对完成的设计提出压力挑战一样。

困难连接测试

"组织设计是否要求任何'困难连接'，是否难以仅凭人际交往就实现协同收益，以及是否包括减轻困难的'解决方案'？"

困难连接测试的目的是确保设计中所有重要的连接都能有效地工作，包括：

- 列出各单元之间的所有重要连接。
- 评估这些连接是否可能是"困难的"。
- 在可能的情况下，制定"协同解决方案"。
- 决定是否有任何"无法实现"的连接，如果有的话，这些连接是否构成颠覆因素。

为市场优势测试进行的分析是确定困难连接的一个有用起点。该测试将列出竞争优势的来源和需要跨单元进行管理的运营举措。除了这些清单之外，考虑对母合优势测试的分析也是有用的。母合主张和战略举措都可以指向一些重要领域，可能涉及跨单元连接的价值创造。最后，对结构中的每个主要单元进行检查，并列出每个单元与其他单元的重要连接，是很有用的。

列出重要连接清单是一项艰巨的任务。在复杂的情况下，可能会有几百个连接。除了勤奋地审视结构中所有重要单元之间的关系外，几乎没有其他选择，但下面的检查表可能会有所帮助。

1. **共享专有知识**：与跨单元分享知识和专业能力有关的收益。这可能涉及分享业务流程中的最佳实践、充分利用职能领域的专业知识、汇集关于如何在不同地域取得成功的知识以及分享产品或市场的专有知识等。许多公司对于充分利用核心胜任力和分享最佳实践的重视，反映了这种连接的重要性。

2. **共享有形资源**：当共享有形资产和资源时，从规模经济和消除重复劳动的努力中所获得的收益。例如，当企业使用共同的制造设施或研究实验室，或共享人员时。

3. **汇聚谈判力**：从采购规模中所能获得的成本或质量收益。也包括与客户、政府、大学等其他利益相关者联合谈判所获得的收益。

4. **协同战略**：将两个或多个单元的战略统一起来所带来的收益。例如，通过减少单元之间的竞争（分配出口市场）或协同对竞争对手的反击（多点竞争）。

5. **纵向一体化**：协同产品或服务从一个单元到另一个单元的流动。其好处来自于降低库存成本、共同开发产品、提高产能利用率和提升市场准入。

6. **创建组合式新业务**：通过结合不同单元的专有技术，从不同单元抽取业务活动投入到新单元，或通过单元之间的内部合资或联盟，创造新的业务。

决定哪些连接是"困难的"也很难。每个连接的关键问题是"考虑到分配给有关单元的角色，各单元之间的自我管理网络是否会产出良好的成果？"换句话说，角色定义对相关管理者是否有足够的指导意义，或者如果没有更多的指导，他们会不会觉得很难建立这一连接？在第3章中，我们详细描述了什么样的原因会导致连接困难。下面，我们将这些观点转化为一个检查表，供分析时使用[2]。

只建立在人际交往的基础上，两个或两个以上单元之间的连接可能无法顺利进行，其原因有四点。

1. **观念上的障碍**。由于以下原因，相关管理者可能看不到收益：
- 狭隘性或惰性。

- 缺乏适当的联系或信息。
- 缺乏经验、技能或观点。

2．**评估偏差**。由于以下原因，相关管理者可能对成本或收益做出误判：

- 过往的经验使评估产生偏差。
- 不适当的评估方法或流程。
- 对公司优先事项的错误认识。

3．**动机不对等**。由于以下原因，相关管理者可能不愿意重视该连接：

- 本地的或个人的奖励和利益。
- 摩擦、竞争和不信任。
- 难以补偿的输赢问题。

4．**能力限制**。由于以下原因，相关管理者可能没有能力适当地实施这一连接：

- 缺乏经验、技能或资源。
- 需要更清晰的合作流程。
- 组织上的限制因素。

一旦明确了一个困难连接，问题就在于对现有的设计概念进行改变或补充是否可以缓解这个问题。例如，在第 4 章讨论过的花旗银行的结构，涉及基于客户的业务单元与产品和地域单元之间的紧密合作。花旗银行认识到其中的一些连接会很困难，因此设计了一些流程解决方案，例如全球客户账户规划流程。为了帮助这些流程的运作，花旗银行还支持所有单元"顾客至上"的行为准则，并确保母公司管理者能够且愿意参与和仲裁纠纷。因此，一个乍看起来可能会在困难连接测试中出错的结构也能够令人满意地通过了。同样，在第 4 章介绍过的英国石油公司同侪小组流程也提供了克服协同困难的手段。

为了说明所需要做的分析，我们可以举一个确定困难连接解决方案的典型例子：一个共享服务单元和它所服务的业务单元之间的关系。如果设计方案限制了这种关系，例如共享服务单元坚持要求业务单元除了获得他们的服务之外别无选择。就可能会产生一个困难连接。如果服务不符合业务单元的要求，或者业务单元的要求不合理，各单元之间的分歧将难以解决。从上述检查表来看，由于对各单元之间关系的制约，所以存在着动机不对等和能力限制，导致各单元动机不一致，并且降低了各单元解决分歧的能力。

当测试显示出这种情况时，可以借助图 8-2 中的补充或改变的内容考虑解决问题的方法。这些内容将在表 8-1 中详细讨论。

表 8-1　拓宽共享服务连接的思路

补充或改变的类型	想　法
未改变单元角色的情况下进行调整	
完善职责分配	业务单元可以负责确定服务价格（单元准备支付的价格），而共享服务单元则可以负责决定是否做这项工作。这样一来，服务单元就有可能保留业务，虽然最终可能以亏损为代价（可能行不通）
完善汇报关系和流程	业务单元可以与其他单元一起作为管理共享服务的董事会中的一员，或者共享服务可以是业务单元共同创办的正式合资企业。这样一来，如果共享服务不能提供货物（有希望），业务单元就有义务改变共享服务的管理方式
	管理共享服务和业务单元之间关系可以定义为一个母合主张，并指定一个有技能和时间的上级管理者来负责（需要仲裁或母公司参与的解决方案）
完善横向关系和流程	设计一个业务单元和共享服务之间就服务水平协议进行谈判的流程，并规定由高管们进行仲裁（时间可能很昂贵）
完善问责制	根据业务单元给出的满意度，为共享服务设计一个绩效评估标准（反正也是必要的）
定义技能需求和奖励措施	
修改人员甄选标准	确保经营共享服务的人以业务单元最大利益为重，或者是一位以改善共享服务为己任的人（如果我们能找到具有这些态度的人就有意义）
定义技能发展需求	为共享服务管理者设计一个技能发展计划，确保他了解可以改进共享服务的主要方式和业务单元的优先事项（对于大多数建议的解决方案是必要的）

（续）

补充或改变的类型	想　　法
定义技能需求和奖励措施	
制定奖励措施	确保共享服务负责人的报酬中，有相当一部分是基于业务单元满意度。此外，还根据共享服务在质量和成本方面的好坏，对业务单元负责人进行奖励。后者将鼓励业务单元负责人与共享服务一起努力改善共享服务，而不是仅仅依靠艰难的谈判（似乎是明智的）
塑造非正式环境	
定义行为、价值观或社会环境的规范	界定一个对公司整体最有利的行为准则。用这个标准来解决所有问题（理应如此，要与单元问责制相一致）
阐明所需的领导风格/技能	确保服务单元和业务单元共同的领导对服务单元经济状况及业务单元需求了如指掌，和/或确保领导是明智的仲裁者，在这个问题上没有偏见（如果领导有这些技能，就有意义，但如果没有，可能不值得改变）

　　表 8-1 中的想法清单不过是一份可能的解决方案清单，是可能从头脑风暴会议中产生的那种清单。其中一些想法比其他想法更有可能使连接更加顺畅。但在决定对设计进行哪些补充或改进时，该表列出了应予考虑的一系列解决方案。管理者常常假定，解决一个困难连接的办法必须依靠协同机制。但实际上，解决问题的方法有很多种。我们的检查表有助于确保管理者考虑到所有的因素。

　　作为这项研究的一部分，我们希望制定一个框架，将协同解决方案与困难连接的类型相匹配。然而，解决方案似乎是针对具体情况的。对于大多数困难连接，可以想到五至十种解决困难的不同方法。在特定的组织中选择最有效的方式，取决于相关人员的具体情况、他们的技能水平和动机、以往处理类似连接的经验等。我们建议管理者不要试图以最佳实践为标杆，也不要从某种协同框架中推断出答案，而应把重点放在连接困难的原因上，并利用我们的核查表，提出一系列可能的解决方案。

　　在开发出一系列的想法之后，管理者必须选择一个（或者更有可能是一个组合）并将其嫁接到设计中。例如，在表 8-1 中，我们假设所选的解决方案是为服务业务设立一个非正式的合资企业，并且由业务单元管理，这一单元的绩效将根据满意程度和单元成本来衡量，然后在设计概念中添加这一解决办法。

选择最佳解决方案需要结合以下两个方面：对组织中什么能奏效的直觉和对其他测试的快速回顾。例如，非正式合资企业的解决方案可能会给其他一些测试带来问题。它可能会因业务部门主导而降低共享服务部分发展专家文化的能力。由于分担了职责，它可能会降低母公司创造绩效文化的能力。它也可能会降低灵活性，因为任何重大的变革都需要合资合伙人的同意。最后的选择并不是科学的方案，而是平衡利弊，找到可用方案中最好的那个。

分析步骤的最后一步是判断所选的解决方案是否"刚好够用"。管理者可能会得出这样的结论：没有一个想法能显著缓解服务单元和业务单元之间的关系。例如，服务单元与业务单元之间可能存在着长期的纠纷，而以前解决争端的方法都不奏效。当这种情况发生时，这个连接就会成为一个颠覆因素。

有些类型的连接是很难找到解决方案的。正如我们在第 3 章所解释的那样，当连接需要上一级经常做出判断，或者涉及难以补偿的输赢取舍时，就很难找到解决这个问题的改进设计。唯一的解决办法就是改变结构，使连接纳入单一单元内。这相当于否决这个设计理念，并选择另一种方案。

但是，一个连接的重要性什么时候足以成为颠覆因素？同样，也没有明确的答案。如果管理层认为有另一种结构可以解决这个问题，而且在其他方面没有明显的缺陷，那么它就是一个颠覆因素。因此，在宣布一个连接为颠覆因素之前，审视各种选项和其他测试往往是明智的。随着经验的积累，我们发现，判断一个问题是颠覆因素还是一个可以在最终评估中被认定为不足的问题，是相对容易的。如果心存疑问，那些经验不足的人最好将问题视为不足而非颠覆因素。

专家文化测试

"是否任何有着'专家文化'的单元，其文化需要不同于平级单元和上级单位，需要具有恰当的保护，使其免受主流文化的影响？"

专家文化测试的目的是确定组织中的哪些部分需要的独立性比目前设计所允许还要多。

该测试包括：

- 列出所有需要特殊文化的单元，该文化有别于公司或所属部门的主流文化。
- 评估专家文化是否有被（上级单位）主导的风险。
- 增加或改变设计方案，以便在需要时提供更多保护。
- 判断（设计方案）是否是对"显性的"专家文化带来风险的"颠覆"因素。

当一个单元的关键成功因素不同于其平级单元和上级单位的关键成功因素时，该单元就存在着专家文化。因此，分析的第一步是注意到一些较为特殊的单元，这些单元与其他密切相关的单元有所不同。下一步是研究这些单元的关键成功因素，以了解差异的性质。例如，隶属于大宗化学品部门的特种化学品单元就是一个候选单元。对关键成功因素的差异性进行分析，很快就能确认该专业单元需要专家文化（见表 8-2）。

表 8-2　关键成功因素分析

大宗化学品	特种化学品
原料成本	客户关系
运营费用	技术服务技能
资产利用率	应用销售技能
规模	产品开发
港口附近的位置	靠近原料或客户的位置
区域性	全球性

专家文化是常见的。例如，一个共享服务单元通常具有与其所服务的业务单元不同的关键成功因素。一个叠加单元的关键成功因素通常与它所互动的业务单元不同。快速扫描通常足以确定哪里存在专家文化的问题。

如果所汇报的上级单位和最常打交道的单元关键成功因素既不同于

专家单元,它们两者之间又彼此相似,那么专家单元就有被支配的危险。在这种情况下,主流文化会压倒专家单元的文化。如果专家单元位于由其他单元所组成的部门当中,每个单元都有自己独特的文化和运营重点,那么被控制的机会就会减少,因为不存在主流文化。然而,如果该单元是大宗化学品单元的一个特殊化学品单元,汇报给母公司的一个中间层级,而这个中间层级是由大宗化学品单元的管理者组成的,那么其被控制的可能性就会很大。

一旦认为专家文化面临风险,下一步就要想办法在不改变基本设计的情况下为该单元提供更多的保护。例如,可以让一名高管负责该单元,使该单元更容易抵御不恰当的外部影响。或者可以给予该单元更大的自治权,如不受强加给其他单元的人力资源政策的影响等。

第200页的检查表可以用来帮助产生一系列的想法。

- 可以给单元分配更多的职责,避免其受母公司和平级单元影响。最终单元可以成为一个独立的公司,母公司只持有其投资的股份,比股东的影响力大一些。
- 该单元可以向不同的层级汇报。
- 问责制可以专注于底线标准,这样单元就有更大的自由度,在达到底线目标的前提下,可以以任何方式行事。
- 可以仔细审视母合主张对单元的影响。就一直所说的这个单元而言,可以放弃那些可能产生消极副作用的母合主张。
- 可以因其具有独立态度而任命他担任这个单元的管理者,确保他们能抵制住强加给单元的不适当文化。
- 因管理者对本单位独立性做出的坚持,给予他们强激励,鼓励其专注于对单元有利的事情,而不是寻求与主流文化相适应。
- 可以对母公司管理者和平级单元管理者进行单元商业模式的教育,使他们对单元的特殊需求更加敏感。
- 可以根据对专家单元本质的了解,或乐于放手的管理风格,来选择母公司管理者。

- 可以明确说明与该单元有关的行为规范和价值观,并显现出其与主流文化的差异。

正如这份清单所显示的那样,有可能产生许多不同的方法为专家单元提供保护。因此,分析的最后一步是选择其中的一些想法添加到设计中,或者得出结论这些解决办法都不可行。在后一种情况下,被主流文化控制的风险成为一个颠覆因素,这时就应开发另一个设计概念了。

在第 9 章中,我们将详细讨论一家名为 ESD 的公司,了解其在设计一些新的叠加单元时是如何处理专家文化问题的。

冗余层级测试

"层级结构中的所有级别与被上级保留的所有职责是否基于知识和胜任力优势?"

冗余层级测试的目的是保证运营单元(业务单元、共享服务单元、核心资源单元、叠加单元和项目单元)以上层级的上级单位(也就是母公司和中间层级母公司)有明确的增值角色和执行所需的技能及资源。

- 找出运营单元之上的每一层级,并列出属于该层级的职能。
- 对于每个层次,确定其母合主张。
- 在母合主张较弱的地方,或对"层"中的知识或资源有顾虑的地方,尝试做出能解决问题的改变和补充。
- 最后,决定是否有任何层级问题是颠覆因素。

识别层级结构中的层次涉及跟踪从运营单元到公司总部的汇报关系,有时只有一个层级的上级单位,有时则有几个层级,不过通常不超过三个层级。在一家大型国际公司中,可能有多达 20 个中间层级的上级单位。在一家本地的小型公司中,可能根本没有中间层级的上级单位。

一旦确定了上级层级和单元,就需要列出每个单元的职能或主要职责范围。在某些情况下,该单元不过是一个业务管理者和一个财务主管。在其他情况下,可能包括若干职能,每个职能都有许多雇员。

借助这些数据,剩下的分析旨在揭示那些没有令人信服的母合主张或者没有适度职能支持的母合层级。首先要阐明每个母合层级的母合主张。为母合优势测试制定的母合主张清单是理想的起点,每个层级都可根据这一清单进行评估。事实证明,往往很难确定某些层级的母合主张。有时,这是因为该层级是一个特使,正在协助执行上一层级的主张。有时,这是因为设计上的缺陷:在没有充分考虑的情况下就增加了一个层级(见下文:定义母合主张)。

定义母合主张

母合主张阐明了为什么需要母公司采取行动来创造某种价值,以及大体来说这些行动将是什么。

例如:

"新经济的技术创造了新的机会和威胁,扰乱了许多市场。我们的单元如此专注于推动运营业绩的提升,以至于在分析和探索电子商务问题上的投资可能不足。通过让他们参与电子商务规划流程,并通过我们与甲骨文公司的企业联盟为其提供支持,我们期望能够改善他们对这些新机会和威胁的响应。"

母合主张有五大类:

- 选择性主张涉及通过以低于其价值的价格获取单元或人员或以高于其价值的价格的出售活动来创造价值。
- 构建性主张包括帮助单元大幅扩大其规模和活动范围,例如通过帮助其全球化和扩展产品范围,或通过提升其增长的雄心。
- 拉伸性主张涉及帮助各单元大幅提升成本、质量或利润,例如通过设定拉伸目标、提供标杆或进行干预以提高绩效水平。
- 连接性主张涉及帮助各单元以它们自己会感到困难的方式进行合作,例如通过促进协同、集中活动或提供知识管理支持。
- 杠杆性主张涉及在新的市场或业务中寻找开拓核心资源的方法,这样核心资源如品牌、关系、技能或专利等。

集团层面的组织设计

> 在确定母合主张时，这五个类别是可以考虑的有用领域。然而，关键是要详细思考导致机遇存在的首要因素，以及帮助组织应对该机遇所需的母合技能和行动。重要的是，要牢记母公司具有知识和胜任力优势的要求。母合主张必须围绕一个逻辑，要解释为什么母公司比单元有更大贡献。
>
> 根据我们的经验，管理者太容易满足于那些不能增加重大价值的母合主张。例如，一个经常被引用的母合主张是"就战略和重大决策提供明智、客观的意见"。毋庸置疑，这确实增加了价值，但通常不足以多承担一些不可避免的成本和弊端。为了弥补这些成本，一个母合主张需要能让向其汇报单元的业绩至少提高10%。用何时存在令人信服的母合主张这个粗略的定义，冗余层级判断就变得容易了。值得注意的是，10%的标准是反对拥有很多层级的强大逻辑。如果业务单元以上有三个层级，那么母合总附加值至少要达到30%！

另外有个问题是，一个层级有没有适当的资源来实施其主张。该层级的知识和胜任力可能是不适合的。例如，特使不太可能需要任何支持性职能，通常是借助于上一级的职能。相反，一个负责欧洲业务的中间层级母公司，试图通过协同制造、管理泛欧客户和整合后台职能来创造附加值，将需要大量的资源、知识和胜任力。为了有效地开展工作，负责欧洲业务的母公司需要拥有制造、大型客户管理和后台整合方面的技能和资源，以及财务和人力资源等领域的职能支持。

分析中的这一步——识别问题——需要运用母合主张概念的丰富经验，也需要判断执行某个主张需要什么层级的胜任力和资源。幸运的是，分析不要求较为精细的判断，我们的目的是发现重大问题，而非细枝末节的问题。我们要找的是冗余的上级单位或设计不良的母合层级，它们可能没有母合主张，或是其主张与分配的资源不匹配。

如果测试发现了一个或多个母合层级存在问题，下一步就是尝试以解决问题的方式来改进设计。如果没有令人信服的母合主张，问题通常是一个颠覆因素。不过，在下结论之前，不妨考虑一些替代性的母合主张。与向该层级汇报的单元一起召开研讨会，其中包括该层级的管理者，这是面对问题的一种有效方式。

如果问题涉及对技能或资源的担忧，可以使用第 200 页的检查表来激发创造性的解决方案。例如，可以增加额外的职能，或取消冗余的职能。可以成立由业务单元管理者组成的工作组，以提供额外的技能或资源。母公司和单元之间的互动流程也可以围绕现有的技能进行设计。

当这些补救措施还不够时，还可以改变母合主张的实施方法。例如，通过在营销领域开发核心胜任力来创造价值的母合主张，一个极端是可以设立一个中央营销职能部门，而另一个极端则是培养营销专业人员之间的关系网络来实施母合主张。选择那个最有可能适合母公司管理者技能的方案。

与我们合作的一家公司，设计中涉及任命两位高级副总裁（SVP），分别负责公司的两个主要业务事业群。这样可以让首席执行官腾出更多的时间用于开发新业务。然而，该设计未能通过冗余层次测试：没有为高级副总裁层定义任何母合主张。

一个解决方案是将首席执行官的一项或多项母合主张下放到高级副总裁层。例如，首席执行官通过公司的计划和预算流程，有效地推动了绩效文化的发展。这个母合主张可以下放给高级副总裁，这个方案受到高级副总裁的青睐，其中一位高级副总裁希望将自己的办公室搬离公司总部。然而，首席执行官不同意，并且认为他参与预算和规划是必不可少的。另一个解决方案是将高级副总裁定义为特使，其作用是帮助首席执行官执行公司层面的母合主张，而不是在结构中添加一个层级。公司选择了第二种解决方案，这意味着阻止了高级副总裁建立自己的团队或搬出公司总部。

通过使用冗余层级测试，许多公司已经能够削减管理层的层级，缩减公司和部门的职能，并将剩余的母公司管理者重新集中到能够增值的职责上。

问责制测试

"设计是否有利于为每个单元建立一个符合其职责的控制流程,能经济地实施并能激励单元的管理者?"

问责制测试的目的是确保各单元都有有效的问责制,这些问责制的成本低且激励性强。

该测试包括以下分析:

- 对于每个单元,是否存在任何因素阻碍了建立有效的控制流程?
    - 该单元是否有任何不能施行自我校正的横向关系?
    - 是否有任何重要业绩维度不能用"适当的"衡量标准进行评估?
    - 母公司管理者否有足够的感觉并依赖更主观的、非正式控制的状态?
- 每一个因素,都是寻求对设计的完善和调整,比如改变单元职责、设计横向关系、改进母公司管理者的技能,或选择绩效评估标准,这些都有助于建立有效的控制流程,使之变得更加容易。
- 如果找不到应完善和调整之处,可能应该淘汰这个测试并且选择其他设计。

问责制问题的一个常见原因是横向关系不能进行自我校正。需要围绕每个单元的横向关系进行检查,以确定那些设计结构所强加的共享职责的关系。这些"强制的共享职责"的关键信号是,各单元不能对此表示同意或不同意:他们有义务在组织结构下共同工作。强制的共享职责使各单元无法互相施加压力,促使彼此改变行为或提高绩效,因为任何一方都不能一走了之。

当高管们规定各单元必须合作时,就会出现强制的共享职责。例如,要求叠加单元影响业务单元,作为利益相关者提升其利益。在一个拥有全球业务单元和国家叠加单元的公司中,国家管理者不能独立于全球业务行事。同样,全球业务也不能忽视来自国家管理者的压力。像这样的强制共享职责也是核心资源单元、项目单元和子业务的特点。诸如此类的单元通常都需要与平级单元合作。共享服务单元与其他单元的关系有时也是基于强制使用建立的。在强行赋予共享职责的情况下，各单元很容易辩称绩效问题是由其他单元造成的：任何一方都不能对结果负全责。

有一些方法可以减少强制共享关系的影响。例如，可以赋予叠加单元对某些决策的权力。一个产品叠加单元可能拥有开发支出或品牌使用的权力，一个国家叠加单元可能拥有决定当地营销预算的权力。可以在自愿使用的基础上设立核心资源和共享服务单元，也可以以它们所服务单元拥有的合资企业形式进行运作。减少强制共享关系的结果是提高自我校正的程度并且改善问责制。

然而，自我校正的关系并不总是可能的或最优的。有时，正如第 4 章和第 5 章所述，创造价值的最佳方式是设计一种要求各单元共同努力的关系。在这种情况下，母公司能通过制定绩效评估标准来跟踪关系的运作情况，从而实现问责制。例如，作为叠加单元的品类单元与零售业务单元之间的关系，可以通过顾客满意度、缺货率、损耗率和毛利率等评估标准来判断这种关系是否改善了业绩。此外，还可以要求业务单元对品类叠加单元的贡献进行评估，反之亦然。这种评估并不总是可以客观衡量的，但可以为判断不同单元的合作情况提供一些依据。

因此，第二个主要的问责制问题涉及任何单元，在多大程度上，不能用"适当的"业绩衡量标准对其重要的业绩维度进行评估，在这里我们采用在第 3 章对适当的定义（即相关的、客观来说可衡量的、以结果为导向的、可基准化的、数量较少的、清晰明了且经济实惠的）。如果没有这种现成的评估衡量标准，测试就会督促母公司管理者发挥他们的聪明才智，去寻找新的、有创意的、有洞察力的、更为合适的绩效评估标准。像花旗银行和 ABB 这样的公司已经投入了大量的时间和资金，为其单元寻找合适的平衡计分卡绩效评估标准，并建立信息系统使之投入使用。但对于一些单元，如研发核心资源单元，总是很难找到合适的绩效评估标准（参见第 5 章），而要把协同工作中不同单元各自的贡献拆分出来也绝非易事。

在强制的共享职责，和（或）难以找到适当绩效评估标准的情况下，母公司管理者必须依靠对各单元绩效的主观和非正式判断。这意味着母公司管理者必须对各单元有足够的了解，并对其运营有足够的感觉，才能以合理的方式做出这些判断，并得到单元管理者的信任。这种了解程度是比较罕见的。另外，非正式的控制流程也会付出高昂的代价，对管理层的时间要求过高，否则难以获得对单元必要的熟悉。只有具有丰富的相关个人经验的母公司管理者才有可能通过这种方式，用实惠的方式实施控制。因此，问责制测试的最后一项内容涉及是否有具备这些技能的母公司管理者。

问责制测试所能提出的设计改进与可能出现问题的三个方面相对应：

（1）明确职责，减少强制的共同关系，提高自我校正能力。

（2）重新思考更合适的绩效评估标准。

（3）重新审视汇报关系和母公司管理层的任命，以便帮助在问责问题上有困难的单元，使母公司管理者对向其汇报的业务有更好的感觉。

相反，如果有关单元很重要，自我校正能力很弱，不能设计出适当的绩效评估标准，母公司管理者没有经验判断该单元何时绩效不佳，那么问责制问题就会成为颠覆因素。当存在这些条件时，该设计就有足够的缺陷，并且很可能被放弃，而另选设计方案。

灵活性测试

"设计是否有助于制定新的战略，并具有足够的灵活性以适应未来的变化？"

灵活性测试的目的是确保设计"契合未来"。有两个关键问题要问：

- 设计是否提供了探索新机会（或新资源）的机制，而现有结构可能忽略了这些机会？
- 组织是否能够适应可能发生的变化？

通过创新找到创造价值的新方法和适应变化是大型组织的管理者们

最常提到的两个问题。遗憾的是，这两个问题都没有最佳实践答案。因此，灵活性测试只能是关于是否为创新和变革留有一定余地，而不是关于设计是否纳入了最新的最佳实践的想法。

1. 确保设计具有探索新机会的机制

- 列举一些公司可能想要探索的新机会的例子。
- 考虑目前的结构能否使每个机会得到"公平的探索"。
- 如果存在问题，考虑如何在设计中增加能够提供解决方案的方法。
- 如果不能找到解决方案，决定这是否是一个颠覆因素。

决定考虑哪些新机会不是一项精确的任务。分析人员不可能仅仅根据定义就正确预测公司应该追求哪些新机会。在这种情况下，选择测试的新机会清单更像是创造一个高标准的清单，而非一个准确的清单。

最好的方法是利用一个小型研讨会，其中包括从组织各个部门选取出来各个层级上的管理者们，他们对产品、市场或资源有一定了解。可以要求这个小组列出 10 个左右的新机会，这些机会不在战略中，却是组织未来可能面临的典型新机会。

在这个阶段，新机会的清单是否特别现实并不重要。如果清单上有一些项目能让管理者立即承认"是的，这是我们未来可能考虑的事情"，那它将会是个更优质的清单，但这份清单也需要包含一些看起来不太可能的"非主流"想法。

有了一份新的机会清单，管理者需要决定目前的设计是否有可能忽略这些机会，或者是否存在能够确保机会得到考虑的机制。这种分析特别困难。它取决于对人们在未来某个假设点上最有可能做什么的猜测。然而，一般情况下我们可以做出粗略的、现成的判断，对于这些机会，目前的组织结构将会是高度支持、中立还是高度不友好的？让我们以一家汽车公司为例。假设该公司是按地域组织的，在公司总部和三个分散的区域——欧洲、亚洲和美洲都有产品开发团队和其他如人力资源等职能部门。在新机会清单中，有一个新产品想法——"机动办公室"。我们不难得出这样的结论：这个设计对这个新机会是"高度支持"的。四个产品开发团队中的任何一个都可以支持这个想法，而地域结构也不会妨碍它。

另一方面，改变管理者报酬方式的想法，例如，从 100%的工资改为 50%的奖金，可能属于"高度消极"的一类。总部的人力资源政策加上区域间的差异会使这一想法难以实现。必须得到所有四个人力资源职能部门的同意，才能改变合同，甚至尝试各种变化。

对那些属于高度消极类别的新机会，值得考虑是否可以对设计进行补充或改变。因为新机会是推测性的，所以对设计的改变需要减少组织对新机会的自然阻力，并且不能降低其在任何其他测试中的有效性。

3M 公司为新产品提供多重种子资金来源，这是减少组织自然阻力的一种机制实例。为探索新机会而分配时间的战略规划系统是另一个实例。建立多职能团队评估和提出新想法的政策是第三个可能的解决方案。这个领域的一些最新研究[3] 建议任命机会"伯乐"。这些人的任务是巡视四方以发现新机会，并作为伯乐，将推动项目进展所需的组织支持汇聚在一起。

2. 确保设计能够适应可能发生的变化

- 列出组织在未来 3～5 年内可能面临的 5～10 个重要变化。
- 确定组织中可能最难改变的那些部分。
- 综合前面两点的分析，决定是否存在重大问题。
- 对设计进行补充或调整，试图找到能解决这些问题的方法。
- 如果找不到调整的地方，决定这是否是一个颠覆因素。

对这种分析的第一部分，我们无须多说。对于可能的未来，情景分析是一个卓有成效的生成器。有关什么可能会改变的构想，它们的另一个来源是设计本身，设计中的任何部分如果涉及"难以抉择"的取舍，都可能导致管理者在随后的学习中改变他们自己的想法。

识别设计中那些难以改变的部分是比较棘手的。董事会、执行委员会和任何主导单元通常很难改变。这一方面是由于个人的忠诚度，一方面是由于知名度，还有一方面是由于高管们所维护的权力基础。这导致了最顶层的结构和最大的单元往往是组织中最难在短时间内改变的那部分。相较于拥有几个占主导地位的单元、且这些单元都有董事会席位的组织，一个有许多小单元、董事会中没有"大佬"的组织通常更容易改变。

当各单元被编织成一张有许多流程、政策和协同机制的紧密网络时，也会出现僵化现象。由于各单元不再是"插拔式"的模块，任何变化都可能意味着重新设计整个网络，而这是管理者不愿意接受的。因此，识别设计中那些更像网络而不是模块的部分是很有用的。

分析的第三步是综合前两步的工作。10项"重要变化"中是否有任何一项需要调整顶层结构，或调整组织中不那么模块化的那些部分？当前僵化的设计是否会使公司容易受到任何未来可能变化的领域的影响？对这些问题中任何一个问题做出肯定回答，都指出了潜在问题。

在确定了问题后，管理者可以使用第200页的检查表来寻找能够解决或减少问题的解决方案。如果无法找到合理的解决方案，而且被认为风险很高，那么这个问题就会成为一个颠覆因素。

是否愿意变革主要不是结构问题。更重要的是相关管理者的态度，如果他们能自在地重新划分职责或权力结构，并意识到这样做的必要性，那么变革就很容易。如果他们不这样做，变革就很困难。因此，我们应该考虑到组织中会出现什么样的人。在可能需要变革的地方，担任关键职务的人必须欢迎变革。

在惠普这样的公司，重组如此频繁，且岗位变动是公司文化的一部分，以至于经理们都变得特别灵活：他们不期望在一个特定职责范围内工作超过1~2年。因此，组织变革的频率也是提高公司适应能力的一种方式。虽然这使组织更加灵活，但在其他方面也付出了代价：例如管理层的注意力可能永远无法长时间聚焦在一个维度上，因此无法建立起所需的优势；由于结果更多地取决于之前安排中所采取的行动，因此问责制可能变得模糊不清等。只有在对灵活性的需求大于对一致性的需求时，才可以规划频繁的重组。

总结

测试是组织设计的一个重要部分。它们不仅为现有的或新的设计提供了一个适当的挑战流程，而且帮助管理者决定要建立多少组织结构和流程，以及要把多少部分留给自我管理网络。因此，花时间进行测试是必不可少的，既可以确保工作做得彻底，又可以帮助管理者在结构和自我管理网络之间找到一个快乐的中间地带：在组织的束缚和知情的自由放任状态之间的地带。

即使已经根据契合度原则制定的标准选择了一个设计，测试仍然会发现许多需要解决的问题。这是因为设计概念（线条、方框和角色）是一个轮廓结构，而不是成品。为了充实概念，不可避免地需要对重叠区域、横向关系、问责制和层级流程进行额外的细节描述。

我们在测试中一直试图解决的一个重要问题是，在设计概念中要增加多少额外的流程和细节。应该定义多少流程和详细的职责，以及有多少应该留给下级管理者设计或在运行过程中解决？答案是，只要能满足测试即可。比如，在跨单元的连接问题上，设计者只需要为那些预计"困难"的连接建立流程和机制。绝大多数连接可以由相关管理者来设计。应鼓励他们在与同事讨论的过程中设计自己的流程，当情况需要时，他们也会改变这些流程。但这些自我管理流程并不是正式设计的一部分，也不应该是组织设计者的关注点。

在第 4 章中，我们指出，相互依存的组织面临着困难的管理挑战。我们认为，简单的结构具有优势，只有在战略上有必要的情况下，才应该选择复杂的设计。因此，我们考虑了第 10 项测试——复杂性测试[4]。

在这种情况下，我们决定不考虑单独的复杂性测试。反之，我们将复杂性问题作为所有测试的背景：我们希望鼓励管理者在每次设计叠加单元、增加协同流程、引入复杂的绩效评估标准或建立授权关系时，都要考虑成本/效益的取舍。这些测试应该引导一个组织的复杂程度刚刚好达到所需程度，但不可以更多。

我们认为，设计越来越复杂的趋势并非不可避免。往往有一个更简单的解决方案，能够带来更好的简洁结果。因此，我们热衷于强调简单解决方案的价值。在整个设计流程中，管理者应该考虑到简单性。当设计一个协同机制时，他们应该寻找最简单的解决方案。当为专家文化提供保护时，除非没有其他选择，否则他们应该避免复杂的管理流程或多重上级单位。当对层级结构中的层级和职能进行改变时，他们应该寻找减少层级数量和简化职能连接的解决方案。虽然我们没有将复杂性定位为一项测试，但我们确实建议管理者在审视他们的设计时，要注意发现不必要的复杂安排。

九项测试是我们确保设计原则已得到适当考虑的方法，它充分展示和分析了设计中的妥协和取舍。设计原则是合理的概念，但可能很难在特定的情况下应用这些原则。利用直觉对新的结构进行初步判断，然后用九项测试来检验判断的质量，通常是更为实际且有意义的。通过应用这些测试，并在必要时调整设计，管理者就可以构建一张蓝图，实现结构化网络的高品质。

第 9 章
设计流程：以全球食品公司为例

在本章中，我们将以全球食品公司（Global Foods）为例，详细介绍设计流程中的步骤，以说明需要进行的分析和判断。

它是根据我们参与的真实情况编写的。但是，为了确保匿名，具体情况都做了很好的掩饰，以便分享其中的人性弱点和涉及的政治状况。有些内容将被置于方框里，使读者在不需要关注所有细节的情况下就能获取主要信息。

就设计而言，这个问题比较简单。之所以选择这个问题，是因为它是许多管理团队面临的典型问题，也因为简单更容易理解。然而，正如我们将清楚地看到的那样，任何组织设计都面临着自身的尴尬问题。

这个例子是关于全球食品公司的欧洲分部。我们称之为全球食品公司的欧洲零食部（ESD）。该公司的核心产品是咸味零食：薯片、玉米片、其他土豆和玉米产品以及坚果。多年来这些产品在欧洲的业务一直是增长的，尽管近年发达国家的市场增长有所放缓。在过去的 10 年里，为了追求增长，公司将产品范围扩展至类似领域，如蛋糕零食、咸味饼干和速食土豆泥。这些产品扩展的逻辑各不相同，并且增长速度都高于咸味零食的市场增长率。有的产品共享品牌定位，有的共享成分和制造技术，有些则是零食类产品，因此在相似的饮食场景中竞争。所有产品都通过相似的渠道销售，并且，就产品开发和技术而言，所有产品都面临相似的挑战。

不过，它们彼此之间也有重要的区别。蛋糕点心是甜味的，土豆泥是正餐产品，咸味饼干与正餐中的奶酪菜品有关。咸味饼干和蛋糕还涉及一些不同的原料——如面粉，和不同的制造过程——如烘焙。尽管没有一个产品像主打的咸味零食那样有利可图，但在这些新产品品类上，欧洲零食部还是取得了一些成功，只是土豆泥产品仍未实现收支平衡。

欧洲的管理层决定将这些产品作为增长重点，因为咸味零食已不足以带来足够的增长。因此，他们决定对"新产品品类"给予更多的关注。他们认为，仅仅在下一轮规划中强调这些产品是无法得到额外关注的，因此势必要在组织设计上做些改变。目前，欧洲零食部的组织结构中有四个业务单元，其设计围绕着欧洲四个主要国家——即德国、法国、英国和意大利。欧洲其他国家的业务都隶属于这四个业务单元的其中之一。在向上一级的欧洲层级，有制造、产品开发和品牌营销职能单元。每条职能线的大部分人员都向身处各国的当地职能线老板汇报，但欧洲职能单元负责人对职能线每位高管人员的职业生涯有着重大影响，因此，各国职能负责人都感觉好像有两个老板一样。

欧洲零食部的问题是，新产品品类的增长速度不够快。蛋糕零食在意大利取得了成功，但在其他国家，在开发市场方面尚没有进行过大量投资。咸味饼干在三个国家的市场地位不高，人们对产品质量感到担忧，而且所有细分市场上都缺少品牌开发。土豆泥产品的销量很大，但由于它是由第三方制造的，利润率很低，且投资于品牌建设的资金很少。

纵观这三款产品，管理层都觉得问题出在关注和投资都太少，也许应该放弃其中一款产品，把精力投入到其他产品上？但是，由于对于每个市场的增长而言，这几款产品都是次要因素，所以四个国家都没有对其中任何一款产品给予高度重视。

开始设计流程

欧洲零食部的管理者们选择从审查当前设计开始。他们想知道目前的组织结构是否有问题。尽管他们推测它是有问题的，但认为在开发组织设计替代方法之前，还是需要先确认这一点。就我们的设计流程图（见图 9-1）而言，欧洲零食部的管理者们应从"考虑当前设计"这一步骤开始。

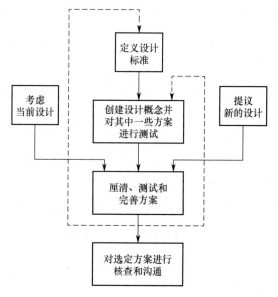

图 9-1　做出设计决策

这就将目光引到了下一个步骤——"厘清、测试和完善方案"。这一步的第一部分是利用角色分类法，画出现有组织结构的布局。结果如图 9-2 所示：欧洲零食部的现有组织由业务单元、母公司和核心资源单元组成。当这样的组织架构图呈现出来时，经理们感到很不舒服。有人表示："感觉上没那么简单……当然，我们应该在图表上有很多职能虚线。我们在各国所做的很多事情都离不开公司职能单元的参与。"然而，经过讨论，他们同意，来自制造和营销职能的影响力是欧洲零食部母合主张的一部分：虚线是欧洲零食部积极发挥母合作用的结果。

我们在此不再重复测试现有设计方案的所有分析内容。但是，我们可以给出一个总结性的结果（见表 9-1 测试欧洲零食部的现有组织）。对当前组织的评判需要深入了解欧洲零食部所追求的战略、新产品的关键

第9章 设计流程：以全球食品公司为例

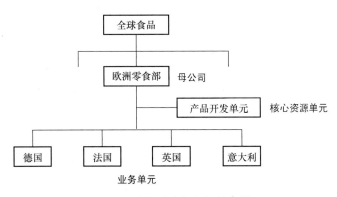

图 9-2 欧洲零食部组织结构图

成功因素以及组织的工作方式。最终的结论是，它为咸味零食产品做出的组织设计很好，但在新产品上的组织设计却不太理想。因此，欧洲零食部启动了一个重新设计项目。

本章其余部分将详细讨论欧洲零食部在设计流程中采取的步骤。

表 9-1 测试欧洲零食部的现有组织

测　　试	评　　论
契合度测试	
市场优势测试	咸味零食的竞争优势来源要求组织紧密地整合在一起，以便获得规模经济和职能方面的技能收益。因为目前的组织支离破碎，所以基于国家的结构可以说是不合适的。然而，它似乎正在发挥作用。处于中央职能单元的影响之下，碎片化似乎不是个问题 然而，基于国家结构和中央职能单元确实给新产品品类带来一些问题，尤其是在竞争优势来源不同的情况下。例如，用于咸味零食的品牌战略在蛋糕零食中似乎并不奏效。此外，新产品品类也没有得到国家经理的必要关注
母合优势测试	该结构是为了欧洲零食部的母合主张而精心设计的（参见第 238 页）。首先，强大的中央职能单元确保了制造和产品开发技能得到充分利用。其次，基于国家的结构提供了一定程度的分权化和问责制，并有助于创造一种绩效文化
人员测试	这个设计很适合目前的高管团队。但是，它没有充分发挥产品开发职能单元内二把手的技能，也没有充分利用其中一位营销经理的技能，该经理有咸味饼干和经营小型业务单元的经验
可行性测试	在测试当前设计时，相关性较小

（续）

测试	评论
优质设计测试	
困难连接测试	主要由于中央职能单元的权威，协同工作在咸味零食部门运作良好。在其他产品品类中，协同效果较差，因为职能单元和国家单元都没有给予它们足够的重视。主要的"困难连接"似乎是在国家和中央职能单元的新产品经理之间，以及中央职能单元的经理们之间。没有相应的流程解决他们之间的分歧
专家文化测试	由于新产品具有不同的关键成功因素，它们可能需要从咸味零食业务中获得一些自治权
问责制测试	目前，很容易追究这些国家单元的责任：它们与大多数利益相关者关系都是自我校正的，并且可以用利润和市场份额来评估它们的业绩。此外，首席执行官对业务非常了解，能够"感觉"到某个国家单元表现不佳 更难以追究中央职能单元的责任。它们与各个国家单元的关系不能做到自我校正，也没有什么客观的、可衡量的、基于结果的方法来评估其绩效。但是，高管团队是紧密合作的，因此，各个国家单元很快会指出绩效不佳的领域，或是被首席执行官发现 新产品的问责制是一个问题，主要是因为没有将它们设立成单独单元。由于能使这些产品成功的职责被分散在不同的职能和国家单元中，如果不制定出让上述单元感到不适的绩效评估标准，就很难让任何单元承担责任
冗余层级测试	欧洲零食部所属层级具有重要的母合主张——产品开发和低成本制造的技能，以及创造绩效文化的能力 全球食品公司通过其在这些领域的职能性知识对职能性技能做出了贡献。全球食品公司的声誉也影响着零售商和供应商
灵活性测试	当前结构的综合属性，以及由执行委员会负责国家和职能单元的事实，使其在某种程度上缺乏灵活性：很难改变职能单元的角色或国家单元的地位。一个有着更多国家单元且更为分权化的结构将更加灵活 然而，这是一个发展相当缓慢的行业，所以灵活性不是首要考虑的问题。未来可能还需要与全球食品公司进行更多的整合。目前的结构是为这种变化而设计的

定义设计标准

设计标准描述了新组织的目标和公司所处环境的限制因素，可以通过分析契合驱动因素——产品—市场战略、公司战略、人员和限制因素来制定。这就形成了一套设计标准，它将指导设计者开发一个适应公司独特情况的组织。

在这里，无法将欧洲零食部的管理者们所做的所有分析都罗列出来，以下部分只能列出部分例子。

产品—市场战略

将产品—市场战略转化为设计标准：

- 列出竞争优势的来源和为每个产品/细分市场规划的主要举措。
- 把握每个优势来源，注意组织含义，并将其转化为设计标准。

我们以核心业务——咸味零食为例。这块业务的优势来源是：

- 市场占有率：和大多数消费品一样，分销、产品研发、营销等成本对销量是敏感的。
- 产品质量：围绕着创新和高质量产品建立产品品牌。
- 运输成本：产品包装袋含有大量的空气，使得距离超过一两百英里的成本很高。
- 低成本：产品主要销往价格低廉的儿童市场，这迫使企业尽量减少一切管理费用和非必要成本。

在咸味零食方面规划的主要举措是：

- 向东欧扩张。
- 在荷兰推出自有品牌。
- 在德国和意大利北部进行收购。

优势来源和主要举措对组织的影响是：

- 销售量收益表明，对市场的界定应该是广义的而非狭义的（即整个欧洲而不是单独的国家）。
- 产品质量的重要性表明，应围绕产品来定义各个单元，而非细分市场或地域；当然，产品开发和质量控制应该是强有力的职能单元，而非碎片化的。

- 高运输成本意味着应该有许多本地工厂：一个问题是这些工厂是向制造职能单元、国家单元负责人还是产品负责人汇报。
- 对低成本的需要表明，在可能的情况下，要实现集权化和标准化。
- 每项主要举措都需要得到一些重点关注。

这些影响被转化为设计标准，例如：

- 除非有明确的差异化因素，否则会定义为广义市场。
- 集中产品开发和质量控制，但有明显不同需求的产品除外。
- 集中制造，但需要经常与市场接触的产品除外（即与营销和产品开发的连接比与制造的连接更重要的产品）。
- 确保对东欧市场、收购和自有品牌给予足够的重视。

对其他产品品类的优势来源进行类似的分析，得出了一些不同的组织含义和一些额外的标准。例如，在蛋糕点心上，产品差异化和定制更为重要，这意味着需要按国家进行更多的细分。土豆泥的制造固定成本高，运输成本低，意味着需要更为集权化。

公司战略

将公司层面战略转化为设计标准：

- 列出主要的母合主张和规划的战略举措。
- 把握每个母合主张或战略举措，注意其组织含义，并将其转化为设计标准。

欧洲零食部的母合主张是：

- 产品开发技能。
- 低成本的制造技术。
- 全球食品公司在零售商和供应商中的声誉。
- 管理层创造绩效文化的能力。

与设计问题相关的战略举措是：

- 在新产品领域开发出重大的增长举措。
- 拓展东欧市场。

这些都被转化为设计标准,比如:

- 确保产品开发和制造职能有强有力的领导力。
- 确保单元职责是明确且具备独立性和可评估的,这意味着,任何脱离业务单元和子业务单元结构的行动都需要谨慎从事。
- 给予新产品和东欧地区更多关注。

在这个简单的例子中,界定组织含义的中间步骤是不必要的,免得带来乏味的阅读内容。然而,在复杂的情况下,我们建议管理者在试图阐述设计标准之前,先加入一个中间步骤——定义它的组织含义。

决定将什么视为公司价值创造的来源,而非产品市场优势的来源,这是对公司战略进行分析的困难之一。例如,在欧洲零食部,产品创新是每个产品—细分市场的优势来源,也是整个组织的价值创造来源。开拓东欧市场是咸味零食业务的重要举措,也是整个欧洲零食部的战略举措。在现阶段的分析中,重叠不是问题:重叠的战略指向相同的设计标准。产品开发需要成为受总部影响较大或者紧密协同的核心职能单元。咸味零食部和整个欧洲零食部都需要给予东欧市场足够的重视。

人员

把人员驱动因素转化为设计标准:

- 列出高管名单,无论选择何种设计,这些人都将在新组织中担任重要职位,并评估他们的优势、劣势和偏好。
- 列出具有特别相关优势或技能的其他管理者。
- 列出组织对招聘人员类型的任何限制(根据过去的经验)。
- 把握这些优势、劣势、偏好和招聘限制清单,注意其对组织的含义,并将其转化为设计标准。

人员问题为欧洲零食部提供了一些重要的设计标准:

- 该公司有从内部晋升的悠久历史，并且对于其顶层管理者们，不考虑因组织问题对他们做出任何变动（尽管有可能重新对职责进行些许调整）。
- 大多数管理者都是在咸味零食行业内成长起来的，他们的思维方式深受咸味零食的"游戏规则"影响。
- 欧洲零食部的首席执行官喜欢将该部门作为一个团队来管理，这也就限制了向他汇报的人数。
- 营销部的一位管理者以前曾在饼干行业工作过，他强烈支持咸味饼干产品品类。如果这一设计方案有意义的话，他似乎具备管理咸味饼干业务的素质。
- 当前的技术职能单元有一位能力很强的二把手，因此有可能让他或他的老板去做其他工作。

这些影响被转化为设计标准，如：

- 围绕着当前管理层的技能进行设计 比如有饼干行业经验的营销经理。
- 将部分产品区隔出来，在以咸味零食为主流的文化中，这些产品无法茁壮成长，但可能不需要将它们设置为子业务单元（见下一节，限制因素，以进一步开发这一设计标准）。
- 避免把最高层建成一个大"团队"。

正如这个例子所表明的，管理者有其独特的优势和劣势。并非所有优劣势都可以确定为设计标准的一部分：可能只有在考虑一个特定的解决方案时，有些优势和劣势才会显现（如经理 A 与经理 B 不和的事实）。因此，现阶段分析的目标是列出对设计选择有明显影响的主要问题。

限制因素

将限制驱动因素转化为设计标准：

- 列出可能影响组织设计选择的法律和政府问题，并将其转化为设计标准。
- 考虑每个机构或利益相关者群体的要求，并将任何限制性要求转化为设计标准。
- 考虑更广泛的外部环境，如特定地方的文化，并确定是否会因此产生任何设计标准。
- 列出组织的优势和劣势，特别是与组织变革有关的部分，找出这些优势和劣势背后的根本原因，并利用它们来界定额外补充的设计标准。

由于前面三节已经很好地说明了定义设计标准的流程，我们将只聚焦在上述内容的最后一点——根本原因分析。

欧洲零食部的优势包括：纪律、高标准、达成绩效目标以及习惯于以标准方式做事。这些都有助于形成绩效文化和低成本制造。该公司的产品创新文化基于对该领域产品性价比的深刻理解。很少有产品是极具创新性的。通常，它们是性价比最高的产品：经典产品而非时尚产品。因此，当有了为消费者或零售商提升价值的想法，该公司会经常推出和重新推出产品。

欧洲零食部的劣势是缺乏战略能力，并且在其咸味零食经营方式之外的地方难以进行创新。这是该公司在开发新产品领域遇到困难的根本原因。另外，该公司对零售业的态度也很傲慢：营销和销售管理者认为，零售业对零食品类的理解不尽如人意。这并没有损害欧洲零食部的核心品类产品，因为它的产品是强大的。但是，这使得零售业不太愿意"帮助"欧洲零食部进入新的产品领域。

另一个问题涉及每个国家的销售单元与其他职能单元之间的关系。销售单元经常要求得到其他职能单元不准备提供的特殊待遇。因为其他职能部门意识到这会增加成本。然而，销售单元则认为"特殊待遇"是获得零售业更多支持的一种方式。

确定根本原因总是很困难且可能会引起争议。然而，精确性似乎并不重要。有价值的是意识到组织中起作用的一些强大的文化和历史力量。在欧洲零食部中，根本原因可以概括为：

- 坚信物有所值，因此对为了创新而创新、"特价"、营销花哨、重复浪费或官僚主义没有耐心。
- 傲慢地看待公司和它的做事方式。
- 超强的总部和职能导向领导力，导致纪律严明，很少对整体业务战略进行质疑或对话。

这些影响被转化为设计标准，如从主要职能组织中分离出来的产品或活动，需要：

- 不是定位"物有所值"的。
- 与零售业紧密合作。
- 创造性地制定战略。

对于欧洲零食部来说，根因分析强调了给予新产品品类足够区隔的价值。这意味着设计上的挑战是特别严峻的。新产品需要得到欧洲零食部所能提供的规模和技术优势，同时又要与欧洲零食部通常的业务方式保持距离。

全面分析契合度原则的四个要素，可以产生大量的设计标准。在欧洲零食部的例子中，只做了足够的分析以说明我们的观点。尽管如此，我们也已经生成了 10 个设计标准。全面的分析会产生更多的设计标准。虽然这可能看起来是一个不合理的数字，但它是可控的。许多标准都是相互加强的，或者可以归为总体思想。此外，在一个复杂的设计中，组织有许多部分，而大多数标准只会影响其中一个部分。因此，对于设计的某一个部分，需要牢记的标准数量会减少。

创建和选择设计概念

一旦界定了设计标准，就可以开始创建设计概念。这些概念可以直观地创建。例如，可以要求事业群每位成员写下他的"首选"方案。

设计概念也可以通过分析生成。有五个步骤：

- 使用设计标准来定义"职责组合"——需要管理层重点关注的职责群。
- 选择职责组合的一个维度作为主要的汇报结构,并使用角色标签,围绕这个结构骨干来调整其他事业群。
- 用相同的结构骨干创建几个不同的选项。
- 选择另一个维度作为结构主干,再生成一些方案。
- 审视生成的一系列方案,检查它是否至少包括一个简单的和一个较复杂的备选方案。

一个设计概念不是一个完整的组织设计,但它不仅仅是线条和方框。设计概念定义了方框(单元)和广泛的职责和关系(角色)。它界定了组织单元,提供了广泛的岗位职责,并就各单元应如何互动提供指导。它并不规定重要流程的细节,也不规定哪些人应该待在哪个岗位,也不界定绩效目标或奖励措施。

定义职责分组

职责分组是一系列职责的集合。职责分组在设计标准方面应该有一定的意义,一个分组可以围绕一个职能单元(产品开发)、一个细分市场(东欧)、一个流程(预算)、一个产品(速食土豆泥)、一个渠道(大型杂货商)、一个母合主张(帮助处理政府关系)或其他一些维度。将职责分组是将组织的总体工作划分为子任务的一种方式。其实,设计一个组织,基本上就是如何对职责进行分组。

在欧洲零食部,职责分组的定义始于组织中那些顺理成章的组合部分。鉴于正在分析的设计问题,这些运营职责组合是不太需要进一步细分的。通常,这些顺理成章的构件是有地域区隔的——一个工厂,一个国家的销售团队,或者一个研究实验室。顺理成章的构件并不是独立于所研究的问题而存在的"顺理成章",而是在进行中的设计和当前组织背景下存在的"顺理成章"。考虑到正在解决的问题,它们描述的是可用的、不做进一步拆分的最大值。

集团层面的组织设计

　　欧洲零食部顺理成章的分组被认为是工厂（共六个）、基于国家的销售团队（四个主要国家各一个，其他国家共八个）、研究实验室（四个国家各一个）、产品/品牌营销团队（四个国家约二十个，另外六个在欧洲零食部层级负责欧洲品牌）和首席执行官办公室。工厂可以进一步细分为作业线，但由于一个工厂的不同作业线不可能向工厂负责人以外的任何人汇报，因此认为进一步细分是没有用的。同样，销售团队也可以按国家区域进行细分，但这样做好处也不大。

　　另一方面，销售团队可以按产品进行细分。这可能是一个有用的进一步拆分，因为设计问题是关于如何对新产品给予额外的重视。欧洲零食部的管理者们选择在最初的分组定义中不对销售团队进行细分，因为他们认为，合并销售团队所带来的规模经济远远超过了使销售聚焦于产品的好处。他们意识到设计流程可能会引发后续的决策，即为一个或多个产品独立出一支特殊销售团队。但是，在最初的职责分组中，他们决定在每个国家保持单一的销售团队。如果相关经理之间存在分歧，我们会建议为每个国家的每个产品建立销售团队，并另外建立一个小组来协同该国的销售活动。

　　每当产生一组初始构件时，这样的问题都会发生。我们发现，如果某些构件比最终设计所需的集合（或拆分）程度要高一些，那也没有关系。总的来说，我们鼓励管理者在有疑问时进行分解，但他们需要采取切实可行的方法。在创造设计概念的流程中，设计师不希望拆分出许多小型分组，这样做将使他无法记住如此众多的分组。

　　我们发现，在那些顺理成章的分组问题上，以分析为导向的管理者投入了太多精力。根据我们的经验，这个阶段的分析并不关键。关于是否按产品划分销售团队的决策，并不值得花费太多时间。在方案生成阶段，可以对销售团队进一步划分，例如，以产品作为完整业务单元来创建方案。此外，有些问题也会由测试提出来，可能是困难连接（产品单元和国家单元之间在销售团队时间分配上的问题），可能是专家文化（产品是否需要具有专家文化的销售人员？）。得到一套初步的职责分组是分析的重要第一步，但并不排除后续进一步划分。

基于顺理成章的构件，根据设计标准增加了额外的分组。需要有一些高于工厂水平的制造职能活动（以保持低成本的制造技能）。还需要对其他职能设置一些相对应的分组，考虑到新产品对战略的重要性，也需要对每个新产品设置一个分组。应该要有一个关于收购的分组，还要有一个自有品牌的分组和一个东欧的分组。换句话说，所有对战略成功很重要的"活动领域"都需要有分组。表9-2阐述了分组与设计标准之间的联系。

表 9-2　应用设计标准界定职责分组

设计标准	对职责分组的影响
运营战略	
广义地界定市场	避免按细分市场分组
集权化的产品开发	拥有欧洲零食部层级的产品研发分组
集权化生产制造	拥有欧洲零食部层级的生产制造分组
注意以下几点：	
• 新产品	对每个新产品进行分组
• 东欧	有一个东欧分组
• 收购	有一个收购分组
• 自有品牌	有一个自有品牌分组
公司战略	
明确的问责制	对分组没有影响
强大的领导力，在：	
• 产品开发	拥有欧洲零食部层级的产品研发分组
• 生产制造	拥有欧洲零食部层级的制造分组
注意以下几点：	
• 东欧	有一个东欧分组
• 新产品	每个新产品都有一个分组
人员	
巩固现有的技能	包括所有现有单元分组
避免在最高层建立一个大团队	无影响
限制因素	
区隔需要不同思维模式的产品	每个新产品都有一个分组
区隔需要不同市场定位的产品	每个新产品都有一个分组

根据设计标准制定的分组，有时可能会增强顺理成章的分组或与之发生冲突。若存在冲突，则分组应进一步细分或进行更清晰的详尽说明，直

至消除冲突。例如，工厂分组与欧洲零食部层级的生产制造职能之间可能会出现冲突。在这个阶段，两者都有意义。在不同的设计中，工厂最终可能会向制造职能或国家单元，甚至向产品单元汇报。在不同的设计中，欧洲零食部层级的制造职能也可能有不同的角色。它可能是组织中最具主导地位的基础设施之一，所有工厂都直接向其汇报，或者可能被设计成仅仅是一个委员会会议，由各个国家的制造负责人组成委员会。

为了完成职责分组清单，欧洲零食部的管理者增加了组织其他部分的分组，这些是设计标准或顺理成章的构件所没有强调的。财务、人力资源、后勤和信息技术等中央职能分组得到确认。由于它们存在于当前的组织中，而且可能需要以某种形式存在于新的组织中，因此，在总清单中应该包含它们。此外，还为四个国家都增加了分组。职责分组的最后清单见表 9-3。

表 9-3 职责分组

首席执行官办公室
业务领域（顺理成章的分组）
按国家划分的工厂
按国家划分的销售人员
按国家划分的研究实验室
按国家和欧洲零食部层级划分的产品品牌团队（如 Scrunchy Chips）
职能单元领导与协同（在国家层级之上一级）
产品开发
生产制造
其余现存职能单元（如财务、品牌营销、人力资源、信息技术等）
国家协同
德国
法国
英国
意大利
其余需要重视的领域
新产品（咸味饼干、蛋糕、土豆泥）
东欧
自有品牌
收购

在现阶段的分析中，尚未准确界定职责分组：欧洲零食部没有准确定义什么是"产品开发"与"营销"，或者东欧分组中包括哪些国家。此外，职责分组不一定成为最终设计方案中的单元。例如，在不同的设计概念中，"德国"可能是业务单元、叠加单元、协同机制、中间层面的母公司或首席执行官办公室内的一项活动。

选择汇报主线

创建设计概念的第二步是选择一个汇报主线。在欧洲零食部，选择的是职能单元、国家单元和产品单元。目前，组织结构是以具有很强的职能母合作用的国家为单元。考虑以职能单元或产品单元作为汇报主线的选择可能也是有意义的，但在初期，国家单元是汇报主线的明显选择。

欧洲零食部的管理者们选择了维持现状，将国家单元作为汇报主线。每个运营领域的大多数人员将继续把国家单元作为他们的汇报主线。将继续由强大的母合职能部分提供职能领导层。其所面临的挑战是如何给予新产品和其他方面应有的重视，如自有品牌和东欧等。

关于如何处理这些额外维度，第 5 章中描述的角色标签提供了一种语言，最初的设计概念是将产品品类和自有品牌变成"叠加单元"，并将东欧变成德国单元内的"子业务"。

创建相同汇报主线的不同方案

在坚持使用相同汇报主线的同时，可以使用角色标签来生成额外的方案。欧洲零食部的管理者们提出了一个设计概念，将新产品和自有品牌作为"项目单元"，而不是"叠加单元"。项目单元将是有时间限制的单元，其目的是在选定的产品领域内发展并在战略上赢得组织的支持。这些单元将是多职能的，并且由每个相关核心职能的管理者们所组成。

另一个设计理念使新产品品类成为产品开发中的母合活动。这将给他们提供一个权力基础，在这个基础上影响国家业务单元，尽管有人担心这可能会使他们受到咸味零食思维方式的控制。

一个更极端的可能性是将新产品作为额外的业务单元。这将开始削弱国家单元作为汇报主线的角色。国家单元将负责咸味零食和销售之类的运营活动。新产品业务单元将负责产品开发、品牌和生产制造。

尝试不同的汇报主线

汇报主线的替代方案为产品或职能。由于主要关切的是如何给予新产品更多的重视，因此首要考虑的替代方案是产品层面。以产品为汇报主线，产品就成了业务单元。工厂、实验室、产品品牌团队都会向其中一个产品业务单元汇报。然后需要考虑的职责分组是国家、职能、东欧和自有品牌（假设自有品牌不是产品单元之一）。

一个设计概念将职能视为"母公司"的一部分；东欧是"共享服务"销售团队；荷兰的自有品牌是"项目单元"；该设计完全放弃国家维度（见图9-3）。

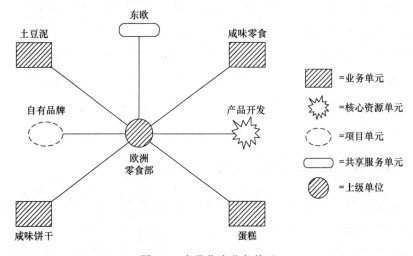

图9-3 产品作为业务单元

另一种设计选项是让生产制造成为一个"核心资源单元"。所有工厂都能向一个中央制造职能单元汇报，使其形成一个"核心资源单元"。在这种设计中，东欧可以是"项目单元""叠加单元"或"母公司"的一部分。自有品牌将成为单独的业务单元（见图9-4）。

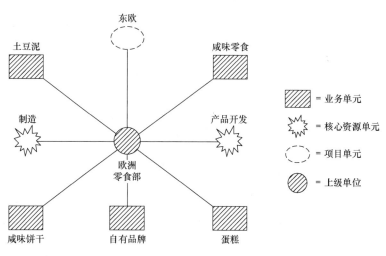

图9-4 产品作为业务单元——一种替代设计

额外的替代方案则是选择以职能为汇报主线。这使得欧洲零食部成为单一的业务单元，而不是一个母公司。汇报主线——如制造、产品开发等——将会成为"业务职能"。

使用角色分类法，可以生成许多不同方案。例如，归入"东欧"标签下的职责分组可以是"子业务""叠加单元""项目单元"或是"母公司"的一部分；或者可以是一个职责，通过诸如规划流程一般的协同机制进行处理。这就形成了五种方案。角色分类法提供了一种快速阐明这些差异的方法，也因此生成了许多不同方案。这在设计流程中被证明是非常宝贵的。我们经常遇到的一个问题是，管理者在阐述替代方案时会有困难。通常情况下，对方案的讨论仅限于考虑不同的汇报主线或选择"一个矩阵"（即多个汇报线）。角色分类法有助于管理者思考一些微妙的差异，并将其阐述出来以供讨论和评估。

审视方案

最后的分析步骤是确保拥有一系列足够广泛的方案。首先，可以对清单进行审视，看看是否包括任何简单的方案。这可以确保相关管理者没有忽略一种结构，在这种结构当中，操作的便利性可以弥补忽略次要维度所造成的损失。最简单的方案是有一个汇报主线和自成一体的单元：

一个以业务职能为汇报主线的业务单元或一个业务单元组合。管理者应研究最简单的方案，并考虑是否可以将更简单的解决方案加入清单中。

第二，审视清单，看看其是否包括一些复杂的方案。这样可以保证相关管理者已经有足够的雄心，去寻找一个能够实现尽可能多聚焦收益的方案。如果竞争优势和母合优势的来源只要求关注一个维度，那么寻找复杂解决方案就是浪费时间。但是，大多数情况都是需要关注多重维度的，这说明应该考虑一些复杂性。只要至少有一个方案包含了子业务单元、叠加单元和核心资源单元，管理者就可以确信他们已经考虑了一些复杂的解决方案。如果这些方案都不复杂，管理人员就应该考虑是否将更复杂的解决方案加入清单中。

欧洲零食部的管理者们考虑了广泛的方案，包括简单和复杂的方案。审视阶段没有提出任何新的方案。

选择首选方案

欧洲零食部的管理者们使用了一个直观的流程选择测试方案。首先，他们审查了所创造的所有设计概念，并选择了他们认为最强的三个概念。参与这种强制排序的管理者们都熟悉设计标准，但并没有精确地使用标准来进行排序。下文解释了这个排序流程。

欧洲零食部的设计概念

欧洲零食部的管理者们确定了三个设计概念。第一个概念与现状类似。品牌营销职能单元将任命高级品牌经理领导每个新产品团队。将要求这些人组成团队，团队包括来自产品开发、制造和四个国家的管理者。这些团队的责任是更尽力地"培育"新产品品类。

第二个概念是为每一个新产品建立"叠加单元"。将为每个新产品品类建立专门的小团队，由营销和产品开发经理组成。他们将负责这一产品品类在整个欧洲的销量和利润，但对各国单元没有直接的权力。他们将被迫通过争论和说服工作。他们向一名负责新产品的管理者汇报，这位管理者是产品开发职能单元的二把手，他将被任命为欧

第9章 设计流程：以全球食品公司为例

洲零食部执行委员会成员。

第三个概念是将三个新产品变成独立的业务单元，全面负责营销、产品开发和制造，但依靠各国进行销售。有一项建议是，这三个新业务单元应在执行委员会中各有一个席位，并向欧洲零食部的首席执行官汇报，但这一建议被认为不适合首席执行官的风格。另一项建议是，新业务应向一名新业务总监汇报，但现有管理者们似乎都不具备这一岗位所需的技能。最后和首选的解决方案是，三个新业务应向最有可能促进其业务发展的相应国家单元汇报：蛋糕向意大利单元汇报，土豆泥向英国单元汇报，咸味饼干向德国单元汇报（图 9-5 说明了这三种选择）。

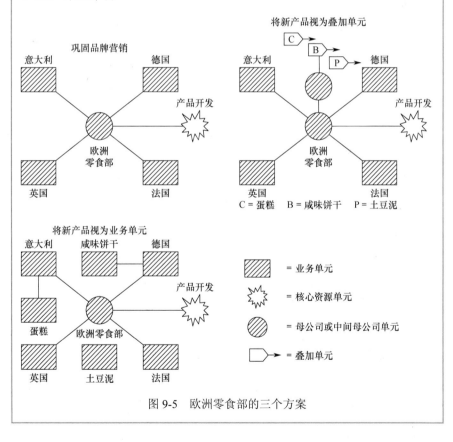

图 9-5 欧洲零食部的三个方案

然后，管理者从三个设计概念中选择一个作为首选方案。事实上，这个方案显然是在方案生成流程的早期就被选中的。首选方案是保留国家作为汇报主线，并通过建立叠加单元对新产品给予额外重视。该设计涉及在最高层管理团队中增加一名成员，负责领导一个"新产品事业群"（参见图 9-5）。在新产品事业群中，每个新产品都会有自己的专门团队，由营销和产品开发管理者组成。这个新产品事业群的管理者是来自产品开发职能单元的二把手。对于这位管理者来说，这份工作被看作一个很好的发展机会，他有一定的创业能力，也有充足的精力去处理问题。主要改变是新产品现在将在最高层级有自己的发言权。

其他问题——东欧、自有品牌和收购——将不会是我们分析的重点。然而，为了完整起见，值得描述一下他们的选择。东欧被设置为向德国汇报的"子业务"，将通过设立一个"项目单元"处理荷兰的自有品牌机会，该单元包括营销、制造和销售的管理者。收购将成为一个向中央财务职能汇报的总部服务单元。

应用测试

对于任何关于组织结构的决策流程，九项设计测试都至关重要。无论是按照从设计标准到方案选择的逻辑顺序进行分析，还是一个专横的领导者依据他的个人偏见摘取了提议中的一些结构，这些测试是增加决策严谨度和客观性的机会。

在此不宜一一赘述所有测试。前一章已经很好地介绍了这些测试。反之，我们将提供对测试的分析总结，这是由欧洲零食部管理者们对他们所选方案做的总结。然后，我们将更详细地讨论所提出的一些问题。在应用测试之前，管理者们首先要明晰他们所选择的设计。新产品事业群是一个"母公司职能单元"还是一个"叠加单元"？经过一番讨论，他们决定是"叠加单元"。负责新产品的管理者们将对利润、销量和市场份额负责，而且在现有业绩的基础上要有明显的改善。这意味着要重复计算利润和销量，而这也是各个国家单元的职责。

表 9-4 提供了对于这一设计测试进行的分析总结。总体来说，该方案

"满足"这些测试,但我们将更密切地关注一些特殊的问题。

表 9-4 测试 ESD 的首选方案

测 试	评 论
契合度测试	
市场优势测试	这一解决方案显然是一种妥协。新产品得到一些额外的重视,但没有权力去实施他们可能得出的结论
母合优势测试	新的结构没有干扰组织实行母合主张的能力
人员测试	这一解决方案得到了广泛的支持,因为它没有干扰任何当前的权力基础。然而,有一个关于新产品事业群负责人所需技能和资源的问题。产品开发单元的管理者不具备一些所需技能,如制定商业战略等。另外,他的思维方式是咸味零食式的,这对新产品来说可能是劣势之一(文中已讨论) 有些人担心欧洲零食部是否能够为每个新产品找到管理者来支持这些战略,因为这些管理者都需要具有制定战略和影响各个国家单元的技能
可行性测试	有些人担心信息技术系统是否能够应付双重计算
优质设计测试	
困难连接测试	许多讨论集中在新产品的"叠加"与国家单元之间的连接上,因为目前的部分问题是一些国家单元没有给予新产品足够的重视。结构上的改变是否能解决这一问题并不清楚。此外,还花时间讨论了与工厂之间的连接(文中已讨论)
专家文化测试	有些人担心,作为专家文化的新产品可能缺乏保护。难道在总部职能单元和国家单元中被视为理所当然的咸味零食思维方式,不会对这些新产品造成过度影响吗(文中已讨论)
冗余层级测试	对"新产品"负责人的母合主张以及新产品与首席执行官之间的关系提出了质疑(文中已讨论)
问责制测试	虽然新的叠加单元与国家单元之间的关系是紧密相连的,但这种结构并不存在严重的问责问题。可以通过观察新产品的成功来衡量叠加单元的绩效,而比较各个新产品绩效的能力被视为一种收益。此外,与这些国家单元之间的关系也有一些自我校正的特点:为了成功地影响这些国家,叠加单元有动力去赢得它们的好感
灵活性测试	灵活性的主要问题是任命另一位管理者进入执行委员会(在难以改变的组织高层,这样可能建立一个额外的权力基础),但由于产品开发负责人将在两年内退休,对新产品负责人来说,这将是下一个岗位最佳的选择,因此对灵活性的限制因素被认为是最低的

现在,我们将讨论测试中提出的三个问题——困难连接问题、冗余层级问题以及专家文化问题。这些都是管理者最关心的问题,他们提出了一些有趣的改进和解决方案。在清单里的第一项是与各国的困难连

接。比起过往,产品单元如何做才能成功地让国家对新产品更加重视?为此生成了三个解决方案。第一种方案是在规划流程中补充一个连接。在正常的规划流程之前,管理者们植入了一个"新产品规划会议"。这将是一个年度活动,在这个活动中,新产品团队和各个国家将介绍他们的计划。其目的是建立一个机制,以确保国家和新产品管理者们会协调他们的战略。如果战略不一致,就会在最高层面前暴露出来。在正常规划回合之前举行新产品会议,以便能够将会议的结论纳入业务规划当中。

第二种解决方案是给叠加单元一些营销预算。这意味着,如果负责蛋糕的管理者想增加在英国的营销支出,他不需要说服英国的管理者从其他优先事项中腾出一些营销预算。他可以提出从自己的资金中提供预算。这就给了叠加单元一些进行交易的机会。

第三个解决方案是为每个新产品建立战略团队。这些团队由新产品单元的管理者、各国销售或营销代表以及该产品最重要的工厂负责人组成。

通过将新产品团队设在具有领先工厂的国家,并且同与其产品相关的工厂设在同一地点,解决了与工厂连接的问题。这意味着新产品团队和工厂管理者将发展密切的工作关系。这将有助于新产品团队了解制造的经济性,并使他们在制定战略时更容易考虑到整个商业模式。

冗余层级问题比较复杂。新产品负责人是一个"中间层面的母公司"还是一个"特使"?是否有合适的技能和资源?经过一番争论后,决定将新产品负责人定义为"特使":他是在帮助执行欧洲零食部的母合主张。在"强化职能技能"和"提升绩效文化"方面则没有出现什么问题:新产品负责人可以作为欧洲零食部的代表。但是,对新单元而言,还有一些额外的母合主张。为了制定优质战略,新单元需要一些保护,以避免其受到主流思维方式的影响(即专家文化问题)。他们还需要一个具有强大战略思维能力的母公司支持。最后,他们也需要在影响国家单元方面得到帮助。

在正常情况下,设计的成功与否,很大程度上取决于是否能找到一位具备这些技能的管理者来承担这份工作。不幸的是,欧洲零食部没有理想的人选。因此有必要对此做出一些妥协。

解决方案如下。新产品负责人被派往欧洲一流的管理学院 INSEAD 参加综合管理课程,以提高他额外的技能和客观性。他还获得了一笔预算,用于聘请顾问帮助他制定新产品战略。因为人们认为,在新产品战略与咸味零食战略需要有多大差异方面,顾问将有助于带来一些客观性。高级经理们被任命为管理叠加单元的负责人,并且被告知在向组织其他部分推销自己的产品时,他们应该尽可能咄咄逼人。

尽管有这些补充和改进,人们仍然担心在实践中新产品不会得到所需的自由,自由地开发根本性的解决方案。然而,管理者们一致认为,如果正在发生这种情况,他们可以给予叠加单元更多的营销预算,或对战略施加更多的影响,直到它们有足够的独立性和影响力。

审查和沟通设计

一旦选择了一个方案,就差不多完成了设计。但仍要做一些工作。我们的目标是创造"刚好够用"的设计:使之成为一个"结构化网络"。现在需要的是将注意力转向沟通而不是设计。最后的阶段是确保设计已经做好实施的准备。

当选定的设计进行最终审查时,在两个方面出现了清晰度和潜在的混乱问题——新产品战略团队以及领先工厂和新产品单元之间的关系。我们将聚焦于新战略团队所提出的问题上。

战略团队是一种协同机制,旨在将相关职能单元和主要国家单元的管理者们聚集在一起。其意图是这一流程将由新产品单元负责人主导,该负责人将让其他管理者们参与关于战略的对话中,直到达成共同的观点和理解。他们也期待花钱请的顾问能有助于这一流程。

有个问题是,对于这些管理人员,与其所在职能或国家单元里可能要参加的其他会议相比,这些会议的地位如何?当发生冲突时,应优先举行哪个会议?另一个问题是国家管理者们应该扮演的角色。他们是应作为他们国家的代表,向团队解释国家单元的政策,还是作为团队的成员，努力为他们的产品制定最佳战略？

　　欧洲零食部高管们最初的反应是忽略这些问题。首席执行官说："如果存在冲突，管理者需要判断不同优先事项的相对重要性。而来自各国的管理者们需要在新产品单元、他们的国家单元和职能单元之间扮演中间人的角色。"正是这种想法导致了在做困难连接测试时管理者们忽略了这些问题。在核查中，我们发现问题更加严重。新产品单元负责人需要依靠职能及国家经理的参与。对规划中的会议日程进行快速扫描，就足以让设计团队意识到很容易发生冲突。此外，在与管理者的交谈中，可以很明显地感觉到，有些管理者会忠诚地代表他们的国家或职能单元。其中一位管理者评论道："我的工作将是确保新产品战略不与我们的国家战略相冲突。"如果出现这种情况，就很难开发新的解决方案。

　　第一次解决问题的尝试没有成功。管理人员试图通过更详细地规定会议和职责来解决问题，规定在面对冲突时管理者们应该怎么做。这个解决方案遭到了新产品单元负责人的拒绝。他说这样做不切实际："战略工作不适合放在结构化的时间表里。"经过进一步讨论，管理者们决定，如果新产品是单元发展战略的核心，那么战略团队就必须优先于其他会议。他们还决定，团队成员在参加战略会议时，应该忽略职能或国家单元的身份，在会议期间，他们应该把自己视为新产品团队的一员。

　　在大多数新的设计中，如同在欧洲零食部中一样，需要进一步厘清一些领域。有些是在审查和沟通步骤中发现的，而另一些则是在新组织设计发布之后才被发现。一旦管理层测试了一种设计，并得出结论认为它是现有的最佳方案，那么迅速发布是有好处的。此外，一旦有关管理人员知道被分配了什么工作，往往会更容易与他们一起解决问题。因此，审查设计和早期实施往往是同时进行的。事实上，在新设计发布的前几个月里，可以随着问题的出现来继续进行调整。重要的是要认识到，通常还需要进一步的工作，因此需要建立一个流程，提出和解决设计问题，并确保变化不会破坏新设计的意图。

　　作为沟通流程的一部分，欧洲零食部的管理人员强调了新设计的优势与劣势。他们解释说，虽然所选择的解决方案并不完美，但它是最好的折中方案。既要对新产品给予专业关注，又要确保其与组织其他部门相融合，这是相互竞争的两种需求，想要兼收并蓄必然存在一些不足。此外，聚焦于区域的收益太大，以至于不能将其置于风险之中。他们指出了以下几点劣势：

- 新产品单元和国家单元之间的关系，是由国家控制着对新产品给予多少关注的决策。
- 新产品事业群负责人的角色，该负责人可能不具备其角色所需的所有技能。
- 每个新产品负责人的能力和资历，他们可能也缺乏一些理想情况下所需的技能。
- 新产品所具有的潜能，可能会被咸味零食思维方式所主导。

虽然向管理者们坦言技能上的劣势并不寻常，但欧洲零食部所经历的过程开放性使得这种做法似乎是合适的。此外，通过指出这些劣势，管理者们在新设计趋于成熟后会对彼此更加宽容。因此，管理团队看待新设计时能够做到心中有数。

所有新设计都有一些磨合问题，欧洲零食部也不例外。仅仅在设计发布的 5 个月后，就换掉了土豆泥产品的负责人。因为人们认为他没有战略眼光，也没有得到土豆泥战略团队成员的充分尊重。然而，在经过了 18 个月的磨炼后，欧洲零食部的首席执行官评价说：

"我们已经成功了。我们做出了正确的取舍。如果从国家管理者手中夺取控制权，我们就会失去在市场上的权力，那么就会更难做出关键决策。我们还发展出一些额外的管理技能。我们现在有了更多的战略能力。"

新产品事业群的负责人解释说："如果没有公开的辩论和结构化的分析，我们最终会把新产品分给各个国家（也就是他们所考虑的第三种方案）。项目的纪律促使管理者们讨论如何取舍，这本身就做出了重大贡献。"

新产品事业群主要的成功是在一年后决定退出土豆泥产品市场，并且在其他两个产品品类取得了显著的销量增长。最值得注意的是，现在法国开展了一场激进的咸味饼干产品营销攻势，并取得了重大的市场成功。营销活动是由法国营销经理领导的咸味饼干战略团队制定的。由于法国管理团队先前对咸味饼干的潜力不以为然，所以他们一直在抵制对这一产品进行推广。但是，成为产品战略团队的成员后，法国营销经理改变了对于这一产品潜力的看法，现在也正在实行一轮创造性的新营销攻势。

总之，面对棘手的组织设计难题，欧洲零食部管理团队找到了一个适合他们的解决方案。它既不激进，也没有惊人的创新，但是有效的。界定设计标准、列出可能方案、测试和完善方案，以及最后审查和沟通选择的流程都达到了他们的目的。欧洲零食部的管理者们认为，他们聚焦于正确的问题并做出了明智的判断。因为他们已经讨论了各种选择，预见到了随后出现的大多数问题，并对未来充满信心。新产品事业群负责人解释说："我们很严格，并且与以往不同的是，我们能够把注意力聚焦在问题上，而非政治上。"

第10章

21 世纪的组织

进入 21 世纪，组织设计领域出现了一些新趋势。人们不断探索诸如知识共享、摆脱层级制度和组织更新等颇具吸引力的思想。一流企业正在努力改造其组织，抛开旧经济的包袱，采用一种更适合新世纪的新模式。在最后这一章中，我们将回顾这些趋势，并说明为什么网络化组织的构想会成为应对这些趋势的流行反应。但我们也认为，网络化组织还存在一些风险，可能不能通过我们的设计测试。只有按照我们在本书中提出的方法，将它们设计成"结构化网络"，才能通过测试。

组织设计的趋势

在研究过程中，我们遇到几个推动当前组织思考的主要主题。这些主题包括：

- 多维度。
- 知识共享。
- 分散化。
- 摆脱层级制度的束缚。
- 追求挑战性高绩效。
- 组织更新。

受人尊敬的学者和咨询顾问们都在倡导这些 21 世纪的组织特征，陶氏、壳牌、嘉吉和通用电气等一流企业已经开始了重大的企业转型项目，将这些主题引入它们的组织中。

多维度

多维度是指从以战略业务单元为基础的组织（围绕一个维度的组织结构）转向能使管理者关注两个或更多维度的组织结构。围绕单一维度的组织很可能是狭隘的，无法应对当今竞争世界的复杂现实。第 4 章广泛讨论了这一理念，这种趋势正在导致采用多维度、相互依存的组织设计。

克里斯·巴特利特和苏曼特拉·戈沙尔在《跨国管理》[1]一书中认为，跨国公司需要将本地响应能力和全球一体化结合起来。他们应该成为"跨国公司"，既能关注本地市场，又能关注全球范围内的优势机会。巴特利特和戈沙尔承认，目前还没有几家公司成为完全的跨国公司，但他们认为 NEC、爱立信和联合利华等公司正在朝着正确的方向发展。

杰伊·加尔布雷斯（Jay Galbraith）曾广泛地撰写过关于公司结构的文章，他注意到出现了他称之为"前—后端组织"（"front-back" Organization）[2]的结构，在这种组织中，专注于客户或分销渠道的前端单元与专注于产品或技术的后端单元一起工作。通过聚焦在这两个方面提高竞争力。加尔布雷斯列举了宏碁、花旗集团和利乐砖等采用这种结构的公司的例子。在第 5 章中，我们指出，前后端结构有许多可能的变体，而不清楚前端与后端应该如何合作是危险的。但我们承认，这种结构背后的目的往往是有效的。

跨国公司和前—后端组织可以被看作我们所熟悉的矩阵结构的现代版本。多年来，矩阵结构一直被认为是实现多维度[3]的一种手段。事实上，巴特利特和戈沙尔断言，跨国组织的本质是实现管理者"头脑中的矩阵"。但正如我们所指出的那样，矩阵结构往往会陷入冲突和模糊不清的境地，未能在大多数公司中得以应用。加尔布雷斯认为，从本质上讲，与矩阵结构相关的问题更多地与管理者的技能和经验有关，而与对结构本身的渴求程度无关。不过，我们需要认识到，多维结构必然会涉及职责相互交叉的单元，因此，这些单元必须进行合作。我们面临的挑战是，在不引入臃肿的层级结构或建立烦琐的共识过程情况下，如何实现这一目标。

知识共享

关于新经济中竞争优势来源的思考，目前多是强调建立和利用知识和能力的重要性[4]。领先和保持领先，越来越取决于是否拥有独特的技能，并利用这些技能在公司的所有业务中找到创新的竞争方式。

杰克·韦尔奇领导下的通用电气公司的一个重要主题是"无边界组织"，即公司内部所有单元最大限度地相互学习。在无边界组织中，每个单元都有义务从其他单元寻找与自己相关的知识，并与它们分享自己的知识。组织结构和流程的设计，应该能促进这种分享，比如通过创建分享论坛、在鼓励分享的单元间建立关系并对无边界行为予以奖励。

就组织设计而言，我们的任务是创建所谓的"学习型组织"，彼得·圣吉（Peter Senge）提出了"学习型组织"的概念，大卫·加尔文（David Garvin）将其定义为"善于创造、获取和转移知识，并善于改变行为以反映新的知识和洞察"[5]的组织。一个有利于学习、能够促成自我管理的创新和协作的环境，是学习型组织的关键要求。雷蒙德·迈尔斯（Raymond Miles）、查尔斯·斯诺（Charles Snow）和格兰特·迈尔斯（Grant Miles）在一篇题为"未来的组织"[6]的文章中，以英特尔和TCG（一家澳大利亚私营IT公司）等新经济公司为例，得出了类似的结论。

但是，无论首席执行官多么想建立一个学习型组织，他或她都不能强求，不能命令或强迫管理人员相互学习。相反，这是一个在公司内部设计相关条件的工作，这些条件有利于学习型组织的蓬勃发展。

分散化

分散化主题汇集了三种趋势：竞争加剧、外包增加、剥离和收购市场更加活跃。随着竞争的加剧，企业必须越来越集中于它们最擅长的活动,并设法减少或补足相对薄弱的领域。外包提供了一种退出非优势竞争领域的手段,而且外包供应商提供的服务范围越来越广。剥离或收购提供了另一条退出途径。分散化意味着开明的公司应该建立一系列重点单元,其中每个单元的业绩可以单独评估。这些单元可以与上游或下游单元有交易和其他联系,但没有必要让所有单元处于共同所有权之下。那些具有高度竞争力的单元将被保留在公司内部,其余的将被外包或剥离。

波士顿咨询公司(BCG)以其"解构"组织的概念在这一趋势中大显身手。BCG抨击那些拥有垂直整合价值链的传统公司,认为成功的公司需要对价值链进行彻底的重构。互联网为这些发展提供了额外的动力[7]。从汽车零售、金融服务到报纸等行业现在都面临着解构的压力。麦肯锡也主张将公司"拆分"成更为分散的单元[8]。

从极端的角度看,解构和分散化导致了所谓的"虚拟"组织,它外包了价值链中所有主要组成部分,只保留系统集成商和总体战略家的角色。这一概念在20世纪90年代开始流行,但如今很少有完全虚拟的公司。即使是网络公司,似乎也在向"线上+线下"发展而不是纯粹的虚拟结构。

对于分散化的公司来说,一个重要的议题是如何在公司内部和外部需要合作的各个单元之间建立适当的联系和关系。查尔斯·汉迪(Charles Handy)[9]曾提出,正确的模式是"联邦"结构。各个单元拥有高度的自治权,在自愿的基础上,针对有必要合作的议题共同合作。汉迪认为,ABB和BP等公司已经指明了方向。他希望更多的公司效仿它们,进一步采取联邦制的办法。联邦的比喻很有吸引力,因为它将单元自由(主权)和自愿合作结合在一个非常重要的共同框架内。

摆脱层级制度的束缚

近年来,已经形成一种强烈的舆论,将大公司的许多弊端归咎于令人窒息的公司层级制度。为了纠正这个问题,有人认为,现代公司应该赋予一线管理者主动权,并通过向更扁平化、更去中心化的组织转变,来减轻企业的管理负担。一线单元应尽可能地自我管理，能够制定自己的战略，并在必要时进行自我纠正，而不需要强行实施公司的政策、控制和指示。

许多学者加入了对层级制度的抨击。[10]最有说服力的是巴特利特和戈沙尔，他们在最近的著作《个性化公司》（*The Individualized Corporation*）[11]中明确呼吁颠覆传统的公司金字塔，不再强调正式的结构、制度，甚至战略。在"个性化公司"中，鼓励一线管理者自己做决定，而高层管理者的作用是提供一个支持他们的环境。巴特利特和戈沙尔指出，英特尔、宜家、小松以及通用电气等公司是这方面的开拓者，英国石油公司对同侪小组而不是上级管理者的依赖（参见第 4 章）也是本着同样的精神。

博思艾伦公司的布鲁斯·帕斯捷尔纳克（Bruce Pasternak）和阿尔伯特·维西奥（Albert Viscio）提出一个相关概念，即"无中心"公司[12]。在无中心公司，公司总部的传统角色，即资产管理、层级制度和控制，被降到最低限度。取而代之的是"全球核心"的出现，它专注于资源和能力建设、相互依存和授权。这些都是值得称赞的目标。但重要的是，消除多余的层级不要搞得太过。母公司确实有一些必要的、增加价值的作用。我们需要避免把（母合作用的）婴儿和洗澡水一起倒掉。

追求挑战性高绩效

到目前为止，所讨论的趋势都强调公司内部各单元的自由和自治权。但交换条件是，各单元应努力追求高绩效。麦肯锡等咨询机构和英国石油公司、埃默森、格拉纳达和泰科等公司都大力提倡建立"高绩效"组织。这也是近年来私募股权投资者创造价值的背后原因。此外，它与我们的控制和承诺原则非常吻合，强调激励和绩效合同。21 世纪的公司可能更有权力，并且层级更少，但它们似乎应包含一些严格的绩效训练。

然而，在业绩压力与鼓励创新相互依存之间存在着某种紧张关系。

危险的是，过于关注每个单元下个月的业绩目标，会使创造力、相互学习和长远的公司革新受到影响。

公司更新

由于要面对快速的变化和要求持续增长的股票市场，今天的公司需要不断地进行自我革新和更新。除了创新和学习，这意味着需要灵活的组织设计，以适应新的和不断变化的要求。更新的理念促使杰伊·加尔布雷斯提出了"可重构"组织的概念[13]。可重构组织能够在组织的不同层面之间灵活地转移权力，因此能够在新机会出现时进行再聚焦[14]。新建和重组的项目单元在可重构组织中扮演着重要的角色。为了促进可重构性，公司必须拥有足够灵活的信息系统，可以提供任何产品—细分市场部门业绩数据，和用以构成部分新结构的活动分组数据。

肖娜·布朗（Shona Browne）和凯瑟琳·艾森哈特（Kathleen Eisenhardt）采取了一种相当不同的更新和可重构方法[15]。他们更喜欢一种他们称之为"打补丁"（patching）的组织适应性方法，这在第 4 章中已经得到充分讨论。惠普和 3M 等公司所采用的"打补丁"方法，包括建立小型的、连接松散的单元，但也准备好对业务单元的设计和部门章程进行频繁的、小规模的改变。布朗和艾森哈特借鉴复杂性理论，认为这是大公司适应不确定环境的最佳方式。

网络化组织

将我们所讨论的趋势——跨国企业、前—后端组织、无边界组织、学习型组织、解构、虚拟公司、联邦制、个性化公司、无中心公司、高绩效组织、可重构结构、"打补丁"放在一起，21 世纪的组织开始成型。它最好的概括就是一个网络化组织。网络是多维度的、分散的，由许多不同的单元组成，每个单元都有自己的重点。它由具有企业家精神的管理者组成，他们自发地、灵活地进行互动，以分享知识、实现竞争优势并实施公司战略。它通过各单元之间开放的个人联系支持学习和协作。

它的层级极少,各单元得到很强的授权,基本上是自我管理和自我激励的,并以此推动高绩效。而且通过网络关系的灵活性和对单元边界的重新定义,是可以实现组织更新的。网络几乎得到了所有现代组织设计专家的青睐[16]。

我们也被网络的概念所吸引。从优质设计原则的角度来看,网络的得分很高,因为它们能做到:

- 创建专门聚焦于不同市场领域和竞争优势来源的单元。
- 通过促进跨越单元边界的人际互动,鼓励单元之间的合作。
- 考虑知识和胜任力,将大部分职责分解到分散的、聚焦的单元。
- 降低控制成本,并通过自我管理培养强有力的承诺,以实现单元的高绩效。
- 通过减少层级、优化权力结构和促进企业对新机会的反应,来鼓励灵活性和适应性。

然而,网络组织面临着一些挑战,我们的设计测试也突显出这些挑战。这些挑战涉及网络的可行性、单元边界的模糊性、对单元之间困难连接的管理、母公司的角色、共享的问责制以及如何避免混乱。

网络的可行性

网络的可行性取决于在网络中工作的管理者的态度,以及他们所掌握的信息。在一个网络中,很多事取决于管理者个人的积极性、灵活性和合作性。传统的组织听命于人,墨守成规,对与兄弟单元的合作持怀疑态度,如果是这样,网络必然会失败。幸运的是,新一代的管理者似乎正在出现,他们喜欢授权,期望适应不断变化的环境,并认为与他人合作以实现公司目标是很自然的事情——在研究中,我们经常听到在适应网络化组织结构的要求上,年长的管理者面临困难,而年轻的管理者在适应这些要求方面相对容易。21 世纪的组织文化以及在其中工作的"新管理者"的态度似乎刚好与网络组织相契合。

网络成功运作的第二个先决条件是,在网络中工作的管理者能够自由地交流信息,并且有能力从几个维度分析业绩。单元管理者需要有办法发现其他单元的业绩是否比他们好,以便能够采取措施向同事学习;叠加单元和子业务的管理者需要能够跟踪单元的结果,而不是将其淹没在汇总的业务单元报告中;负责网络设计的高管们需要能够以各种方式切分数据,帮助判断哪种单元结构最为有效,并能支持他们改变结构的决策。

直到最近,许多公司的信息系统还无法应付网络结构的复杂要求。它们要满足公开报告的需求和财务功能,并不能提供网络管理者所需要的丰富性、广泛的可获得性和灵活性。但现在信息技术的快速发展已使满足这些信息需求变得更加容易。像 SAP 这样强大的系统,可以比较容易地生成丰富的、量身定制的信息,并自由地通过企业内网提供。在 20 世纪 80 年代末,ABB 公司花了数年时间和数百万美元开发了著名的 ABACUS 会计和通信信息系统(Asea Brown Boveri Accounting and Communication System),现在的公司可以更快、更便宜地安装功能强大的现代信息系统。

因此,迄今为止阻碍网络组织成功发展的两个关键限制因素——个人态度和信息的可获取性——正在被克服。毫无疑问,仍有一些公司在这一领域里努力着,但随着时代的进化,网络化结构越来越容易通过可行性测试。

网络和单元边界

在网络中,专家文化有可能因与其他单元互动过多而受到影响。人们期望与其他单元进行广泛的个人接触,以便互相学习和端正态度。即使是需要与众不同的单元,也会感受到要从其他地方学习"最佳实践"的压力,并遵循在其他单元已经证明了的成功方法。"无边界组织"非常鼓励建立人际网络,但如果这种思想导致它无意中主导了那些小型的专家化单元,则是危险的。

为了通过专家文化测试,网络必须维护单元间的界限,否则就可能不适当地主导相关的单元。为了蓬勃发展,这些单元需要保持一定程度的分离和自治,因此必须允许它们只在能够真正从网络中受益的范围内参与网络。值得注意的是，通用电气公司作为无边界组织的先驱，却允许其业务单元拥有很大的自治权，它们可以决定自己愿意或者不愿意相互学习。

网络和困难连接

网络对于促进各单元之间的自愿合作是极好的。但网络中各单元之间的困难连接就有麻烦了。只有在上级单元建立协调机制或积极干预进行推动的情况下，困难连接才会成功，而且最终可能需要进行重组，将它们纳入同一个由强有力的总经理领导的单元。即使是网络中各单元之间最友好、最开放的人与人之间的接触，通常也不足以使困难的连接成功地发挥作用。

困难连接测试强调，即使在网络结构中，母公司在促进协作方面仍发挥着重要的作用。在一本关于跨国公司的书[17]中，伊夫·多兹（Yves Doz）、豪尔赫·桑托斯（Jorge Santos）和彼得·威廉森（Peter Williamson）认为，跨国理念对本地单元的要求太高，母公司应该建立中央化单元或流程，以促进知识转移。需要这些"热点"将相关单元聚集在一起，克服原本可能阻碍它们合作的障碍，成为网络化的润滑油。我们同意这个观点，实际上还更进一步。我们认为，至少在一些协同问题上，大多数网络都有赖于母公司积极参与下的指导和支持。即使如此，对于真正困难的连接，各独立单元进行的积极协同能达到的效果也是有限的；如果各单元之间的连接困难重重，就可能需要重新考虑分散化的单元结构。对网络结构所能实现的目标过于乐观是危险的，因为它最终会使网络结构的整体设想受到质疑。

网络和层级结构

消除层级制度的动力是网络组织理念的一部分。虽然这往往是可取的，但我们必须认识到，在大公司中，一些涉及必要母合活动的最低限度层级制度是不可避免的，精心设计的层级制度可以成为增值的母合工作的有利来源。在各单元之间具有复杂相互依存关系的组织中，母公司的角色尤其重要，它能帮助各单元之间的困难连接，同时本书第 6 章也列出了其他的一些作用。

认为网络结构并不需要上级母公司的管理者，这种观点是错误的。要尽一切办法用冗余层级测试消除那些没有任何作用的管理层级，但将之与母合优势测试相平衡同样重要，要认识到母公司往往是一个结构化网络的重要组成部分。

网络和问责制

网络结构中建立的横向相互依存关系可以减少各单元自我纠正的压力。它们还可以限制单元的自治权，使管理者较少感觉到对单元业绩的强烈责任。在普遍存在的相互依存关系网络中，是不容易创造出高绩效文化的。

为了通过问责制测试，网络的设计需要减少绑定关系和共同决策：网络关系应尽可能建立在自愿而非强制的合作基础上。同样重要的是，如第 3 章所述，控制流程应涵盖每个单元和明确"适当的"业绩衡量标准，否则，就会存在一种风险，即对于喜欢在常见任务上合作的管理者们，网络有可能成为他们的友好集会，但缺乏交付成果所需的严格问责制。

网络和混乱

对网络来说，最大的危险是因如何达成决策而乱成一团，特别是在不同单元持相反意见的情况下。不能指望上游单元和下游单元之间、产品单元和客户单元之间、提供资源的单元和使用资源的单元之间完全以及自发的和谐。即使在最为合作的网络中，也必然会出现冲突。如果网络不能解决这些冲突并及时达成决策，网络就会陷入混乱。到那时，尽管网络式组织让人充满希望，也会像被人唾弃的矩阵结构一样，变得不受欢迎，没有效果。

另一方面，组织设计者必须避免由于规定了过于详尽的职责分配方案和冲突解决流程而削弱了网络本应培养的主动性。组织设计必须足够清晰以避免混乱，但又不能过于固化和精确以至破坏了主动性。如何解决这一设计难题？

答案是把基本的设计搞清楚，按照我们的分类法明确规定单元角色和关系，只详述那些通过我们优质设计测试所需要的细节和流程。一旦有了基本的结构，单元管理者就可以用自己的方式往组织的骨架上填补血肉了。

结构化网络

总之，结构化网络要求：

- 彼此合作的管理者们，他们愿意充分参与到网络中。
- 丰富的信息，为网络内的合理决策提供基础。
- 尊重单元自治权和单元边界，特别是在需要将专家文化置于网络之外的情况下。
- 现实主义，即对网络可以实现和不能实现的协同类型有着现实的期待。
- 认识到上级管理者需要扮演一些至关重要的母合角色，这对网络的成功至关重要。
- 设计相互关系和业绩衡量标准，避免网络式组织经常遇到的问责制难题。
- 明确的单元角色和关系，以及经过充分设计的流程，以便能够按照组织设计者的意图产生自我管理的人际网络，而不会陷入传统矩阵结构的摩擦、模糊和瘫痪状态。

作为真正 21 世纪的组织，以上这些都是网络发挥其潜力所需要的特征。许多公司，如英国石油公司、花旗集团和 IBM，已经将这些特征中的大部分融入它们的组织中。我们相信，本书所提出的测试、分类法和设计流程，可以指导其他渴望建立高效组织的公司，这些公司将像结构化网络组织一样进行运作。

中文版后记

正如前言中提到，本书是原书 2001 年版的中文翻译版，并非新版。不过，从那时起，我做了 20 年咨询，也在阿什里奇高管教育中心讲授名为"高效组织设计"的课程近 20 年，这些经验教会了我很多。在这篇后记中，我想分享其中一些心得。

措辞变化

我和迈克尔·古尔德在书中所用的措辞，如母合、单位角色分类、九项测试的措辞，多年来一直不断演变和简化。在你首次尝试表达新想法时，使用的措辞可能艰深，对学者而言尤其如此。例如，"叠加单元"已改为"倡导或协同单元"；"母合优势测试"已改为"更高层级的战略测试"；"针对每个产品市场领域的运营优先事项和预期优势来源，设计是否分配了足够的管理团队关注点？"已改为"针对每一战略优先事项，是否有一个框架或一个强大的机制？"

理念都没有改变。但是，我学会了用更容易理解的措辞来表达这些理念，这些措辞与更多的语境相关。你可以通过以下文章了解更新的措辞：

- 组织结构图作为组织模型

  https://ashridgeonoperatingmodels.com/2017/01/23/organisation-charts-as-organisation-models/

- 优质组织设计的九项测试

  https://ashridgeonoperatingmodels.com/tag/the-nine-tests-of-organisation-design/

本书研究的背景是多业务公司的组织设计：如何定义业务单元，如何将业务单元分组到业务部门，如何设计公司和部门层面的支持职能。然而，我的咨询工作和许多参加我课程的人，大多聚焦业务单元或职能的组织设计，如营销、人力资源或信息技术。此外，许多组织都属于公共部门或慈善机构。因此，我们改进了措辞和使用工具的方式，使得研究的见解与这些挑战具有相关性。"市场优势测试"已改为"设计层面的战略测试"；图 1-3 所示的"对于不同角色的新诠释"已改为"组织模型"，其中，不同角色根据在页面上的位置来区分，而非每个方框的不同绘制方式。

我鼓励你阅读以上两篇文章，使用九个测试工具和组织建模工具的新版本。时间和经验已经表明，这是基于原先版本的改进。

其他工具

在 2010 年，我开始为 PA 咨询公司教授组织设计课程，名为"商业设计"。通过该课程，我了解到"运营模型"一词，并面临着来自设计信息技术系统和管理系统的挑战。我与 PA 咨询公司的商业设计负责人马克·兰斯洛特（Mark Lancelott）、西门子歌美飒公司一位优秀的高管米克尔·古铁雷斯（Mikel Gutierrez），在阿什里奇开了一门名为"设计运营模式"的课程，随后写了《运营模式画布》一书。这为我的组织设计工作带来两个新理念：

- 价值主张。
- 价值链地图。

由于最初的研究集中在多业务公司，这两个理念都隐藏在我们的术语"业务单元"和"母合主张"中。那么，让我来揭开它们的面纱。

我已经在前言中阐释过，组织结构遵循战略。但是，你如何以有助于组织设计的方式阐明战略？自 2000 年以来，"价值主张"一词已成为描述组织旨在向客户或受益人提供何种价值的主要术语。用外行的话说，即产品或服务。因此，战略的一个重要要素是明确谁是客户或受益者，并定义组织旨在向他们提供哪些产品或服务（即价值主张）。这引出了各种值得深思的战略问题，例如："如何以最佳方式定义客户或客户细分市场？""如何使产品或服务为客户带来价值？""如何创造和交付产品或服务？"但是，对于组织设计而言，我们只需要明确客户是谁，我们旨在为他们提供哪些"价值主张"，以及哪些组织能力/活动/资源对于创建这些价值主张至关重要。

在总部角色方面，本书完备地解决了上述问题。客户是业务单元。价值主张是总部旨在交付或施加给业务单元的"增值来源"。然后，这些增值来源定义所需的组织能力。但是，本书在凸显这些增值来源对业务单元或业务职能设计的重要性上着墨不多，也没涵盖将这些理念转化为政府部门或慈善机构的实践。

进一步来说，创造和实现每个"价值主张"都需要一个流程，即价值链。如果我的价值主张是风味薯片（以全球食品公司为例），那么我的价值链应该为：购买土豆，切土豆和炸土豆，调味，包装，品牌和市场营销，向零售商销售，向零售商交付。组织设计最重要的一面是确保组织能够做好这些任务（或完成价值链步骤），尤其是任何对获得成功特别重要的任务，如本例中的品牌和市场营销。价值链是在一页纸上绘制和展示这一挑战的工具，以便组织设计者看到组织中需要完成的所有最重要工作，并思考完成这些工作的最佳方式。

在本书中，价值链地图并不明显，而是隐含的。我们假设每个业务单元都按"业务职能"组织，业务职能是业务价值链中的主要步骤，如采购、制造、营销和销售。我们还假设来自总部的每个"增值来源"都需要流程性工作，如果增值来源是"帮助业务单元在新的领域中增长"，那么流程中的步骤可能是：与每个业务单元举办研讨会以探索机会，帮助业务单元选择最佳机遇，为其提供资金和资源，监控进度和绩效管理，撤回对失败举措的支持。

自本书出版以来，我认识到，明确这些工作的价值链非常有帮助。首先，这确保设计组织的人清楚了解组织需要完成的核心工作。

其次，这提供了一个与战略一致的"预置"结构：一个直接源自战略的起点。这一预置结构是一种"价值主张结构"：与特定价值主张（已选定的客户类型）相关的所有工作，其汇报对象的唯一责任是向这一细分市场的客户交付该价值主张。我称之为预置结构或起点，是因为组织很少 100%地遵循此结构。就像改变计算机默认设置通常有充分的理由一样，偏离默认值也几乎总是有充分的理由。但是，以清晰的预置位置（即一个明确的起点）为坚实基础，对设计工作非常有帮助。

价值链地图工具的第三个益处是，在开始设计工作之前，迫使组织设计者明确战略。战略往往有模糊处。而领导者认为，问题在于组织而非战略。通过要求领导者定义客户、价值主张和价值链地图，组织设计者可以迫使领导者在组织设计开始前明确战略。

流程方面的更多指导

第 7 章定义了组织设计的简单流程，第 9 章提供流程应用案例，将之用于解决全球食品公司欧洲分部的设计问题。自从写这本书以来，我们参与了数百个设计项目和组织挑战。定义标准、创造选项、测试和改进选项、对结论进行沟通，这些基本步骤仍然有效。但是，我们发现，没有可重复的设计流程，其中每一工具都按特定顺序使用。组织模型工具可用于诊断情况或帮助创建选项。九项测试可用于诊断情况或评估有潜力的方案。

在课堂上，我常说组织设计者就像一个木匠。"你有一袋工具，人们要求你帮助他们解决组织问题。但是，使用工具没有固定顺序。有一项工作可以只用锤子和锯子，而另一项工作或许要用凿子，这取决于工作是什么。此外，如果有人请你提供帮助，记得别一味讲自己的工具有多好。如果当地的木匠花时间讲五种类型的凿子，或者为什么手锯比台锯要好，你可能会怀疑这个木匠能否帮到你。"

第 7 章所界定的基本步骤大致为三步：

- 了解情况，了解组织正在尝试做什么，并将此理解转化为设计标准或设计原则，指导你其余的工作。
- 为你面临的设计挑战创建关于解决方案的构想，将这些想法汇总到方案中，评估和改进方案，直到你找到首选的设计方案。
- 厘清和并就此设计进行广泛沟通，并制定变革规划。

每当我不确定下一步该做什么时，都会问自己两个问题：

（1）"设计标准/原则"清楚吗？我们知道自己试图用新设计实现什么目标吗？

（2）我们是否识别出了一些现实可行的设计方案？

如果我已经圆满完成这两个步骤，剩下的工作便是根据设计标准评估方案，找到一个首选方案，对其进行调整，使之尽可能地好，然后制定一个变革计划。

根据经验，我认识到，设计标准陈述往往像"听上去不错"的老生常谈，都容易得到每个人的认同，如新设计必须以客户为中心；新设计必须具有成本效益；新设计必须能够帮助我们实现战略。但除非是很糟糕的方案，上述标准并不会剔除任何设计方案，所以并不能帮到你。

最好的设计原则也有硬伤，经常要在两个都想达成的目标之间做出取舍。例如，"新设计必须确保业务部门的话语权高过总部"，或者"新设计必须支持成本最低的目标，即使这意味着减少对客户的响应"。

关于如何制定优质设计原则为最佳，可以登录这一网址查看我的研究：https://ashridgeonoperatingmodels.com。

组织设计工作要求高，回报大。帮助团队了解如何完成工作以及如何和谐工作，可以极大提升组织成功的概率和员工参与度。你现在掌握的知识，有助于你成为组织设计专家，诊断组织难题，并开发创造性的解决方案，帮助人们取得成功。

安德鲁·坎贝尔

2021 年 7 月

尾 注

第1章

1. 参见 Michael Goold, Andrew Campbell, and Marcus Alexander, *Corporate-level Strategy*, John Wiley & Sons, 1994, 以及 Michael Goold, David Pettifer, and David Young, "Redefining the corporate center", *European Management Journal*, February 2001.

第2章

1. 莱克斯·唐纳森（Lex Donaldson）的 *American Anti-management Theories of Organization* (Cambridge University Press, 1995)一书中对主要的组织理论作了很好的总结。另见 Henry Mintzberg, *The Structuring of Organizations,* Prentice Hall, 1979.

2. 第2章，莱克斯·唐纳森，同上。

3. 第4章，莱克斯·唐纳森，同上。

4. 第5章，莱克斯·唐纳森，同上。

5. 第6章，莱克斯·唐纳森，同上。

6. 莱克斯·唐纳森，同上。

7. Alfred Chandler, *Strategy and Structure*, MIT Press, 1962.

8. Robert Bergelman, "A model of the interaction of strategic behavior, corporate context and the concept of strategy", *Academy of Management Review*, 8（1）, 1983.

9. Michael Goold, Andrew Campbell and Marcus Alexander, *Corporate-level Strategy,* John Wiley & Sons, 1994; C.K. Pralahad and Yves Doz, "The Rationale for Multi-SBU Companies"; Chapter 18 in *Oxford Handbook of Strategy,* (eds David Faulkner and Andrew Campbell), Oxford University Press, 2002; Tom Copeland, Tim Koller and Jack Marrin, *Valuation,* John Wiley & Sons, 1990; Gerry Johnson and Kevin Scholes, *Exploring Corporate Strategy,* Prentice Hall, 1999, 285-294; David Collis and Cynthia Montgomery, "Creating corporate advantage", *Harvard Business Review,* May-June 1998; Tarun Khanna and Krishna Palepu, "Why focused strategies may be wrong for emerging markets", *Harvard Business Review*, July-August, 1997.

10. Michael Goold, Andrew Campbell and Marcus Alexander, *Corporate-level*

Strategy，John Wiley & Sons，1994.

11．我们在麦肯锡的项目团队合作者提醒我们契合度这个维度的重要性。他们强调，设计工作经常要考虑法律结构和公司信息技术系统的能力等问题。在我们合作的过程中，我们至少在短期内能够识别出几个制约设计选择的因素。

12．Christopher Bartlett and Sumatra Ghoshal，*Managing Across Borders*，HBS Press，1989.

13．Jerry Johnson and Kevin Scholes，*Exploring Corporate Strategy*，Prentice Hall，1999.

第3章

1．最早试图汇集一套组织设计原则的是厄威克（L.F.Urwick）在1952年提出的（"*Notes on the Theory of Organisatism*"，American Management Association）。厄威克提出了八项原则——目标原则（结构服从战略）、对应原则（权力与职责之间）、职责原则（较高层级必须控制）、标尺原则（明确的报告线）、管理幅度原则（不超过6个下级）、规范原则（重点）、协同原则、界定原则（清晰）。

2．把建议梳理成对管理者有帮助的形式，做得最好的作者是杰伊·加尔布雷斯。见 *Designing Organisations: An Executive Briefing on Strategy, Structure and Process,* Jossey-Bass, 1995, or *Designing the Global Corporation,* Jossey-Bass, 2000; and David Nadler and Michael Tushman in *Competing by Design,* Oxford University Press, 1997.

3．参见第4章，我们在该章中确定了简单组织和复杂组织所面临的管理挑战，并展示了它们与我们的测试的关系。

4．Adam Smith, *The Wealth of Nations,* 1776. (Reprinted by Methuen, 1922.)

5．Fredrick Winslow Taylor, *The Principles of Scientific Management,* Harper & Row, 1911.

6．见 Carl Stem and George Stalk, *Perspectives on Strategy*, John Wiley & Sons, 1998.

7．James Thompson, *Organizations in Action,* McGraw-Hill, 1967.

8．Paul Lawrence and Jay Lorsch, *Organization and Environment,* Harvard University Press, 1967.

9．Clayton Christensen, *The Innovators' Dilemma*，Harvard Business School Press，2000.

10．Andrew Campbell and Michael Goold，*Synergy*，Capstone Publishing，1998.

11．Michael Jensen and William Meckling, "Theory of the firm"，*Journal of*

Financial Economics, 3, 1976.

12. 例如，参见 Jay Barney，"Firm resources and sustained competitive advantage"，*Journal of Management*，17（1），1991.

13. Jay Barney，"Looking inside for competitive advantage"，in *Core Competency-based Strategy*, eds Campbell and Luchs, Thomson Business Press, 1997.

14. Jeffrey Pfeffer，*The Human Equation*，Harvard Business School Press，1998.

15. Michael Jensen and William Meckling，"Theory of the firm: managerial behavior, agency costs, and ownership structure"，*Journal of Financial Economics,* 3, 1976.

16. 参见 Michael Goold and Andrew Campbell，*Strategies and Styles*，Blackwell，1987，更多关于控制过程及其对管理层影响的讨论，另见 Robert Simons, *Levers of Control,* Harvard Business School Press, 1995.

17. Robert Simons, *Levers of Control,* Harvard Business School Press, 1995.

18. Robert Kaplan and David Norton，"The balanced scorecard measures that drive performance"，*Harvard Business Review*，70（1）.

19. 参见第 4、5、6 章。

20. 关于绩效评估标准的进一步讨论，请参见 Michael Goold 和 James Brian Quinn，*Strategic Control*，Addison Wesley，1990.

21. 参见 Henry Mintzberg，"Crafting strategy"，*Harvard Business Review*，June 1988；Robert Burgleman，"A model of the interaction of strategic behavior, corporate context and the concept of strategy"，*Academy of Management Review*，8（1），1983.

22. Ron Askenas, Dave Ulrich, Todd Jick and Steve Kerr, *The Boundaryless Organization,* Jossey-Bass, 1995.

23. 参见 Oliver Williamson，*Markets and Hierarchies*，Free Press，1975；*The Economic Institutions of Capitalism*，Free Press，1985；"Strategy research: governance and competence perspectives"，*Strategic Management Journal*，December 1999，1087-1109.

第 4 章

1. 关于单元"自治需求"的讨论，包括跨单元影响所导致的污染危险，参见第 3 章。

2. 英国航空公司现在已经将 Go 子公司通过管理层收购（MBO）卖给管理团队。

3. 有创造性的会计方式会使利润成为一个不太客观的评估标准，但如果有约定俗成的会计原则和惯例，主观性的空间可以相对较小。

4. 可以采用不同的盈利能力评估标准来尝试解决这些问题。净资产收益率比销售利润率更可取，因为它包含了对投资和利润率的关注。经济利润或基于价值的管理措施更为复杂，但任何形式的利润措施都不能保证涵盖业绩的所有相关方面。利润作为一种过于简化的绩效评估标准，总是存在一定的危险。

5. 参见 Adrian J. Slywotzky, *Value Migration,* Harvard Business School Press, 1995.

6. 参见 Michael Goold and Andrew Campbell, "Taking stock of synergy" *Long Range Planning,* 33, 2000, 85-88.

7. 参见 Morten T. Hansen and Boikovon Oetinger，"Introducing T-shaped managers：knowledge management's next generation"，*Harvard Business Review*，March 2001，107-116，关于英国石油公司的同侪小组流程的完整描述。

8. 2001 年期间，英国石油公司对其结构进行了一些修改。其中包括为了获得规模经济，对业务单元进行一些合并，从而减少业务单元的数量。组织的区域性也得到了加强，重点是促进当地市场的有机增长。最后，对营销和技术等领域的职能能力进行了整合。这些变化代表着向一个更复杂的、多维度的结构迈进，尽管英国石油公司的目标是维持强有力的分权问责制的收益。

9. 参见 Michael Goold，Andrew Campbell 和 Marcus Alexander，*Corporate_level Strategy*，John Wiley & Sons，1994，关于 Emerson 如何增加价值的更全面描述，见 Andrew Campbell，"Tailored，not benchmarked: A fresh looking at Corporate Planning"，*Harvard Business Review*，March-April 1999.

10. 在 *Strategies and Styles*（Blackwell，1987）一书中，我们表明，像汉森这样的财务控制型公司，坚信基于战略业务单元的结构，不鼓励业务单元之间的协同。

11. Shona Brown and Kathleen Eisenhardt, *Competing on the Edge*, Harvard Business School Press, 1998.

12. 可行性测试要根据公司的具体情况而定，因此不可能对基于战略业务单元的结构进行一般的评价。

13. 对于任何有多重维度业务聚焦的组织，我们使用"相互依存"一词，而不是"矩阵"或"网络"结构。这是因为矩阵标签用于指不同维度之间权力平衡大致相等的组织，以及在不同层面上有分工汇报的组织（参见第 6 章）更为有力。并非所有相互依存的结构都是平衡的矩阵。我们也倾向于将"网络"一词保留给相互依存的结构，在这种结构中，单元之间的大部分协作都是基于自我管理进行的，而不是通过强加的自上而下的正式流程。同样，并不是所有相互依存的结构都是这个意义上的网络。

14. 例如，参见 Jay R. Galbraith, *Competing with Flexible Lateral Organizations,* Addison Wesley, 1994.

15．参见 William Ouchi，"Markets, bureaucracies, and clans"，*Administrative Science Quarterly*, 25, March 1980, 129-141.

16．如同我们对基于战略业务单元结构的审查一样，我们不能从可行性测试的角度对相互依存的结构给予一般性的评估，因为这种测试取决于具体的公司情况。

17．参见 W.R.Ashby，*Design for a Brain*，John Wiley & Sons，1952 和 *An Introduction to Cybernetics*，Chapman & Hall，1956.

18．进一步的讨论参见第7、8、9章。

第5章

1．例如，参见 Sumantra Ghoshal 和 Christopher Bartlett，*The Individualised Corporation*，Heinemann，1998.

2．在以往的研究中，我们描述了母公司管理者所采取的各种不同的管理风格，从高度分权化（财务管控风格）到更具影响力的（战略规划风格）风格都有。参见 Michael Goold and Andrew Campbell，*Strategies and Styles*，Blackwell，1987.

3．本节主要讨论业务单元内部的职能结构。然而，在我们描述的所有单元类型中，通常都存在某种职能结构。我们就业务职能所做的观察，经适当变通后，适用于其他类型单元内的职能。

4．事实上，在部门和分公司之间也存在着区域层级的管理团队。

5．例如，Gunn Partners Inc.对30家公司进行了调查研究，支持这些结论。参见 Gunn Partners Inc.的 *Introduction to Shared Services*.

6．参见 Michael Goold, Andrew Campbell and Marcus Alexander, *Corporate-level Strategy,* John Wiley & Sons, 1994, Chapter 7.

7．参见 Russell Eisenstat，Nathaniel Foote，Jay Galbraith，和 Danny Miller "Beyond the business unit"，*McKinsey Quarterly*，2001.

8．参见 Jay Galbraith, *Designing the Global Corporation,* Jossey-Bass, 2000.

第6章

1．Michael Goold, Andrew Campbell, and Marcus Alexander, *Corporate-level Strategy: Creating Value in the Multibusiness Company*，John Wiley & Sons，1994.

2．在以前的研究中，记录在我们的《战略与风格》（Blackwell，1987）一书中，我们认识到有些母公司喜欢尽可能地分权化，而另一些企业家则喜欢扮演更有影响力的角色。我们用"战略规划"风格这个词来指代更有影响力的母公司所采用的方法。现在我们可以看到，所谓的"战略规划"风格特别适用于复杂的、相互依存的结构。

3. 参见 David Young 和 Michael Goold, *Effective Headquarters Staff*, Ashridge Strategic Management Centre, 1999 和 David Young, Michael Goold, Georges Blanc, Rolf Buhner, David Collis, Jan Eppink, Tadao Kagono 和 Gonzalo Jimenez Seminario, *Corporate Headquarters: An International Analysis of Their Roles and Staffing*, Financial Times Prentice Hall, 2000.

4. "新配方可乐", *The Economist,* February 3, 2001, p. 84.

5. 参见 David Young and Kay Dirk Ullman, *Benchmarking Corporate Headquarters Staff*, Ashridge Strategic Management Centre, 1999.

6. 参见 Young et al., 2000 ［上文（3）中的第二个参考文献］。

7. 参见（1），关于如何识别能够带来真正增值的"母合主张"的讨论。

8. 参见 Michael Goold, David Pettifer, and David Young, "Redesigning the corporate center", *European Management Journal*, February 2001, 83-91

9. 参见 David Young and Michael Goold, 1999, 第 21 页 ［上文（3）中提到］。

10. 参见 David Young et al., 2000 ［如上文（3）］, 第 126 页。汇报跨度为 4-10 是最常见的。

11. 参见 David Young et aL, 2000 ［如上文（3）］, 以及 Young and Ullman, 1999 ［如（5）］。

第 7 章

1. 本章中建议的流程受到了我们与麦肯锡公司联合项目的极大影响，虽然我们的流程与麦肯锡最新的组织设计内部指南中描述的流程并不完全相同。

2. 我们熟悉并欣赏的另一种设计流程叫作"组织剖析"，由 Michael Beer 和 Russ Eisenstat 与组织健康中心共同开发。这个流程特别有效地确保管理者能够了解并正视自身现状的优势和劣势。

第 8 章

1. 我们与麦肯锡密切合作，定义这些测试，并决定哪些分析是实用和有用的。这并不意味着我们在这里提供的内容与麦肯锡的内部手册完全相同，但这些想法是相互交融的。我们特别感谢 Risto Pentinnen、Anne-Francoise Weynns 和 Jim Wendler 的贡献。

2. 参见 Andrew Campbell and Michael Goold, *The Collaborative Enterprise,* Perseus Books, 1999, 书中更全面地讨论了关于单元之间协作和联系的相关问题，其中包括本节提出的两个检查表。

3. 参见 Y. Doz, J.Santos, and P.Williamson, *From Global to Multinational: How*

Companies Win in the Knowledge Economy，Harvard Business School Press，2001.

4．在我们与麦肯锡的合作中，麦肯锡团队决定引入复杂性测试，并阐述了相应的简单性原则。

第 10 章

1．Christopher Bartlett and Sumantra Ghoshal, *Managing Across Borders,* Harvard Business School Press, 1989.

2．例如，参见 Jay Galbraith，*Designing the Global Corporation*，Jossey-Bass，2000.

3．例如，参见 Stanley Davis 和 Paul Lawrence，*Matrix*，Addison-Wesley，1977；Jay Galbraith，*Designing Complex Organizations*，Addison-Wesley，1973.

4．例如参见 Robert Grant，"Towards a knowledge-based theory of the firm"，*Strategic Management Journal*，17（Winter Special Issue），1996，109-122；Gary Hamel and C.K.Prahalad，*Competing for the Future*，Harvard Business School Press，1994；I.Nonaka and H.Takeuchi，*The Knowledge-Creating Company*，Oxford University Press，1995.

5．参见 Peter M.Senge，*The Fifth Discipline*，Doubleday，1990；David A.Garvin，"Building a learning organization"，*Harvard Business Review*，July-August 1993，78-91.

6．Raymond Miles, Charles Snow, and Grant Miles，"The Future.org"，*Long Range Planning*，33，2000，300-321.

7．参见 Philip Evans and Thomas S. Wurster, *Blown to Bits,* Harvard Business School Press, 2000.

8．参见 John Hagel and Marc Singer，"Unbundling the corporation"，H*arvard Business Review,* March-April, 1999.

9．Charles Handy，"Balancing corporate power: A new federalist paper"，*Harvard Business Review,* November-December, 1992.

10．我们自己的工作也强调了母公司毁损价值的危险。参见 Michael Goold, Andrew Campbell and Marcus Alexander, *Corporate-level Strategy,* John Wiley & Sons, 1994.

11．Sumantra Ghoshal and Christopher Bartlett, *The Individualized Corporation,* Heinemann, 1998.

12．Bruce A. Pasternak and Albert J. Viscio, *The Centerless Corporation,* Simon & Schuster, 1998.

13．Jay Galbraith，"The reconfigurable organization"，*The Organization of the*

Future (eds Frances Hesselbein, Marshall Goldsmith and Richard Beckhard), Jossey-Bass, 1997.

14. 这一思想的延伸，参见 Russell Eisenstat, Nathaniel Foote, Jay Galbraith, Danny Miller,"Beyond the business unit",*McKinsey Quarterly,*1,2001.

15. Shona Browne and Kathleen Eisenhardt, *Competing on the Edge*, Harvard Business School Press, 1998.

16. 网络概念在学术界已经流行了一段时间：例如，参见 *Networks and Organizations,* (eds Nitin Nohria and Robert G. Eccles), Harvard Business School Press, 1992; *Markets, Hierarchies and Networks,*（eds Grahame Thompson，Jennifer Frances，Rosalind Levacic，and Jeremy Mitchell），Sage Publications，1991；Gunnar Hedlund, "A model of knowledge management and the N-firm corporation", *Strategic Management Journal*, 15, 73-90, 1994。最近，网络结构在管理界越来越受到关注。参见 Winifried Ruigrok, Andrew Pettigrew, Simon Peck and Richard Whittington, "Corporate restructuring and new forms of organising", *Management International Review,* 1999/2, Special Issue, 39.

17. Y.Doz, J.Santos, and P.Williamson, *From Global to Metanational: How Companies Win in the Knowledge Economy,* Harvard Business School Press, 2001.